中国农业现代化路径选择研究

章玉丽 著

◎ 广东省哲学社会科学规划2023年度学科共建项目《邓小平农业"两个飞跃"思想对乡村振兴的启示研究》（项目编号GD23XMK18）阶段研究成果

◎ 嘉应学院广东省原中央苏区研究中心资助

图书在版编目(CIP)数据

中国农业现代化路径选择研究 / 章玉丽著 . -- 北京：当代中国出版社, 2024.5
ISBN 978-7-5154-1326-6

Ⅰ.①中… Ⅱ.①章… Ⅲ.①农业现代化－研究－中国 Ⅳ.① F320.1

中国国家版本馆 CIP 数据核字（2024）第 034618 号

出 版 人	王　茵
责任编辑	袁又文　刘晓冰
责任校对	贾云华　康　莹
印刷监制	刘艳平
封面设计	鲁　娟
出版发行	当代中国出版社
地　　址	北京市地安门西大街旌勇里 8 号
网　　址	http://www.ddzg.net
邮政编码	100009
编 辑 部	（010）66572180
市 场 部	（010）66572281　66572157
印　　刷	中国电影出版社印刷厂
开　　本	710 毫米 × 1000 毫米　1/16
印　　张	13 印张　1 插页　190 千字
版　　次	2024 年 5 月第 1 版
印　　次	2024 年 5 月第 1 次印刷
定　　价	60.00 元

版权所有，翻版必究；如有印装质量问题，请拨打（010）66572159 联系出版部调换。

序 言

《中国农业现代化路径选择研究》这部作品是在我博士论文的基础上修改完成的,想到凝结着几年心血的学习成果即将付梓出版,我难掩喜悦之情。同时,我也想借出版此书的机会,谈谈关于农村集体经济对实现中国农业现代化发展的一点体会。

农业问题从古至今都是关系一个国家生存和发展的重大问题,对我国这样一个人口众多、人均占有耕地菲薄、资源日渐贫乏的国家来说尤其如此。当人类步入近现代社会的时候,现代化就成为人类发展的主题,农业现代化也不例外。要解决中国的一系列问题,农业必须实现现代化。即便是在国民经济由农业为基础向工业为基础的变迁中,农业作为基础产业的地位仍没有变化。没有农业的现代化不可能实现全社会的现代化,农业现代化是其他一切现代化的基础。

如何实现农业的可持续发展,不使农业问题成为实现中华民族伟大复兴的障碍,并最终在解决农业问题、带动农民富裕的基础上实现全民共同富裕和我们的社会理想,人们一直都在不懈地探寻该问题的答案。也就是说,中国农业走什么样的道路才能继续稳定、快速向前发展,不仅是关系如何实现农业现代化的问题,也是关系到中国现代化走向的根本问题。

那么如何走出一条适合中国国情的农业现代化道路呢?前人并没有提供现成的答案,它还是一个需要破解的难题。尤其在家庭联产承包责任制从探索到实施40多年之际,家庭分散经营的优越性逐渐弱化而弊端凸显;而另一方面,一些地方却由于坚持农村集体经济而生机勃勃,不断发展壮大。为什么面对同样的环境却发展境遇迥异呢?农业要实现现代化,路到底要怎么走,才能带领农民实现共同富裕,是摆在人们面前迫切需要解决的问题。

关于这个问题，人们提出的解决方案和思路有很大的差异。目前，不仅农业，而且整个中国的发展都处于历史的关键时期，在纷繁复杂的现象前，要站在国家和人民利益的高度，站在历史和人类社会科学发展规律的高度，拨开迷雾，答疑解惑，让正确的认识占据统治地位，对中国农业现代化的走向作出剖析和选择。

邓小平在家庭联产承包责任制实施十多年时提出的农业"两个飞跃"思想为人们思考和预见我国农业发展趋势提供了科学的认识基础，从农村集体经济的角度来审视和回答这个问题不失为一个好的办法。1990年3月，邓小平同几位中央负责同志谈话，在谈到农业问题时，指出："中国社会主义农业的改革和发展，从长远的观点看，要有两个飞跃。第一个飞跃，是废除人民公社，实行家庭联产承包为主的责任制。这是一个很大的前进，要长期坚持不变。第二个飞跃，是适应科学种田和生产社会化的需要，发展适度规模经营，发展集体经济。这是又一个很大的前进，当然这是很长的过程。农业问题要始终抓得很紧。""两个飞跃"思想是邓小平对于中国农业改革和发展作出的重要思考。如今距离邓小平提出农业"两个飞跃"思想已经过去了30多年的时间，中国的农业改革和发展出现了许多新的变化，农业如今的发展瓶颈恰恰证实了邓小平当年对农业的担忧，要解决这样的问题，壮大集体经济实力，将农民再次组织起来，引导他们走上集体经济发展的道路是一种可行的办法。农业走集体经济道路，这是农业发展的必然趋势，是应对当前农业困境的根本办法，是实现农民共同富裕的根本出路，也是继续深化农村改革、实现农业现代化的必然选择。

我以农村集体经济作为农业现代化的路径选择，以农村集体经济作为我的研究对象，有以下几个方面的考虑。

第一，对我国探索和推进农业现代化的经验和教训进行总结作为后来的借鉴。中华人民共和国成立后，才真正开启了农业现代化的建设大门，也开始了农业现代化艰辛的探索历程。从利用人民共和国的力量实现彻底的土地改革作为开端，历经农业合作化、合作社和人民公社阶段，直至实行以家庭联产承包为基础的、统分结合的双层经营体制。人们对现代化的认识由片面、肤浅到全面、深刻。中国共产党在探索中国农业现代化的过程中既积累了丰富的成功经验也收获了痛苦的失败教训，系统总结这方面探索的经验和教训对后来的借鉴有很大的价值和意义。

第二，从历史的脉络把握中国农业现代化的探索和推进过程。目前，学术界对中国农业现代化的研究比较多，但多限于某一阶段，某一重要领导人，或选定某一个角度（比如劳动力转移、城乡一体化、规模经营、农业产业化、农村合作经济组织等）对农业现代化进行研究，历史、系统地总结和整理从毛泽东到邓小平对中国农业现代化的探索和推进，对中国农业现代化发展的历史连贯性和发展变迁内在的逻辑性等方面进行的研究还是比较少的。本书对中国农业现代化发展历史的追溯、回顾和展望，对农业现代化初步探索和推进的历史地位的总结，也许可以弥补这方面研究的不足。

第三，把不同时期对农业现代化道路的探究都放到当时的历史环境中去分析。学术界对不同时期农业现代化道路和实现途径的研究，往往从当时主要领导人的知识构成、成长经历、理论渊源、理想追求等主观方面来理解，却忽视了当时国际和国内的环境现实和生产力水平的限制。如果回归当时的历史环境来考察对农业现代化的探索和追求，有些今天看来是错误的或者是过"左"的一些政策，在当时也许就是合理的或者是"不得不"的决策。有些当时看来是正确的并取得了一定成绩的政策，今天看来也许是一种暂时的、策略性的退却。

第四，试图给今天农业发展中出现的问题提供一个可行的解决答案。中国农民在中国共产党人领导下经由合作化运动，在农村建立起了集体经济制度。中国农民由分散到组织起来，由落后的小农生产方式到集体劳动、集体生产和实行按劳分配。中国农村的基本经济制度经历了个体所有到集体所有再到统分结合的双层经营体制。家庭联产承包责任制在激发了广大农民极大的生产积极性和自主性后创造了农业发展的奇迹，但随着时代条件的变化，其优越性弱化，弊端凸显。"我国农业发展的资源约束条件日益严峻，农业稳定发展和农民持续增收难度加大，迫切需要加快农业现代化进程。"在这个时候，人们开始重新思索长期以来为人们所误解或轻视的农村集体经济的作用。在中国农业发展过程中，农村集体经济也经历了重大的发展变化，出现了新特征，产生了新问题，并面临着新的挑战和发展机遇。当家庭分散经营的弊端凸显并成为农业现代化发展桎梏的时候，农村集体经济是否可以承担这样的历史使命，推动农业现代化的实现呢？以农村集体经济作为实现农业现代化的最终选择和出路的理论依据和现实基础是什么？农村集体经济弱化的现状能否成为质疑和否定集体经济的理由？这种农村集体经济弱化的现状可否扭转？在目前的形势下如何坚持和发展农村集体经济？依据什么途径？排除什么障碍？凭借什么资源和条件？怎样给人们足够的理由和看得见的利益使他们相信农村集体经济？这其实是关系到农业的改革和发展方向的根本问题，也就是说，当中国的农业经历了40多年的改革发展，生产力有了极大提高，完成了邓小平关于农业发展"第一个飞跃"的设想后，农业下一步怎么走？农业最终走什么路？农业现代化走什么路？是集体经济还是个体农业？对于这些问题的回答，在今天具有重要的现实意义。

  本书是对我一段学习生涯的总结和纪念，希望它是我下一段学习生涯的开始。在学术研究中，主观上我当然想尽量减少片面，能够比较切合实际地研究问题，但由于学识和水平的局限，错误疏漏往往难以避免。我以敬畏之心随时期待大家的批评和指正，切磋共进。如果在相关的研究中能给学界同好一点有益的启发，我将不胜欣慰、不胜荣幸。

目 录

第一章
中国农业现代化的提出与探索

第一节 实现农业现代化是中国共产党人努力追求的目标 / 001

一、探索适合中国国情的社会主义现代化道路 / 002

二、农业现代化目标的初步提出及逐步修正 / 009

第二节 毛泽东探索农业现代化道路的主要成果 / 015

一、生产力方面，注重农业机械化和劳动者素质的提高 / 015

二、生产关系方面，引导农业经济"向着现代化和集体化的方向发展" / 020

第三节 毛泽东对农业现代化道路探索的启示 / 043

一、要正确认识并处理好生产力与生产关系的关系 / 044

二、通过走集体化的道路发展农业 / 044

三、正确认识农民的两个积极性 / 046

四、不能离开工业的发展来谈农业的现代化建设 / 046

五、引导农业经济向现代化和集体化的方向发展 / 047

六、给予农民看得见的物质利益 / 048

第二章
实行家庭联产承包责任制：农业发展的"第一个飞跃"

第一节　家庭联产承包责任制的推行及人民公社体制的废除 / 051

　　一、人民公社体制的缺陷与不足 / 051

　　二、以家庭联产承包为基础、统分结合的双层经营体制的建立 / 055

　　三、家庭联产承包责任制与人民公社体制的内在承接 / 058

第二节　邓小平关于农业"第一个飞跃"的几点认识 / 069

　　一、"这个发明权是农民的" / 069

　　二、"家庭联产承包责任制的问题是用实践来回答的" / 071

　　三、"现在还是实行家庭联产承包为主的责任制" / 072

第三节　农业发展变化对农业体制变革提出新要求 / 075

　　一、家庭分散经营成为农业继续发展的桎梏 / 075

　　二、农村集体经济薄弱成为实现农业现代化的障碍 / 083

第四节　邓小平领导的农业"第一个飞跃"的几点启示 / 093

　　一、解放思想才能实事求是，否则农村的改革寸步难行 / 094

　　二、尊重人民的首创精神与坚持党的领导相统一 / 094

　　三、用实践结果来回答问题，初步体现了生产力标准 / 095

　　四、将生产关系拉回到适应生产力的水平 / 096

第三章
适度规模经营和集体化：农业发展的"第二个飞跃"

第一节　邓小平农业现代化思想的变迁及农业"两个飞跃"的提出背景 / 098

　　一、邓小平对农业现代化内涵认识的深化 / 098

　　二、邓小平对实现农业现代化艰巨性的认识不断清晰 / 101

　　三、邓小平关于农业"两个飞跃"思想提出的历史背景 / 103

第二节　邓小平关于农业"第二个飞跃"思想的基本内容及"两个飞跃"思想的辩证关系 / 105

一、邓小平关于农业"第二个飞跃"思想的基本内容 / 105

二、"两个飞跃"的辩证关系 / 117

第三节 关于"两个飞跃"几对矛盾关系的辨析 / 121

一、集体化与集体经济的关系 / 121

二、适度规模经营与集体经济的关系 / 122

三、集体经济与集体经济实现形式的关系 / 123

四、适度规模经营与家庭经营的关系 / 124

五、集体经济与合作经济的关系 / 126

六、集约化与土地适度规模经营的关系 / 127

七、集体经济与市场经济的关系 / 128

八、"第二个飞跃"与"三级所有、队为基础"的集体经济的关系 / 129

第四节 邓小平关于农业"第二个飞跃"思想的启示 / 132

一、不同农业发展路径下的简单对照:以安徽小岗村和河南新乡市刘庄村为例 / 132

二、邓小平关于农业"第二个飞跃"思想的启示 / 134

第四章
中国农业现代化的最终出路

第一节 毛泽东、邓小平农业现代化思想的内在关联 / 140

一、毛泽东、邓小平农业现代化思想的内在延续 / 141

二、邓小平对毛泽东农业现代化思想的发展 / 146

三、毛泽东、邓小平对中国农业现代化的历史贡献 / 156

第二节 集体经济是中国农业发展的出路 / 159

一、集体经济是我国农业现代化发展的必然选择 / 159

二、对土地私有化的驳斥 / 162

第三节 农村集体经济是中国农业的发展方向 / 167

一、发展壮大农村集体经济有助于中国梦的实现 / 167

二、发展壮大农村集体经济有助于捍卫农民根本利益 / 168

三、发展壮大农村集体经济有助于巩固农村社会主义阵地 / 170

第四节　发展壮大农村集体经济的途径 / 171

一、加强农村基层党组织建设，打造农村集体经济带头人 / 171

二、培育新型职业农民，培养现代农业的主导力量 / 174

三、发掘潜力，促进村级集体经济的起步 / 177

四、发展农村二三产业，推进农村工业化 / 180

五、破除城乡二元结构，构建城乡一体化格局 / 183

六、探索农村集体经济的有效实现形式，激发集体经济活力 / 186

七、加强集体主义思想教育，破除对集体经济的怀疑和偏见 / 188

结束语 / 190

主要参考文献 / 192

后　记 / 195

第一章

中国农业现代化的提出与探索

以 18 世纪的英国工业革命为开端，现代化浪潮扩散到西欧、北美、东欧、东亚乃至整个世界的不同角落，几乎没有哪个国家不被这股浪潮所席卷。19 世纪中叶，中国陷入被动现代化的进程，历经洋务运动、维新变法、辛亥革命等诸多挽救民族于危亡的努力，但囿于地主阶级、资产阶级的阶级局限性，更重要的是帝国主义、封建主义的双重压迫，中国的现代化事业未能取得实质性的进展。"1949 年以前，中国的现代化没有多少建树。"近代以来的中国历史可以描述为一个超大型的农业国家在资源禀赋低下、外部环境紧张的情况下，实现现代化的进程。中国要想实现民族独立和国家繁荣富强的目标，必须在中国共产党的领导下，总结历史和现实，将马克思主义理论与中国国情相结合，创造实现现代化的条件，走出一条不同于资本主义的崭新的现代化道路。

第一节 实现农业现代化是中国共产党人努力追求的目标

中华人民共和国成立之初，百业凋敝，尤其农业生产的极度萎缩给恢复和发展国民经济带来了极大的困扰。如何发展农业，并探寻出一条适合中国国情的农业现代化发展道路是新执政的中国共产党面临的重大问题。

一、探索适合中国国情的社会主义现代化道路

当新中国开始全面现代化建设进程的时候,世界上已经形成了两种截然不同的现代化道路并存的局面:资本主义现代化道路和社会主义现代化道路。这要求新执政的中国共产党根据现实国情选择更有利于本国发展的社会制度,以便尽快实现民族复兴,中国选择了社会主义现代化道路,这是中国历史和现实诸多因素相互作用的结果。

(一)社会主义现代化道路更有利于生产力的发展和人民共同富裕

选择现代化道路的根本标准和依据是什么?生产力和生产关系、经济基础和上层建筑的矛盾是推动人类社会发展的最根本的动力。如果说新民主主义革命的意义在于废除了旧的生产关系,建立了新的生产关系,为生产力的发展创造了前提条件,那么社会主义现代化道路则是借助已经建立的新的生产关系来保护和发展生产力,来实现国家富强和人民幸福的目的。因此,究竟选择资本主义现代化道路还是社会主义现代化道路,根本的依据在于选择一种更有利于社会生产力发展和人民根本利益的道路:哪一种道路能够迅速有效地推动生产力的进步,更好地巩固新民主主义革命的成果,实现中华民族的富强和伟大复兴;哪一条道路能够让绝大多数人民更好地享受现代化的成果,实现人民的共同富裕。两条现代化道路是本质不同的发展道路。社会主义现代化道路不仅可以使中国的社会生产力迅速发展,也可以在生产资料公有制的前提下消灭剥削,消除两极分化,与其他社会制度相比,它可以最大限度地保证人民的根本利益,使人民最大程度地享受现代化成果,实现人民共同富裕。不能单纯地从经济学角度来思考现代化,而要从政治和历史的高度来思考现代化的目的和意义。

首先,社会主义现代化道路可以为社会生产力的快速发展提供保障。中国是带着"落后就要挨打"的惨痛教训进入现代化进程的,当时现代化的先行者已经取得了巨大的成就,优先占有各种便利条件,留给后来者的发展时间非常短,生存空间也非常小。当面临国内外压力的时候,不仅不发展没有前途,发展太慢也违背国家利益。"现代化实质上是落后赶先进,

是跟上时代步伐。"①因此新中国带着强烈的紧迫感开始了现代化建设，希望通过高速发展摆脱落后、被动的境地，列宁说过："要么是灭亡，要么是在经济方面也赶上并且超过先进国家……要么是灭亡，要么是开足马力奋勇前进。历史就是这样提出问题的。"②

毛泽东也从一开始就认识到发展速度的重要性，"原来的工业越落后，速度问题也越尖锐"，"现在我国工业化的速度也是一个很尖锐的问题"。③1956年1月，在最高国务会议上，毛泽东说："我国人民应该有一个远大的规划，要在几十年内，努力改变我国在经济上和科学文化上的落后状态，迅速达到世界上的先进水平。"④1956年8月30日，毛泽东在党的八大预备会上说，"过去人家看我们不起是有理由的。因为你没有什么贡献"，"所以，我们这个国家建设起来，是一个伟大的社会主义国家，将完全改变过去一百多年落后的那种情况，被人家看不起的那种情况，倒霉的那种情况，而且会赶上世界上最强大的资本主义国家，就是美国"，"这是一种责任"，否则"就要从地球上开除你的球籍"。⑤他在1963年修改《关于工业发展问题（初稿）》时曾经写道："如果不在今后几十年内，争取彻底改变我国经济和技术远远落后于帝国主义国家的状态，挨打是不可避免的……力求在一个不太长久的时间内改变我国社会经济、技术方面的落后状态，否则我们就要犯错误。"⑥因此，毫无疑问，中国需要也必须高速发展生产力。发展速度问题不仅是一个经济问题，还是一个政治问题，它关系国家安全，关系新生的社会主义中国能否站稳脚跟，能否继续生存发展，这是现实国情和国际形势对新中国提出的要求。

我们没有选择资本主义现代化道路，原因之一就是"资本主义道路，也可增产，但时间要长，而且是痛苦的道路"⑦。理论上讲，社会主义是建

---

① 罗荣渠：《现代化新论：中国的现代化之路》，华东师范大学出版社2013年版，第8页。
② 《列宁选集》第3卷，人民出版社1995年版，第168—169页。
③ 《毛泽东读苏联〈政治经济学教科书〉谈话记录选载》（4），《党的文献》1993年第4期。
④ 《毛泽东文集》第7卷，人民出版社1999年版，第2页。
⑤ 《毛泽东文集》第7卷，人民出版社1999年版，第88、89页。
⑥ 《毛泽东文集》第8卷，人民出版社1999年版，第340—341页。
⑦ 《毛泽东文集》第6卷，人民出版社1999年版，第299页。

立在对资本主义辩证否定基础上的社会形态,作为资本主义的对立物出现并超越资本主义,它可以克服资本主义的固有矛盾。因此,相对于资本主义制度,崭新的社会主义先进生产关系和社会制度可以更好、更快地推动生产力发展。

统一的人民民主专政的社会主义国家的建立和生产资料社会主义公有制的实现,为中国社会生产力的快速发展提供了前提条件和极大可能。在社会主义建设初期,现代化事业的启动遭遇资金严重短缺的困境。但统一的社会主义国家借助政权的力量建立了居于领导地位的社会主义性质的国家经济,国家可以通过严格的计划干预经济,将社会资源集中使用到关系国计民生的重要行业和部门,优先实现重点部门的突破。中国的现代化没有其他的途径,只能靠内部积累获取资金来推进现代化,因此统一财政经济、集中使用有限的物质资源以达到集中力量办大事的目的,"这种办法既不是出于事前预定,也不是出于国外的成规或建议,而只是在特定情况下的惟一选择"[①]。社会主义改造完成,生产资料公有制的主体地位逐步确立后,可以更有效地对人财物进行合理配置。

其次,社会主义现代化道路可以最大限度地保障人民的利益。社会主义生产力和生产关系不是激烈的对抗性矛盾,社会主义生产关系基本适应生产力,不仅能够促进生产力的发展,避免社会的动荡,而且能够为人民的生产和发展提供稳定的社会环境。在以社会主义公有制为主体的基本经济制度基础上,形成了成员之间协同合作、各尽所能、按劳分配为主体的分配制度,尽管在社会主义初级阶段还不能完全实现社会公平,但经济基础以及建立于此基础上的人民当家作主的政治制度,避免了两极分化的产生,公正的分配制度会刺激社会有效需求的增长,扩大内需,培育国内市场,可以使人民在基本社会保障和普遍的生活水平提高的情况下,过上安定的生活,对保持社会稳定极有意义。"在政治混乱和战争造成的人身极度不安全的情况下,收入即使略有增加也是一种可怜的补偿,相反,如果有更多的个人和国家安全,即使很低但却稳定的人均收入也可能受欢

---

① 《胡乔木谈中共党史(修订本)》,人民出版社 2015 年版,第 333 页。

迎。"① 社会主义不仅是发展生产力的一种手段,也是发展生产力的奋斗目标,社会主义人人平等以及要努力实现的"共同富裕"的长期目标,是社会主义本质的体现。

毛泽东在1957年斩钉截铁地说,"只有社会主义能够救中国"②,只有社会主义才能发展中国。

(二)资本主义道路在中国行不通

首先,当先进的中国知识分子开始觉悟,学习西方文明以求国强民富的时候,世界的大趋势已经是资本主义制度开始走向没落,并明显阻碍现代文明的发展了。在这种情况下,沿着西方国家的老路走,不仅是落后的,也是过时的。走西方国家三四百年前走过的路,是不可能掌握并运用现代先进文明的。

其次,殖民主义侵略的目的在于掠夺,不仅破坏中国原有的自然经济,而且遏制中国资本主义的发展。中国传统的农耕社会具有很强的内在稳定性和历史发展的惯性,很难从内部生发出打破坚固的旧制度和旧传统的力量,因此当中国内部出现王朝统治危机时,中国走向现代社会的大变革是西方殖民主义从外部推动的,中国被迫卷入世界现代化的大潮。马克思在谈到西方殖民主义对亚洲的侵略时提到了这种侵略的两面性:"一个是破坏的使命,即消灭旧的亚洲式的社会;另一个是重建的使命,即在亚洲为西方式的社会奠定物质基础。"③但西方的殖民侵略主观上绝不是为了"建设",客观上倒实实在在地起到了"破坏"的作用。帝国主义侵略的目的不是在殖民地发展资本主义,将殖民地纳入世界资本主义体系,他们打破中国自然经济的基础,不是为了使中国成为独立富强的资本主义国家,而是为了掠夺中国发展自己。帝国主义即便在殖民地创办了新式教育、近代工业和交通运输业,也是为了更好地剥削而采取的手段。帝国主义的侵略使得殖民地片面建设、畸形发展,凡可能与宗主国形成竞争的工业部门

---

① 费正清编:《剑桥中华民国史(1912—1949年)》上卷,杨品泉等译,中国社会科学出版社1993年版,第49页。
② 《毛泽东文集》第7卷,人民出版社1999年版,第214页。
③ 《马克思恩格斯选集》第1卷,人民出版社2012年版,第857页。

都不许发展或受到阻挠,工业部门比例和布局混乱,关键是工业部门残缺不全、农业发展严重落后,并在经济和政治上形成了对帝国主义国家的结构性依附。中国如果独立地发展资本主义,不仅会损害他们在中国的殖民主义利益,而且会使他们在国际市场上遭遇一个强劲的竞争对手。确保帝国主义利益的最好办法就是以民族压迫为手段进行经济掠夺,使中国永远沦为廉价原料和劳动力的供应地及帝国主义产品的倾销地。早在抗日战争时期,毛泽东就说过,"要在中国建立资产阶级专政的资本主义社会,首先是国际资本主义即帝国主义不容许",他们一定要把中国变为殖民地,"就断绝了中国建立资产阶级专政和发展民族资本主义的路"。[①]所以,尽管帝国主义的入侵客观上会促进中国资本主义一定程度的发展,但绝不能是危及他们利益的大发展。资本主义现代化的模式并未给中国带来福音。

为了实现现代化,中国必须另辟蹊径。

(三)苏联社会主义现代化的示范作用

当中国开始大规模现代化建设的时候,一方面,由于资本主义固有矛盾导致的资本主义全面危机,资本主义国家自身发展存在难以克服的困难,许多以资本主义现代化道路为范本的第三世界国家依然落后,现代化在这些国家的实现仍然遥遥无期。事实上,当资本主义发展到帝国主义阶段,掠夺并向落后国家转嫁经济和社会矛盾的时候,经济文化落后的国家希望通过西方资本主义道路实现现代化的梦基本破碎了。向西方学习的最终结果,只能是越来越沦为发达国家的附庸。因此资本主义现代化道路对新生的中国缺少吸引力;而另一方面,和中国国情相似的苏联,作为现代化的后来者开辟了崭新的社会主义现代化建设道路,避开了资本主义生产方式的危机,取得了社会主义建设的辉煌成就。有了这种鲜明的对比,我们选择社会主义现代化道路也就是理所当然的事情了。

在中华人民共和国成立前夕,毛泽东在《论人民民主专政》里提到,"走俄国人的路——这就是结论","西方资产阶级的文明,资产阶级的民

[①]《毛泽东选集》第2卷,人民出版社1991年版,第679—680页。

主主义，资产阶级共和国的方案，在中国人民的心目中，一齐破了产"。①俄国十月革命不仅为中国送来了先进的思想，也送来了不同于资本主义的建设国家的道路和经验。苏联的经济建设成就是举世瞩目的。苏联在较短的时间内，集中了有限的资源，从一个落后的农业国发展成为世界上主要的工业国之一，这一成功的创造奇迹的模式，具有其他任何模式无可比拟的优越性，为经济文化落后的国家走向现代化确立了一个新的并且在当时看来是成功的范例。到1940年，苏联与革命前的俄国（1913年）相比，"全国的生铁产量为1490万吨，几乎增长2.5倍；钢1830万吨，增加3.3倍；煤16590万吨，增加4.7倍；石油3110万吨，增加2.4倍。苏联发电站的功率达到1120万千瓦，发电量为483亿千瓦时，即超过1913年水平的24.4倍"②。尽管苏联的经济发展也隐藏着缺陷与不足，但其现代化模式所表现出来的优越性是不可忽视的。"中国有许多事情和十月革命以前的俄国相同，或者近似。封建主义的压迫，这是相同的。经济和文化落后，这是近似的。两个国家都落后，中国则更落后。"③同样曾经落后，同样是现代化道路上的后来者和探索者，苏联所展现的现代化建设成就和光辉前景具有极大的吸引力和感召性，这是中国选择社会主义现代化道路的重要原因。向苏联学习，是新中国成立前夕毛泽东的一项战略思考：国际上中国处于世界资本主义包围中，国内面临恢复被战争破坏的国民经济的任务。为即将开展的大规模经济建设做准备，我们自己缺乏建设社会主义的经验，向苏联学习、走苏联社会主义建设的道路并争取苏联的援助成了唯一可行的路。"全世界一切人类社会现在正向着苏联所走的道路前进。"④毛泽东在《人民民主专政》中率先提出了"一边倒"的外交政策，"一边倒，是孙中山的四十年经验和共产党的二十八年经验教给我们的，深知欲达到胜利和巩固胜利，必须一边倒"⑤。但我们要知道，"一边倒"不仅是一种外

---

① 《毛泽东选集》第4卷，人民出版社1991年版，第1471页。
② 苏联科学院经济研究所编：《苏联社会主义经济史》第5卷，周邦新等译，生活·读书·新知三联书店1984年版，第28页。
③ 《毛泽东选集》第4卷，人民出版社1991年版，第1469页。
④ 《毛泽东文集》第5卷，人民出版社1996年版，第56页。
⑤ 《毛泽东选集》第4卷，人民出版社1991年版，第1472—1473页。

交政策，它其实也是一种代表了国家性质和发展战略选择的政治格局，尽管"一边倒"可能是一种不得不的选择，但"它是历史的产物，并不是哪一个人心血来潮所决定的"①。从中国共产党成立到新民主主义革命胜利，再到社会主义建设，既要靠自力更生，也需要国际援助，尤其是以苏联为首的社会主义阵营的援助和支持。倒向苏联一边，选择同苏联相同性质和模式的现代化道路，既有利于获取苏联的援助和支持，也能够彰显社会主义建设道路的优越性，是符合国家性质和国家利益的。"苏联的今天就是中国的明天"，这句振奋人心的话在20世纪长时间地激励每一个中国人去建设一个有着光明前景的社会主义国家。

（四）中国农业现代化道路要符合中国的具体国情

中国共产党对资本主义现代化建设的弊端认识得比较早也比较充分，并在经过了几年的社会主义经济建设后也逐渐发现了苏联建设模式的不足，开始尝试走出一条适合中国国情的现代化建设道路。苏联工业化资金的筹措，一方面采用剥夺剥夺者的手段，对资产阶级和富农用暴力没收、驱逐乃至肉体消灭的方法来进行积累；另一方面对广大农民征收"超额税"和"贡税"来加快工业化速度。这种不加区别的四面出击的方法扩大了社会矛盾，没有实质性地改变人们的生活水平，农、轻、重的关系结构也没有较好地调整和改善。据薄一波回忆，早在赫鲁晓夫"揭盖子"前，毛泽东就已经察觉到苏联模式的弊端并试图纠正，"毛主席是在1955年底就提出了'以苏为鉴'的问题"②。到1956年4月，毛泽东在《论十大关系》中明确提出借鉴苏联等国家在社会主义建设过程中的经验教训。他说："我们提出向外国学习的口号是对的，但必须有分析有批评地学，不能一切照抄，机械搬运。""最近苏联方面暴露了他们在建设社会主义过程中的一些缺点和错误，他们走过的弯路，你还想走？过去我们就是鉴于他们的经验教训，少走了一些弯路，现在当然更要引以为戒。"③正是以苏为鉴，毛泽东提出必须从中国国情出发，合理安排农业、轻工业、重工业在国民经

---

① 薄一波：《若干重大决策与事件的回顾》上卷，中共中央党校出版社1993年版，第35页。
② 薄一波：《若干重大决策与事件的回顾》上卷，中共中央党校出版社1993年版，第472页。
③ 《毛泽东文集》第7卷，人民出版社1999年版，第23页。

济中的比例关系。这样,毛泽东提出了把马克思主义与中国具体实际相结合,探索适合中国国情的社会主义现代化道路的任务。

马克思主义是科学的世界观和方法论,它的生命力在于它是同社会实践紧密结合的,在于它能够在实践中为人们认识真理开辟道路。只有把马克思主义基本原理同中国实际相结合,才能够正确地指导中国革命和建设。早在1938年党的六届六中全会上,毛泽东就提出了不能把马克思主义理论当作教条,而应当看作行动的指南,"使马克思主义在中国具体化,使之在其每一表现中带着必须有的中国的特性"[①]。在这里,毛泽东不仅提出了马克思主义中国化的命题,还把它当作一个迫切需要正确认识和解决的现实问题。中国新民主主义革命走向胜利缘于此,中国社会主义建设要走向成功,也必定缘于此。这是在中国革命和建设实践中总结出的一条基本经验。马克思主义中国化的过程也是马克思主义创兴和发展的过程,要从中国国情出发,经过科学的创造和总结,使马克思主义的原则和方法在解决现实的社会问题中具体化。毛泽东一方面强调"指导我们思想的理论基础是马克思列宁主义"[②],另一方面又强调必须坚持马克思主义与中国的具体实际相结合。中国是一个东方大国,不仅在民主革命中,而且在社会主义革命、社会主义建设中也都有自己的特点。所以,社会主义在不同的国家有不同的模式是正常的也是正确的,社会主义在不同国家的发展过程不可能有所谓绝对正确的、千篇一律的模式。毛泽东在1956年8月30日谈到社会主义建设时说:"理论与实践的统一,是马克思主义的一个最基本的原则。"[③]

二、农业现代化目标的初步提出及逐步修正

(一)新民主主义革命时期,毛泽东对农业现代化的初步认识

中国农业现代化的探索与建设是在一个农业落后、农村人口占绝大多数的传统农业国家进行的,因此,中国农业现代化的建设任务是极为艰巨

[①] 《毛泽东选集》第2卷,人民出版社1991年版,第534页。
[②] 《毛泽东文集》第6卷,人民出版社1999年版,第350页。
[③] 《毛泽东文集》第7卷,人民出版社1999年版,第90页。

的。在新民主主义阶段，毛泽东对农业现代化的认识更多的是和工业化联系在一起的，那时设想的现代化问题就是把中国从农业国发展成为工业国。"现代化实质上就是工业化"，把实现工业化作为实现现代化的中心内容，认为现代化就是经济文化落后国家实现工业化的过程，"可以说，所有在经济上处于欠发达或开发不足的国家都共同致力于工业化的目标，把它作为根本改变国家面貌和国际地位的战略性措施"[①]。在当时的情况下，中国对现代化包括对农业现代化的认识当然也超越不了这样的国际认知。

早在1940年的《新民主主义论》中，毛泽东就从政治、经济、文化等方面构想了中国未来的蓝图，这也算是对现代化实现前的新民主主义社会阶段的设想，尽管没有使用"现代化"的概念。1943年，毛泽东明确提出：我们的目的是要把中国变成工业国家。1944年5月22日，毛泽东在中共中央办公厅招待职工代表大会上提到，中国落后并且被欺凌的原因是因为我们没有强大的新式工业，他说："要中国的民族独立有巩固的保障，就必需工业化。我们共产党是要努力于中国的工业化的。"[②] 1948年5月，毛泽东说："应将工业生产问题放在领导工作的重要位置。有了工业生产的条件，党如果不注意恢复及发展工业，党的领导人员如果缺乏工业方面的知识，如果不用力去学会这一方面的知识，那就要犯错误。"[③]

在提出中国要由农业国发展为工业国的同时，毛泽东还提出了农业的发展目标是实现现代化。他在1945年的《论联合政府》一文中指出，"在若干年内逐步地建立重工业和轻工业，使中国由农业国变为工业国"，实现"中国的工业化和农业近代化"[④]。在这里，毛泽东所提出的农业近代化其实就暗含了农业现代化的意思。在党的七届二中全会的报告中，毛泽东认为中国存在的百分之九十的个体农业与古代农业从生产方式和经济生活方面看没有太大的区别。但是在我们废除或即将废除封建土地所有制这一根本区别于古代的农业土地制度后，就"取得了或者即将取得使我们的农

---

① 罗荣渠：《现代化新论：中国的现代化之路》，华东师范大学出版社2013年版，第9页。
② 《毛泽东文集》第3卷，人民出版社1996年版，第146页。
③ 《毛泽东文集》第5卷，人民出版社1996年版，第95页。
④ 《毛泽东选集》第3卷，人民出版社1991年版，第1081页。

业和手工业逐步地向着现代化发展的可能性"①。他表达了废除封建土地私有制是实现农业现代化的基本前提的思想。在这里,毛泽东明确提出了农业发展的现代化目标和方向,虽然他没有把"农业"和"现代化"连起来使用,也没有明确提出"农业现代化"的概念。他在报告中还说:"占国民经济总产值百分之九十的分散的个体的农业经济和手工业经济,是可能和必须谨慎地、逐步地而又积极地引导它们向着现代化和集体化的方向发展的,任其自流的观点是错误的。必须组织生产的、消费的和信用的合作社,和中央、省、市、县、区的合作社的领导机关。这种合作社是以私有制为基础的在无产阶级领导的国家政权管理之下的劳动人民群众的集体经济组织。"②

在党的七届二中全会的报告中,毛泽东两次提到了农业现代化的方向问题,他当时所认识的农业现代化是指什么呢?一方面强调农业现代化的方向是与个体的分散的小农经济相对立的;另一方面明确提出了组织合作社,引导百分之九十的农业经济和手工业经济向着现代化和集体化的方向发展,也就是说,毛泽东所理解的"农业现代化"其实就是"农业集体化"。在新中国成立前的不同场合,毛泽东表达了农业现代化就是农业集体化的认识。早在1944年,毛泽东就明确指出:"新民主主义社会的基础是工厂(社会生产,公营的与私营的)与合作社(变工队在内),不是分散的个体经济。分散的个体经济——家庭农业与家庭手工业是封建社会的基础,不是民主社会(旧民主、新民主、社会主义,一概在内)的基础,这是马克思主义区别于民粹主义的地方。"③在1948年9月的中央政治局会议上,毛泽东说:"将来在社会主义体系中农业也要社会化。"④1949年6月30日,毛泽东在《论人民民主专政》中指出:"农民的经济是分散的,根据苏联的经验,需要很长的时间和细心的工作,才能做到农业社会化。没有农业社会化,就没有全部的巩固的社会主义。农业社会化的步骤,必

---

① 《毛泽东选集》第4卷,人民出版社1991年版,第1430页。
② 《毛泽东选集》第4卷,人民出版社1991年版,第1432页。
③ 《毛泽东文集》第3卷,人民出版社1996年版,第207页。
④ 《毛泽东文集》第5卷,人民出版社1996年版,第139页。

须和以国有企业为主体的强大的工业的发展相适应。"①这里说的农业社会化,也是指农业集体化。也就是说,在新中国成立前,毛泽东就认识到中国农业必须实现现代化,而集体化是实现农业现代化的必由之路。

(二)社会主义革命及建设时期,毛泽东对农业现代化目标的描述渐次清晰

1. 实现了从"工业化"向"现代化"的转变

尽管在中共七届二中全会上毛泽东就使用了现代化的提法,但在新中国成立后很长时间还是把"工业化"等同于"现代化",把社会主义建设的目标定位在把我国建设成为社会主义工业国。那么怎样才算是实现了工业化呢?对实现工业化的标准,我们的认识有这样几个变化:工业总产值在工农业总产值中的比重超过农业总产值;工业产值与农业产值的比例是7:3;数量上,工业产值占工农业产值的比重在60%左右,质量上,要有独立的工业体系,和农业协调发展。但毛泽东结合中国落后的农业大国的国情,很快就认识到这种界定工业化标准的方法的不足。1959年底,毛泽东在读苏联《政治经济学教科书》时谈道:"苏联在第一个五年计划完成以后,大工业总产值占工农业总产值的百分之七十,就宣布实现了工业化。根据统计,我国一九五八年工业总产值占工农业总产值的百分之六十六点六;一九五九年计划完成后,估计一定会超过百分之七十。即使这样,我们还可以不宣布实现了工业化,我们还有五亿多农民从事农业生产。如果现在就宣布实现了工业化,不仅不能确切地反映我国国民经济的实际状况,而且可能由此产生松劲情绪。"②毛泽东还使用了"工农业国"这个提法,认为长时期内我国应该叫"工农业国",即使有了一亿多吨钢,也还是这样。可以看出,党中央和毛泽东在设计社会主义现代化目标时,更侧重建立独立完整的工业体系,而不是单纯的工农业比例关系。这也反映出毛泽东对"工业化"有了新的思考:虽然工业化是现代化的重要指标,但现代化不是单一的工业化,即便实现了国家工业化也并不意味着国家现

---

① 《毛泽东选集》第4卷,人民出版社1991年版,第1477页。
② 《毛泽东文集》第8卷,人民出版社1999年版,第125页。

代化的实现，现代化应该是包含工业化、涉及领域更广的全面发展。

2. 从单一工业化向"四个现代化"的转变

1953年12月，中共中央批准了中央宣传部拟定的关于党在过渡时期总路线的学习和宣传提纲，"工业化"是主体，"三大改造"是两翼，要为实现工业化服务。党的过渡时期总路线包含了生产力和生产关系两个方面的变革内容。从生产力方面来说，工业化就是要以机器生产代替手工劳动。从生产关系方面来说，社会主义改造是实现工业化的制度保障和重要条件。提纲还指出："实现国家的社会主义工业化，就可以促进农业和交通运输业的现代化，就可以建立和巩固现代化的国防。"[①]这里提出的"三个现代化"成为后来"四个现代化"的基础，并揭示了工业化与农业现代化的关系。1954年，周恩来在一届人大一次会议上首次提出"四个现代化"的发展目标，"如果我们不建设起强大的现代化的工业、现代化的农业、现代化的交通运输业和现代化的国防，我们就不能摆脱落后和贫困，我们的革命就不能达到目的"[②]。这标志着中国共产党的现代化目标开始从"工业化"向"四个现代化"转变，也说明中国共产党和毛泽东对现代化的认识前进了一大步。1955年3月，毛泽东在党的全国代表会议上重申了这一思想，同时也有了新的发展。一是对建成社会主义工业化国家所需的时间做了调整，"我们可能经过三个五年计划建成社会主义社会，但要建成为一个强大的高度社会主义工业化的国家，就需要有几十年的艰苦努力，比如说，要有五十年的时间，即本世纪的整个下半世纪"[③]。二是对现代化建设的内容有了新的认识，"我们进入了这样一个时期，就是我们现在所从事的、所思考的、所钻研的，是钻社会主义工业化，钻社会主义改造，钻现代化的国防，并且开始要钻原子能这样的历史的新时期"[④]。毛泽东将现代化的内容由工业化向国防和原子能这一科学技术领域扩展。此后几年，社会主义现代化的目标更加清晰。1956年9月，党的八大党章总

---

① 《建国以来重要文献选编》第4册，中央文献出版社1993年版，第704页。
② 《周恩来选集》下卷，人民出版社1984年版，第132页。
③ 《毛泽东文集》第6卷，人民出版社1999年版，第390页。
④ 《毛泽东文集》第6卷，人民出版社1999年版，第395页。

纲中提道:"使中国具有强大的现代化的工业、现代化的农业、现代化的交通运输业和现代化的国防。"①1957年2月,毛泽东在《关于正确处理人民内部矛盾》的讲话和3月全国宣传工作会议上的讲话中,两次分别提到了把我国建设成为一个"具有现代工业、现代农业和现代科学文化的社会主义国家"②。这是毛泽东第一次把"现代科学文化"加进现代化的内容,强调了"现代科学文化"在中国现代化中的重要地位。1959年12月,毛泽东读苏联《政治经济学教科书》时谈道:"建设社会主义,原来要求是工业现代化,农业现代化,科学文化现代化,现在要加上国防现代化。"③这是毛泽东第一次完整地提出"四个现代化"的思想。

3. 农业现代化放到了"四个现代化"的第一位

在经历了艰难的三年困难时期后的1963年夏天,毛泽东提出:"在一个不太长的历史时期内把我国建设成为一个农业现代化、工业现代化、国防现代化和科学技术现代化的伟大的社会主义国家。"④这是第一次把农业现代化放到了"四个现代化"的第一位,是毛泽东在总结我国经济发展经验教训基础上得出的新的科学结论。根据毛泽东的这一思想,1964年,周恩来在三届人大一次会议上提出:"今后发展国民经济的主要任务,总的说来,就是要在不太长的历史时期内,把我国建设成为一个具有现代农业、现代工业、现代国防和现代科学技术的社会主义强国,赶上和超过世界先进水平。"⑤从此,"四个现代化"的目标正式形成,成为家喻户晓的全党和全国人民在新的历史时期奋斗的目标,与此同时,农业现代化的地位被凸显出来。从工业现代化到"四个现代化",再到农业现代化居"四个现代化"首位的转变,标志着毛泽东对我国现代化目标认识的深化。

同时,我们也要认识到,"四个现代化"体现更多的还是物质方面的内容与要求,反映了当时党内对迅速发展国民经济迫切性的认识和要求,

---

① 《建国以来重要文献选编》第9册,中央文献出版社1994年版,第315—316页。
② 《毛泽东文集》第7卷,人民出版社1999年版,第268页。
③ 《毛泽东文集》第8卷,人民出版社1999年版,第116页。
④ 中共中央文献研究室编:《毛泽东传(1949—1976)》(下),中央文献出版社2003年版,第1358—1359页。
⑤ 《周恩来选集》下卷,人民出版社1984年版,第439页。

但是我们不可能要求毛泽东与中国共产党在新中国成立后不长的时间里就对现代化尤其是农业现代化有一个全面的深刻的认识，这不现实，也不符合历史。中国共产党对现代化的认识不可能脱离当时的国情，也不可能超越国际上的普遍认知，对现代化的正确认识要随着社会主义实践的发展而不断丰富和完善。

第二节　毛泽东探索农业现代化道路的主要成果

一、生产力方面，注重农业机械化和劳动者素质的提高

（一）"农业的根本出路在于机械化"

用什么样的生产资料进行生产是区别各个经济时代的标志，重要的是怎样生产而不是生产什么。农业机械，作为现代化的生产手段，是由传统农业社会向现代化农业转变必不可少的条件，也是促进农业乃至整个社会经济发展的必要条件。实现农业机械化，实质上是用现代工业装备农业，发展农业生产力的过程。

1. 实现农业机械化的必要性

毛泽东认为，农业机械化是农业技术改造和实现农业现代化的关键。农业机械化的根本意义在于能够推动农业生产水平的提高和农业生产力的发展。1958年成都会议期间，毛泽东在谈到改良农具问题时说，改良农具的群众运动"是一个伟大的革命运动"，会"大大提高劳动效率"，"应该推广到一切地方去"。[①] 毛泽东还从政治高度认识农业机械化的意义，工业为农业生产机械，农业应用机械提高产出，更好地将工农业结合起来，农业机械化有利于缩小工农之间的差别，有利于巩固工农联盟和壮大农村集体经济。当农业实现机械化，用大机器及现代技术装备农业的时候，农业可以生产更多的原料，可以有更多的剩余和积累，可以从农业转移出更多的富余劳动力，来支援工业的建设和发展。

---

① 中共中央文献研究室编：《毛泽东年谱（1949—1976）》第3卷，中央文献出版社2013年版，第318页。

2. 实现农业机械化的步骤

毛泽东在1955年7月31日所作的《关于农业合作化问题》的报告中，预计用25年时间，分三个步骤来实现农业机械化：第一步是在第一和第二个五年计划期间，农村改革"以社会改革为主，技术改革为辅"，"大型的农业机器必定有所增加，但还是不很多"；第二步是在第三个五年计划时期，农村改革"社会改革和技术改革同时并进"，"大型农业机器的使用将逐年增多"；第三步是在第四和第五个五年计划时期，"在全国范围内基本上完成农业方面的技术改革"。最终能够"在一切能够使用机器操作的部门和地方，统统使用机器操作"。但由于毛泽东对实现农业机械化的艰巨性认识不足，不断缩短预想的实现农业机械化的时间。1959年，毛泽东在《党内通信》中明确提出"农业的根本出路在于机械化"的时候，设想从1959年算起，再用10年的时间，分三个步骤，"4年以内小解决，7年以内中解决，10年以内大解决"，来实现农业现代化。尤其是同年8月，在毛泽东的提议下，成立了农业机械部，毛泽东乐观地认为，农业机械化可以在为期不远的将来实现。

3. 实现农业机械化的措施

第一，从国家无法生产足够多的农业机械满足农业生产需要的实际出发，毛泽东要求通过改良农具、发展半机械化农具的群众运动，逐步实现农业机械化，"在一个时期内因为机器不够，要提倡半机械化和改良农具"[①]。第二，发挥中央和地方的两个积极性。毛泽东认为，农业机械化的实现要靠国家的帮助和工业的支援，但在国家经济实力有限的情况下，要完成这样的技术变革，需要同时发挥中央和地方的积极性，尤其要发挥地方的积极性。在1958年的成都会议上，毛泽东说："农业机械化（包括拖拉机）靠地方制造为主，还是靠中央为主？恐怕要靠地方，地方自办为主，国家支援为辅。"1966年3月，毛泽东在给刘少奇的信中提出，农业机械化要"以各省、市、区自力更生为主，中央只能在原材料等等方面，对原

---

① 《毛泽东文集》第8卷，人民出版社1999年版，第125页。

材料等等不足的地区有所帮助"①。为了使地方在农业机械化过程中充分发挥积极性，毛泽东说："原材料（钢铁），工作母机，农业机械，凡国家管理、地方制造、超出国家计划远甚者（例如超出一倍以上者），在超过额内，准予留下三成至五成，让地方购买使用。此制不立，地方积极性是调动不起来的。"②毛泽东还指出，制造农业机械必须因地制宜，适合国情。1958年，毛泽东在洛阳拖拉机厂党委向洛阳市委并河南省委上报的关于第一拖拉机厂1958年至1968年跃进规划上批示："各种拖拉机样式和性能一定要适合我国的气候和地形，并且一定要是综合利用的。"③各种新农具的生产和推广也必须谨慎，不能盲目生产和推广，要经过实验。1959年4月29日，毛泽东在《党内通信》中号召各地成立农具研究所，试制各种新农具，"试制成功，在田里实验，确实有效，然后才能成批制造，加以推广"④。

当然，毛泽东所倡导的农业机械化运动，由于对实现农业机械化的艰巨性认识不足，存在对实现农业机械化的时间要求过急、指标要求过高、形式单一等不足；也没有充分认识到农业机械化是一个系统工程，不可能孤军前进，需要同国民经济其他部门以及农业内部各部门之间协调发展。在农业机械化运动中，只注重了农机数量和作业面积，相应的维修、保养、管理等方面的配套内容没有跟上。但是另一方面，我们必须看到毛泽东所提倡的农业机械化的合理性。农业机械化作为农业现代化的组成部分和先进生产力的代表，对于发展农业生产、繁荣农村经济具有积极的作用。农业机械运用于农业，的确可以大大提高劳动生产率和土地产出率。在毛泽东的领导下，不但我国农业机械化取得了重大进展，支持和促进了农业生产的发展，而且习惯于传统生产方式的广大农民开始对机械和科技产生初步的认知，具备了初步的科技思想，为以后农业科技的进一步推广

---

① 《毛泽东文集》第8卷，人民出版社1999年版，第427页。
② 《毛泽东文集》第8卷，人民出版社1999年版，第427页。
③ 中共中央文献研究室编：《毛泽东年谱（1949—1976）》第3卷，中央文献出版社2013年版，第315页。
④ 《毛泽东文集》第8卷，人民出版社1999年版，第49页。

和运用奠定了基础。

（二）"严重的问题是教育农民"①

社会生产力是人类社会发展的最终决定力量，而劳动者是生产力中能动的、最具决定性的力量，劳动者既是劳动工具的制造者也是劳动工具的使用者。农业的现代化首先是农民的现代化，"没有农民教育的发展，整个民族文化素质的提高，现代化的实现都是一句空话"。农民是既有私有性又有革命性的阶级，在新民主主义革命时期，毛泽东更多强调的是农民反抗压迫、打翻旧世界的革命性，但是在社会主义革命和建设时期，毛泽东更多的是从政治高度来认识农民作为小生产者和小私有者的落后性。1949年6月30日，毛泽东在纪念中国共产党成立28周年写的《论人民民主专政》中提出了"严重的问题是教育农民"的观点，认为"农民的经济是分散的，根据苏联的经验，需要很长的时间和细心的工作才能做到农业社会化。没有农业社会化，就没有全部的巩固的社会主义"。这里所讲的农业社会化其实就是农业合作化与集体化，农业社会化是社会主义的基础和必要前提，农业的现代化要经由合作化来实现。必须教育农民的原因是因为"根据苏联的经验"，小农经济的分散性是实现农业社会化的障碍，由农民分散的、落后的小农生产方式所决定的农民思想政治水平以及对合作化的天然抵触，使得教育农民是个"严重的问题"。小农生产方式之所以是农业社会化的障碍，是因为它"既排斥生产资料的积累，也排斥协作，排斥同一生产过程内部的分工，排斥对自然的社会统治和社会调节，排斥社会生产力的自由发展。它只同生产和社会的狭隘的自然产生的界限相容"②。

提高农民素质，是小农经济过渡到大规模的合作化经济的重要保证，正如毛泽东所讲的："反对自私自利的资本主义的自发倾向，提倡以集体利益和个人利益相结合的原则为一切言论行动的标准的社会主义精神，是使分散的小农经济逐步地过渡到大规模合作化经济的思想的和政治的保

---

① 《毛泽东选集》第4卷，人民出版社1991年版，第1477页。
② 《马克思恩格斯选集》第2卷，人民出版社2012年版，第298页。

证。"① 毛泽东在后来的《关于人民公社若干问题的决议》中,将教育农民的整体目标进一步明确为建立一支"脱离了小生产状态的社会主义的民主集中制的农民产业军"②。教育农民的目的是要提高农民素质,将他们提高到"无产阶级的水平",提高到可以和合作化集体化相适应的程度。农民教育工作的好坏直接影响农业现代化建设的成果,要使农民从现代化的遗弃者转变为现代化的推动者,必须通过思想政治教育加以改造。对于文化落后或者简直就是目不识丁的广大农民而言,要使他们理解并认同党的意识形态,没有文化上的提高是无法做到的。同时,解放了的广大农民,深深感到不识字所带来的生产和生活的不便,特别渴望摆脱没有文化的状态。

关于农民教育的内容,主要包括思想政治教育、文化教育和科技教育三个方面。毛泽东把对农民的思想政治教育放在第一位,改造农民私有观念,向他们宣传合作化、集体化的优越性,宣扬共产主义理想,使他们懂得社会主义是农民的唯一出路。合作化和农民教育是互相联系、互相促进的,一方面,合作化的发展需要受过教育的、有觉悟的、高素质的农民;另一方面,合作化也是将农民组织起来,培养新习气,进行教育并引导他们走向社会主义的良好途径。在合作社中,一方面,"因为经济上的需要",农民产生了"迫切地要求学文化"的积极性;另一方面,因为"集体的力量","他们可以自己组织学文化"。③ 在合作化的生产和生活中,在经济联合和共同劳动的基础上,农民不仅"提高社会主义的觉悟程度",而且"改变他们的生活方式"。④ 可以说,改造农民的思想、教育农民这一问题,"必须"并且"只能"在合作化的过程中才能够得到最有成效的解决。在农民文化教育方面,毛泽东提倡通过建立农民技术夜校、技术学校、农业科学技术站等方式来灵活地对成年农民进行教育。而对农民的基础教育,则认为不要坚持不切实际的正规化,从农村实际出发,强调农村

---

① 《毛泽东文集》第6卷,人民出版社1999年版,第450页。
② 《农业集体化重要文件汇编》(下),中共中央党校出版社1981年版,第123页。
③ 《毛泽东文集》第6卷,人民出版社1999年版,第455页。
④ 《毛泽东文集》第6卷,人民出版社1999年版,第435页。

小学可分为中心小学、不正规小学、速成小学三类，允许私塾式、改良式的不正规的小学存在。毛泽东还提倡根据农民的需要，采用农民教育与生产和生活相结合的方法，运用灵活的教育形式，来实现提高农民文化素质的目的。在毛泽东和党中央的努力下，我国的农民文化教育取得了巨大的成功，"从1949年到1965年，全国共扫除文盲10272.3万人，年均扫盲604.3万人"[1]。农民文化素质的提高，有助于农民更好地理解社会主义的优越性，从宏观和整体上认识工业和农业的关系，从国家大局和农民长远利益来认识农业和农民对工业的支持而造成的牺牲，更好地推进合作化和集体化。

二、生产关系方面，引导农业经济"向着现代化和集体化的方向发展"

（一）引导农业经济"向着现代化和集体化的方向发展"的依据

1. 马克思、恩格斯关于小农经济的论述

马克思、恩格斯在对资本主义社会进行观察和思考的基础上，科学地分析了小农经济的弊端，提出了把小农经济变为社会主义经济的问题，论证了集体经济制度作为社会主义社会农业基本制度的可能性。

必须对小农经济进行改造的原因是什么呢？是由于小农经济的分散性、落后性以及由此经济基础而导致的阶级局限性。从根本上来说，导致小农"不可挽回地走向灭亡"[2]的原因是"他们的小块土地、土地的分割"[3]。小土地限制了分工以及科学的普及，因为一个人完全可以完成小块土地的全部劳动，也就没有提高劳动技能的必要；小土地产生不了大量的用于交换的商品，更多的是生产满足自身需要的消费品，小农之间的联系是单一而疏离的。因此，尽管"小农人数众多，他们的生活条件相同，但是彼此间并没有发生多种多样的关系。他们的生产方式不是使他们互相交

---

[1] 陈至立：《千秋基业 壮丽诗篇——共和国教育50年》，《教育研究》1999年第9期。
[2] 《马克思恩格斯选集》第4卷，人民出版社2012年版，第359页。
[3] 《马克思恩格斯选集》第1卷，人民出版社2012年版，第765页。

往，而是使他们互相隔离。"①小农经济的分散性造成其阶级的局限性，一方面，从他们的生产方式、利益、教育程度、思维模式来看，具有极大的相似性并区别于其他的阶级，"他们是一个阶级"；另一方面，尽管他们存在利益的共同性，但他们之间除了地域上的疏散的联系外，并没有形成紧密的、代表他们共同利益的全国性的政治组织，就这点而言，"他们又不是一个阶级"。小农分散疏离导致的结果是他们不能够形成代表自己阶级利益的组织，只能由别人来代表他们：这个别人是他们的高高在上的权威和主宰，即不受限制的政府权力。而资本主义生产方式的发展不断证明并加速了小农经济的衰落。

既然小农经济是落后的和必然灭亡的，那么怎样实现对小农经济的改造呢？马克思、恩格斯提出了通过土地公有制来消灭小农土地私有制、解放农民的办法，即"必须以无产阶级所拥有的一切手段来为生产资料转归公共占有而斗争"②。马克思、恩格斯提出了通过合作社来实现土地私有制向土地集体所有制的过渡。那么怎样将农民吸引到革命方面来，并实现社会主义呢？马克思在《巴枯宁〈国家制度和无政府状态〉一书摘要》中设想无产阶级以政府的身份直接改善农民状况，来吸引农民到革命方面来，并且这些措施"一开始就应当促进土地的私有制向集体所有制过渡，让农民自己通过经济的道路来实现这种过渡"③。在这方面，恩格斯作了更加明确的阐述。当时，丹麦社会主义者提出通过合作化对农业进行社会主义改造的道路，恩格斯给予了高度的评价，说他们在这方面"走在所有其他民族的前面"④，并在《致奥古斯特·贝贝尔》的信中强调，必须将合作社作为向完全的共产主义过渡的中间环节，"至于在向完全的共产主义经济过渡时，我们必须大规模地采用合作生产作为中间环节，这一点马克思和我从来没有怀疑过"⑤。当恩格斯分析合作社制度用于改造土地私有制时指出，

---

① 《马克思恩格斯选集》第 1 卷，人民出版社 2012 年版，第 762 页。
② 《马克思恩格斯选集》第 4 卷，人民出版社 2012 年版，第 725 页。
③ 《马克思恩格斯选集》第 3 卷，人民出版社 2012 年版，第 338 页。
④ 《马克思恩格斯选集》第 3 卷，人民出版社 2012 年版，第 1053 页。
⑤ 《马克思恩格斯选集》第 4 卷，人民出版社 2012 年版，第 581 页。

"应该将土地交给合作社，否则土地会按照资本主义方式去经营"①，并且只有把土地变成"合作社的占有和合作社的生产"②才能够真正地保护农民财产和实现农民利益，合作社是农民"唯一得救的途径"，是解放小农的唯一途径。恩格斯认识到，通过合作社的方式将小块土地联合起来进行大规模生产会产生富余劳动力，"一部分过去使用的劳动力就会变为多余的"，那么解决多余劳动力的办法就是"或是从临近的大田庄中另拨出一些田地给农民合作社支配，或是给这些农民以资金和机会去从事工业性的副业"③。根据以上论述，我们可以看出，马克思、恩格斯所强调的合作社不仅包括生产资料的共有还包括协作生产，当然首先是生产资料的公共占有，并且他们还预见到随着合作社规模经营的发展必然会产生农业剩余劳动力，而解决的方法就是发展二三产业。

至于怎样实现合作化变生产资料私有制为公共占有，马克思、恩格斯都十分谨慎，认为不能凭空推想，不能预先回答和针对一切可能场合来回答这个问题，而要以时间地点为转移，根据具体情况确定具体办法，只能根据科学的分析，概括地提出一些十分重要的原则性意见，因为"极为相似的事变发生在不同的历史环境中就引起了完全不同的结果"④。

在对待小农的态度上，马克思和恩格斯认为不能用暴力剥夺小农，并且应该逐步前进。马克思在《巴枯宁〈国家制度和无政府状态〉一书摘要》中就明确指出，促进土地私有制向集体所有制的过渡，"不能采取得罪农民的措施"。恩格斯在《法德农民问题》中更明确地指出，"当我们掌握了国家政权的时候，我们决不会考虑用暴力去剥夺小农"⑤，实现合作化"不是采用暴力，而是通过示范和为此提供社会帮助"⑥。关于示范，恩格斯在谈到把从大土地占有者那里剥夺来的土地转交给组织成合作社的农业工人使用时指出："这些农业合作社的范例，将说服最后一些可能仍在反抗着

---

① 《马克思恩格斯选集》第 4 卷，人民出版社 2012 年版，第 581 页。
② 《马克思恩格斯选集》第 4 卷，人民出版社 2012 年版，第 371 页。
③ 《马克思恩格斯选集》第 4 卷，人民出版社 2012 年版，第 370 页。
④ 《马克思恩格斯选集》第 3 卷，人民出版社 2012 年版，第 730 页。
⑤ 《马克思恩格斯选集》第 4 卷，人民出版社 2012 年版，第 370 页。
⑥ 《马克思恩格斯选集》第 4 卷，人民出版社 2012 年版，第 370 页。

的小块土地农民乃至某些大农相信大规模合作企业的优越性。"①关于提供社会帮助,恩格斯提到了给合作社以低利率贷款,"为了农民的利益而必须牺牲的一些社会资金……我们可以很慷慨地对待农民"②。因此,无产阶级不能采取直接消灭小农的手段,尽管"预见到小农必然灭亡,但是我们无论如何不要以自己的干预去加速其灭亡"③。如果农民不能下决心变小农所有制为公共占有,那就"给他们一些时间,让他们在自己的小块土地上考虑考虑这个问题"④。

2. 借鉴苏联集体农庄发展的理论与经验

列宁在继承马克思和恩格斯关于小农经济以及土地私有制改造方面的科学分析的基础上,根据俄国的国情,创造性地提出了关于俄国土地私有制改造的理论并领导了相关的实践。列宁科学地预见到了资本主义条件下小农的历史命运,除了成为无产者之外,"别的出路是没有的"⑤。列宁认为,像俄国这样一个小农占大多数的农业生产力落后的国家,向社会主义过渡是非常艰难的,因为广泛存在的小农经济是"资本主义得以保留和重新复活"⑥的深厚基础。改造俄国小农经济,改造农民心理和习惯,提高农业生产力"获得拖拉机和机器",并"实现一个大国家的电气化",客观情况是"无论如何要有几十年的时间才行"。⑦所以,想要农民认识并接受社会主义,就必须让他们见识到集体的、共耕的优越性,尽管这样的过渡"必然是非常长久的"⑧。在列宁去世前一年,由列宁口授的《论合作社》提出了把小农引向社会主义的合作社计划。在这篇集中反映列宁合作思想的著作中,列宁揭示了合作社的性质、意义和原则。合作制是实现小生产向大生产过渡的形式,"合作制政策一旦获得成功,就会使我们把小经济

---

① 《马克思恩格斯选集》第4卷,人民出版社2012年版,第375页。
② 《马克思恩格斯选集》第4卷,人民出版社2012年版,第372页。
③ 《马克思恩格斯选集》第4卷,人民出版社2012年版,第370页。
④ 《马克思恩格斯选集》第4卷,人民出版社2012年版,第372页。
⑤ 《列宁选集》第3卷,人民出版社2012年版,第107页。
⑥ 《列宁选集》第4卷,人民出版社2012年版,第61页。
⑦ 《列宁选集》第4卷,人民出版社2012年版,第447页。
⑧ 《列宁选集》第4卷,人民出版社2012年版,第64页。

发展起来,并使小经济比较容易在相当期间内,在自愿联合的基础上过渡到大生产"①。当俄国工人阶级掌握了国家政权,实现生产资料公有制的时候,俄国可以通过"居民最大限度合作化"②实现社会主义。合作社是实现农民个人利益与国家共同利益相结合的良好途径,是建成社会主义所必需的前提。"要是完全实现了合作化,我们也就在社会主义基地上站稳了脚跟。"③列宁提出要对合作社进行扶持,"在经济、财政、银行方面给合作社以种种优惠"④。对于合作社性质,列宁认为"文明的合作社工作者的制度就是社会主义的制度"⑤,"合作社往往是同社会主义完全一致的",因此合作社的发展也就等于"社会主义的发展"。

在列宁逝世后,斯大林继承了列宁关于通过合作化改造俄国农业的思想。他认为俄国农业应当"循着使千百万小农和中农合作化的道路"⑥,通过合作社农民经济才能彻底地"纳入社会主义建设总体系"⑦。而社会主义道路是使农民免于贫困和破产的唯一道路。1927年下半年,苏联发生了粮食收购危机,斯大林认为造成这次危机的根本原因在于小农经济的落后性。改变这种局面的办法就是加强集体农庄运动来克服小农经济的缺陷与不足。斯大林提出:"要加紧在农村中发展集体农庄和国营农场类型的大农场,努力把它们变成国家的建立在现代科学基础上的粮食工厂。"这是合作化运动转入集体农庄运动的先兆。1927年底召开的联共(布)第十五次代表大会提出了开展集体农庄和国营农场建设的口号,正式确定了农业集体化方针。斯大林将列宁通过合作化道路改造农业、走向社会主义道路的方针转变为通过集体农庄实现农业社会主义改造、走上社会主义道路,认为"集体农庄道路即社会主义道路对于劳动农民是唯一正确的道

---

① 《列宁选集》第4卷,人民出版社2012年版,第508页。
② 《列宁选集》第4卷,人民出版社2012年版,第767页。
③ 《列宁选集》第4卷,人民出版社2012年版,第773页。
④ 《列宁选集》第4卷,人民出版社2012年版,第770页。
⑤ 《列宁选集》第4卷,人民出版社2012年版,第771页。
⑥ 《斯大林选集》上卷,人民出版社1979年版,第234页。
⑦ 《斯大林选集》上卷,人民出版社1979年版,第347—348页。

路"①。但是斯大林认为集体农庄与合作社不是毫无关联的，他认为集体农庄是合作社的高级形式，集体农庄是合作社发展的结果。"当没有群众性的集体农庄运动的时候，合作社的低级形式即供销合作社是'大道'，而当合作社的高级形式即它的集体农庄形式出现的时候，集体农庄就成为发展的'大道'了。"②斯大林认为，集体农庄的性质是社会主义的，是"社会主义的经济形式之一"，并且指出，集体农庄制度是"导向社会主义"的。苏联第二个五年计划期间农业集体化已实际上完成：1937年的24.37万个集体农庄已联合1849.96万户农民，占农户总数的93%和99%以上的播种面积。③无论是在合作化运动还是在集体农庄运动过程中，斯大林多次强调要遵循自愿原则和循序渐进的方法来进行农业的社会主义改造，反对强迫命令和使用暴力。他也反对不加分析地机械套用集体化的速度和方法，不考虑各地的不同情况，违背因地制宜原则。尽管苏联的农业集体化事实上就是以斯大林所反对的原则和速度完成的，但这仍然反映了他在集体农庄运动中的一些反思和总结。

今天人们对斯大林所领导的集体农庄运动有诸多诟病，但是无论如何它是世界上第一个社会主义国家，是改造小农经济，引导广大的、分散的个体农户向社会主义生产关系转变的第一次伟大的尝试与实践。1936年，斯大林在分析农业集体化运动的成绩时指出，苏联"有了世界上规模最大的、机械化的、用新技术武装起来的生产，即无所不包的集体农庄和国营农场体系"；当时的集体农庄已经有了31.6万台拖拉机，共570万马力，同国营农场合起来计算，已有40多万台拖拉机，共758万马力。④

在中国农业的合作化与苏联农业的集体化的关系方面，存在着这样几种具有代表性的观点：一种观点认为，中国的农业合作化运动是苏联农业集体化运动的翻版；⑤一种观点认为，中国农业合作化运动虽然借鉴了苏联

---

① 《斯大林选集》下卷，人民出版社1979年版，第320页。
② 《斯大林选集》下卷，人民出版社1979年版，第206页。
③ 《苏联社会主义经济史》第4卷，生活·读书·新知三联书店1982年版，第405页。
④ 《斯大林选集》下卷，人民出版社1979年版，第393页。
⑤ 王前：《关于合作化理论的沉思》，《中共党史研究》1989年第1期。

农业集体化运动的经验，但结合了中国的国情，具有许多创造性的特点，不是简单的苏联农业集体化运动的翻版；①一种观点认为，中苏的这两场运动，一方面，在目标、内容和基本形式上，确实存在相同或类似之处；但另一方面，两者还存在着较大的差异，这差异体现出了中国农业合作化运动的特殊性和创造性。②尽管这三种观点的主导方面存在一定的差异，但都不否认苏联农业集体化运动对中国农业合作化运动的影响。

3. 现实生产力水平和经济发展需要

1943年，毛泽东在《组织起来》中提到，分散的农民个体经济是封建社会的经济基础，打破这个基础，避免农民永陷穷困境地的办法就是"逐渐地集体化；而达到集体化的唯一道路，依据列宁所说，就是经过合作社"③，合作社是组织群众的重要形式。中华人民共和国成立后，毛泽东根据马克思主义关于合作化的理论，根据中国社会经济现实，在土改完成后不失时机地提出将个体农民组织起来发展合作社，使我国农业走上社会主义道路。农业合作化运动奠定了农村社会主义制度，也奠定了农业现代化的基础。此后，中国所有的农村变革都是在这个基础上进行的。实现农业合作化是当时中国社会发展的必然要求，选择农业合作化道路是诸多客观因素共同作用的结果。

首先，小农经济与社会主义工业化战略目标的矛盾。一方面，分散的小农经济既无法有效改善农民生活，提高农业生产力，也无法稳定提供工业化所需要的大量资金。在我国经济基础低下的现实条件下，要想尽快建立独立的比较完整的社会主义工业体系，不仅需要农业提供粮食和工业原料，还需要大量的、不断追加的资金。资金的来源当然不能采取像西方一样的殖民掠夺的手段，只能依靠我们自己农业的发展来完成资金的积累，舍此之外没有其他办法。从农业提取工业化发展的资金积累，是我们这个

---

① 赵金鹏：《中国农业合作化运动不是苏联农业集体化运动的翻版——与王前商榷》，《中共党史研究》1990年第6期。

② 郑明：《中国与苏联农业集体化的关系不是非此即彼——兼与王前、赵金鹏商榷》，《中共党史研究》1991年第5期。

③ 《毛泽东选集》第3卷，人民出版社1991年版，第931页。

落后的农业国进行工业化的必然选择。毛泽东说："为了完成国家工业化和农业技术改造所需要的大量资金，其中有一个相当大的部分是要从农业方面积累起来的。"[①] 然而，个体的小农经济不仅生产率低下，而且土地极其碎小分散，尽管土改后农业生产有了一定程度的增长，但4亿多农民分散的生产增长并不意味着可以形成规模供给，国家也很难从如此高度分散的小农手里提取农业剩余，这种交易成本将是无法估量的，交易效率则是极为低下的。个体私有制与大量供应是矛盾的，表现在"年年增长的商品粮食和工业原料的需要同现时主要农作物一般产量很低之间的矛盾"[②]。解决这个问题的办法是，必须将农民组织起来，以合作化来改变小农经济的私有制，依靠合作化作为组织载体，"使农业能够由落后的小规模生产的个体经济变为先进的大规模生产的合作经济"，来摆脱农业落后对工业发展的制约。不实现农业合作化，工业化事业会遇到绝大的困难。毛泽东在1953年10月中旬和11月初两次同中央农村工作部负责人谈话时说，"个体农民，增产有限，必须发展互助合作"[③]，"想从小农经济做文章，靠在个体经济基础上行小惠，而希望大增产粮食，解决粮食问题，解决国计民生的大计，那真是难矣哉"[④]。

另一方面，在没有外部市场、不可能出口的制约下，国家初步形成的大型工业产品的生产能力，必须也只能在中国内部建立市场消化。但是除了资金之外，农业发展的滞后也使农业没有能力消化、吸收工业提供的产品，很难为工业的发展提供广阔的市场。这又进一步加深了工农之间的矛盾。农民有效购买力的大幅度提高"有待于大规模的农业，而在我国就是社会主义的合作化的农业"[⑤]。

可见，只有农业生产力的极大发展才能够有效推进工业化，而新中国在还没有办法以科学技术的提升和农业基础设施的完善来提高农业生产力

---

① 《毛泽东文集》第6卷，人民出版社1999年版，第432页。
② 《毛泽东文集》第6卷，人民出版社1999年版，第431页。
③ 《毛泽东文集》第6卷，人民出版社1999年版，第299页。
④ 《毛泽东文集》第6卷，人民出版社1999年版，第302页。
⑤ 《毛泽东文集》第6卷，人民出版社1999年版，第433页。

的时候,将农民组织起来,走合作化道路,以互助合作推动农业生产力的发展,是当时必然的也是最佳的选择。

其次,促进农业生产力发展和避免农村出现两极分化的需要。土改把封建地主土地所有制转变为农民土地所有制,但并没有改变小农经济结构。分散的小农个体经营存在着耕地少、经营规模小、生产工具严重不足、资金极其匮乏等问题,很难抵御自然灾害和采用新技术,甚至有些农户无法维持简单再生产,制约了农业生产力的发展。小农经济的局限性使得农民不组织起来就无法改变农业的现状。由于小农经济基础薄弱,很不稳定,任其自由发展,有可能会出现两极分化。土改后不久,我国农村就出现了两极分化的趋势。一方面,一部分农民,特别是土改前的贫雇农底子薄,缺乏必要的生产工具,由于天灾人祸等原因不得不借债、典让土地和耕畜,重新失去生产资料;另一方面,少数比较富裕的农民,则利用一部分贫苦农民的困难,投机买卖,高利贷剥削,购买土地或雇工剥削,农村中的新富农、新富裕中农开始出现。"据中共中央东北局1952年3月对18个村的调查统计,新式富农占农村户数的1.8%,人口的2.6%,土地的3.9%,耕畜的6%,车辆的7.7%。"①新富农的出现对其他农民产生了比较大的影响,使其渴望像他们一样富裕。小农私有的个体经济是站在十字路口的经济,个体农民具有劳动者和私有者两重性,作为劳动者具有互助合作的积极性,可以引导他们走向社会主义;作为私有者则具有个体经济的积极性,渴望发家致富,其自发趋向是资本主义。如果不对农村中出现的两极分化趋向加以重视,善加引导,任由农民的自发倾向发展下去,就会出现对互助合作的排斥和对资本主义的自发认可和追求。农村可能会出现两种前途:一种是建立资本主义生产关系,发展资本主义的大农业,其结果是多数农民的贫困和最终的破产;一种是建立社会主义生产关系,发展社会主义的集体农业,在新生产关系下保护农民的利益和发展农业生产力。这是两种截然相反的前途:要么向资本主义后退,要么向社会主义前进。而帮助农民摆脱贫困、抵御灾荒、改善生活的途径"除了社会主义,

---

① 郭玉福:《毛泽东与中国农业发展》,中国农业出版社1998年版,第37页。

再无别的出路"①。从农民自身来说，缺少农具和资金的贫农、下中农，为了发展生产，改善生活，有走社会主义道路的积极性，他们要求组织起来，搞互助合作。毛泽东指出，要阻止农村两极分化的办法就是合作化，搞合作社而且要大合作社才行，"大合作社也可使得农民不必出租土地了。一二百户的大合作社带几户鳏寡孤独，问题就解决了"②。所以，要积极稳妥地将农民个体经济的积极性引导到互助合作的积极性上来，逐步过渡到社会主义。

再次，巩固工农联盟的需要。新中国成立前，毛泽东就提出："在社会主义社会中工人阶级和农民阶级的矛盾，用农业集体化和农业机械化的方法去解决。"③他认为"单有国营经济而没有合作社经济，我们就不可能领导劳动人民的个体经济逐步地走向集体化"④。我们在新民主主义革命时期，在反帝反封建的基础上建立起工农联盟。但是在土改后一段时间，农村的阶级关系发生了变化，一些农民富起来了，一些农民处境艰难。毛泽东在《关于农业合作化问题》中指出："在最近几年中间，农村中的资本主义自发势力一天一天地在发展，新富农已经到处出现，许多富裕中农力求把自己变为富农。许多贫农，则因为生产资料不足，仍然处于贫困地位。"⑤如果任由农村中的两极分化现象发展下去，在土地革命基础上建立起来的工农联盟就不稳定了。如果这个时候不帮助那些失地农民和处境艰难的农民，不给他们以新的利益，不帮助他们解决面前的困难，增加他们的收入，使他们富裕起来，他们就会对共产党丧失信心，当然也会对社会主义失去信心。因为跟着共产党，他们的生活没有多大的起色。如果我们失去了这些人的信任和支持，就会危及社会主义事业，工农联盟就很难巩固了。而解决这个问题的办法就是经过社会主义改造，逐步实现社会主义工业化和手工业、资本主义工商业的社会主义改造，实现农业社会主义改

---

① 《毛泽东文集》第6卷，人民出版社1999年版，第429页。
② 《毛泽东文集》第6卷，人民出版社1999年版，第299页。
③ 《毛泽东选集》第1卷，人民出版社1991年版，第311页。
④ 《毛泽东选集》第4卷，人民出版社1991年版，第1432页。
⑤ 《毛泽东文集》第6卷，人民出版社1999年版，第437页。

造，即实行合作化，在农村中消灭富农经济和个体经济，使整个社会立足于公有制经济基础上。只有引导农民走合作化道路才会解决农村中的贫富分化问题，才会实现农民的共同富裕，才会在新的基础上使工农联盟获得新的巩固。

（二）具体的观点

1. 对个体农业经济"任其自流的观点是错误的"

在党的七届二中全会的报告中，毛泽东指出，就生产方式的落后性而言，我国的农业经济和古代没有什么区别，但当我们废除了封建土地所有制后，就创造了使农业逐步向现代化发展的"可能性"。但是要想将这种可能性变为现实性，就需要引导占国民经济总产值百分之九十的个体农业经济和手工业经济"向着现代化和集体化的方向发展"，"任其自流的观点是错误的"。

为什么不能"任其自流"呢？首先，就小农经济分散性和落后性的本质而言，它是排斥劳动的社会形式的，排斥分工和社会协作，与社会主义和公共占有是矛盾的，作为"过去的生产方式的一种残余"，决定了小农经济不可能自发地向集体化和现代化的方向发展。其次，经过了土地改革，虽然改变了封建地主土地所有制，但只是产生了农业向现代化发展的前提条件这一"可能性"。而新产生的"耕者有其田"的个体农民土地所有制，仍未改变小农经济的实质，也未根本改变小农的生产方式，因此也就不会改变在此生产方式基础上形成的个体小农疏散的社会关系和结合方式以及小农的阶级局限性。在分散的个体小农经济基础上不会产生合作化和集体化的观念形态。再次，土地改革后，中国的农业发展出现了两极分化的倾向。一方面，为了摆脱生产和生活的现实困境，农民有互助合作的需求；另一方面，要看到农民互助合作的目的是解决自己当下的困难，进而发家致富，互助合作是农民摆脱其困境的途径和手段，不是他们发展农业的目标和趋向。他们的互助合作不是为了走社会主义道路，这是其个体私有制的本性决定的。由于小私有者的局限性，农民不可能具有认识并发现人类社会终极发展目标的素质和能力，也不可能自发产生集体化和社会主义的价值理想。等待小农自我觉悟并主动寻求合作化的方式以求发展，将是不现实的，也是不可能的。处于当时阶段的农民也不会认识到个别农民的发家致富以及大多数农民对致富的渴望，并不会从根本上真正解决大多数农民的问题。小土地所有制是一种落后的生产方式，农民不加联合的命运将面临一无所有的结局。如果对农业经济"任其自流"，最终的结果就是葬送革命的成果，并走向中国共产党理想的反面，"应该将土地交给合作社，否则土地会按照资本主义生产方式去经营"①。

所以，有必要对农业经济进行积极的、正向的引导，将农民个体经济引导到互助合作的道路上来，逐步过渡到社会主义。毛泽东对农民个体经济的自发资本主义倾向始终保持着高度的警觉性，他认为这是瓦解集体经济，是与社会主义方向相悖，这就可以解释在农业社会主义改造完成后，毛泽东对中国三次出现的包产到户的严厉批判与打击。②毫无疑问，毛泽东高估了小农生产必然会自发地趋向资本主义的危害，从而低估了个体农业经济在当时生产力水平下的积极性和活力以及对农业发展的促进作用，结果迟滞了农业现代化的进程。但是毛泽东对小农经济弊病的认识，对小农经济不能放任自流的主张，最终要引导小农经济到合作化和集体化方向上来的对策是正确的，可以为后来者鉴。

2. "在农业集体化基础上实现农业机械化和电气化"

对于先合作化还是先机械化的问题，毛泽东的认识也经历了一个变化过程。在新民主主义革命时期，毛泽东对农业社会主义改造的构想是学习苏联"先机械化后合作化"的模式。它表明了在经济文化落后的中国，设想在新民主主义革命胜利后的相当长的时期，要先使我国由农业国转变为工业国，发展了社会生产力后，再采取社会主义步骤实现农业集体化。但事实上，在我国农业发展的实践中我们走出了一条和苏联相反的路

---

① 《马克思恩格斯选集》第4卷，人民出版社2012年版，第581页。

② 第一次包产到户出现于1956年下半年，到1957年反右斗争后被取缔；第二次出现于1959年的人民公社所有制和管理制度的调整过程中，在同年秋天的反对"右倾机会主义"运动中再次遭到禁止；第三次出现于1959年到1961年的三年困难时期，但从1962年的七千人大会开始，又一次遭到批判和取缔。

子。①1962年党的八届十中全会通过了《关于进一步巩固人民公社集体经济，发展农业生产的决定》。决议的第一条就说，在完成反封建的土地改革以后，我们党在农业问题上的根本路线是：第一步实现农业集体化，第二步在农业集体化的基础上实现农业的机械化和电气化。这是对我国集体化的基本路线的全面概括，我们走的是先合作化后机械化的路子。

对于"先合作化还是先机械化"这个问题的争论，始于1951年春夏，围绕山西发展农业互助合作问题，在山西省委、华北局、刘少奇之间出现了一场争论。1951年4月，山西省委向中共中央和华北局写了个报告《把老区的互助组织提高一步》。报告针对农村经济恢复和发展后，农民产生了自发的向富农方向发展的倾向的情况，认为这是导致互助组涣散的"最根本的原因"。山西省委提出在互助组内"增强新的因素"，即用在互助组内增加公共积累和加大按劳分配比重的办法，将互助组提高到初级社，来应对互助组涣散的情况和遏制农民的自发资本主义倾向。

刘少奇和华北局不同意山西省委报告的观点，7月25日，华北局在经刘少奇作了多处修改后，向中央作了《关于华北农村互助合作会议的报告》。报告认为，目前的互助组是以个体经济为基础的，在这样的基础上不能发展社会主义集体农场，因为"农业集体化，必须以国家工业化和使用机器耕种以及土地国有化为条件"，"现在即提出以限制富农的政策来阻止和避免农村阶级分化，不但不可能，而且对发展农业生产是有妨害的，所以也是不对的。上述错误思想的实质，是一种空想的农业社会主义思想"②。

---

① 有的学者认为，苏联走的其实也是一条"先合作化后机械化"的路子。见张文儒主编的《毛泽东与中国现代化》（当代中国出版社1993年版，第88页）："有人以为苏联是先机械化，后集体化，其实是种误解。事实上，苏联也是先集体化，后机械化的。苏联1928年时只有拖拉机3.4万台，1933年20万台，1936年才达40万台。苏联基本上实现集体化是1930年到1932年，而在1932年，机耕地的面积只占总耕地面积的20%。"这个观点希望可以从另一个视角来思考我国与苏联农业合作化的关系。有的学者则认为，苏联走的是农业合作化和农业机械化同时发展的路子。见高化民的《农业合作化运动始末》（中国青年出版社1999年版，第401页）："在农业合作化和农业机械化的关系上，苏联基本上是两者同时进行的……那种认为苏联是先实现农业集体化，后实现农业机械化的观点，是不符合实际的。"

② 高化民：《农业合作化运动始末》，中国青年出版社1999年版，第44页。

而毛泽东支持山西省委的意见，他认为："既然西方资本主义在其发展过程中有一个工厂手工业阶段，即尚未采用蒸汽动力机械、而依靠工厂分工以形成新生产力的阶段，则中国的合作社，依靠统一经营形成新生产力，去动摇私有基础，也是可行的。"[①] 在没有实现机械化前，相比个体家庭生产，集体生产可以提高劳动生产率，将互助组发展到初级社并未超越生产力水平。毛泽东说服了刘少奇等人。但毛泽东的这个说法明显回避了手工业与农业的本质区别：土地的不可移动和种植业生产与生物自然生长过程的不可分割。

这场争论的实质涉及了这样一个问题，即可不可以在没有实现工业化、在国家还不能提供农业发展所需的大量机械的前提下，根据农民自愿原则将农民组织进合作社，实现合作化。刘少奇依据新民主主义社会理论，认为：在实现工业化之前，即在工业不能够为农业提供机械设备之前，个体私有的家庭经营仍然是农业生产的主要形式，一定程度的富农经济发展是允许的，一定程度的贫富差距是不可避免的。农村工作应先放在发展生产力方面，而不是急于改变生产关系。这其实是"先机械化后合作化"的路线，那么在工业化实现以前不动摇私有制并允许富农经济的发展，就是其应有之义。而毛泽东则根据国情提出了不同的意见，他认为即使没有实现农业机械化，但将单干的农民组织起来，可以做到"使用土地合理，能首先采用新技术，能充分发挥党所提倡的各项事业如兴修水利、改良土地和步犁、改良品种、密植等的效益"，这些都是单干户望尘莫及的。在毛泽东的支持下，1951年9月，召开了全国第一次互助合作会议，制定了《中共中央关于农业生产互助合作的决议（草案）》，肯定了发展农业生产互助合作的意见，认为互助合作的前途就是农业集体化或社会主义化。从此，在毛泽东的号召下，我国的农业合作社有了较大的发展。从1952年初开始，互助合作运动迅速掀起了热潮，到1952年底，参加互助组、合作社的农户达40%，而1951年底时只有19.2%的农户参加了互助组、合作社。进入1953年后，互助合作运动的发展更为加快，并从1953

---

① 薄一波：《若干重大决策与事件的回顾》上卷，中共中央党校出版社1993年版，第191页。

年下半年开始，互助合作运动的中心也由互助组转向初级社。①在互助合作运动初期，全国兴办的初级农业生产合作社多数是好的和比较好的，起到了积极的示范作用，得到了农民的衷心拥护，为合作化的进一步发展提供了有力的支撑。据当时中央农村工作部对华北、东北40个农业生产合作社的统计，"1951年各社单位面积产量平均超过当地互助组的16.4%，超过单干户的39.2%，最多的甚至超过单干户的一倍"②。1953年秋天，薄一波在华北城乡经过了40多天的考察，11月7日向毛主席作报告："华北区初级形式农业生产合作社，45%左右办得很好，50%左右一般好，5%左右不好甚至垮台。1953年合作社的产量，一般均超过1952年水平（灾区例外），也超过当年同样土地的单干户和一般互助组的水平。"③这表明经过实地调查，在中国当时的条件下，即使没有先进的农业机械，只要出于农民自愿，组织起来，也能在一定程度上促进生产力的发展。实践证明，以土地入股、统一经营但不改变土地所有权性质的初级农业生产合作社是农民比较容易接受的一种向更高一级的合作社发展的过渡形式。

"先合作化后机械化"不仅改变了新民主主义理论的构想，也开辟了一条中国农业社会主义改造的道路。毛泽东在《关于农业合作化问题》的报告中更详细地阐述了其"先合作化，后机械化"的观点。他认为："在农业方面，在我国的条件下（在资本主义国家内是使农业资本主义化），则必须先有合作化，然后才能使用大机器。"④工业所生产的供农业使用的机械、化肥、能源、现代运输、电力等，"只有在农业已经形成了合作化的大规模经营的基础上才有使用的可能，或者才能大量地使用"⑤。

我国在搞农业合作化的时候，现代工业还不能生产拖拉机等农业机械。从这一落后的生产力状况出发，我国农业合作化和农业机械化只能分两步走，先合作化后机械化。毛泽东强调先农业集体化，不是不重视农业机械

---

① 陈吉元、陈家骥、杨勋主编：《中国农村社会经济变迁（1949—1989）》，山西经济出版社1993年版，第106页。
② 郭玉福：《毛泽东与中国农业发展》，中国农业出版社1998年版，第91页。
③ 薄一波：《若干重大决策与事件的回顾》上卷，中共中央党校出版社1993年版，第205页。
④ 《毛泽东文集》第6卷，人民出版社1999年版，第432页。
⑤ 《毛泽东文集》第6卷，人民出版社1999年版，第432页。

化，更不是不要农业机械化，而是看到了机械化任务的繁重和艰巨。先完成农业集体化，为国家工业化和农业的技术改造积累资金和物质条件，再逐步实现农业机械化，是符合实际的。其实我国的农业机械化和合作化某种意义上是同时进行的，并不是割裂开的前后相继的关系，不过是优先发展的侧重点不同而已。毛泽东想从中国现代工业基础薄弱的实际出发，寻找一条不需要机器装备也能发展农业合作化的道路，这种精神是可贵的，其思想也符合中国的实际，中国当时不可能等工业化完成后再搞农业社会主义改造。如果采取先机械化、后合作化的方针，结果必然是二者都不可能实现。但毛泽东过分夸大了农村贫富分化的程度，过分相信合作化对发展生产力的作用，这对以后农业合作化运动的不断加速和在农业生产关系方面过于求大、求公、求纯产生了影响。时至今日，中国部分地区仍然没有实现农业机械化的目标。实践证明，仅仅依靠合作化、集体化，没有机械化、工业化，农业的增长是有限的。过度重视生产关系的变革，而不重视生产力的发展要求，这是导致中国农业落后和农民收入增长缓慢的原因之一。

3. "农民的基本出路是社会主义"

1953年10月2日，毛泽东在中央政治局扩大会议上谈到粮食统购统销问题时指出："马克思、恩格斯从来没有说过农民一切都是好的，农民有自发性和盲目性的一面。农民的基本出路是社会主义，由互助合作到大合作社（不一定叫集体农庄）。现在是'青黄不接'，分土地的好处有些农民已开始忘记了，他们正处在由个体经济到社会主义集体经济的过渡时期。"[①]1955年7月31日，他在《关于农业合作化问题》的报告中再次强调，对于大多数农民来说，"除了社会主义，没有别的出路"。"全国大多数农民，为了摆脱贫困，改善生活，为了抵御灾荒，只有联合起来，向社会主义大道前进，才能达到目的。"[②]互助合作是广大农民群众推广技术、抵抗灾荒的需要，"在合作化的基础之上，群众有很大的力量。几千年不

---

① 《毛泽东文集》第6卷，人民出版社1999年版，第295页。
② 《毛泽东文集》第6卷，人民出版社1999年版，第429页。

能解决的普通的水灾、旱灾问题,可能在几年之内获得解决"①。"一切劳动农民,不论是哪个阶层,除了组织起来集体生产,是无法抵抗灾荒的。"②

(三)具体实践过程

1. 农业合作化运动的兴起与农村集体经济制度的初步确立,中国农业走上了社会主义道路

中华人民共和国成立初期的几场争论,促使毛泽东更加深刻地认识到,应当"趁热打铁",引导农民走上社会主义道路。

1951年9月,召开了全国第一次互助合作会议,会议起草了中共中央《关于农业生产互助合作的决议(草案)》,同年的12月15日,向全国公布了这个《决议》草案。《决议》要求在全国各地,特别是在新解放区和互助运动薄弱的地区,有领导地大量发展临时互助组;在有初步互助运动基础的地区,有领导地逐步推广常年互助组;在群众有比较丰富的互助经验并有比较坚强的领导骨干的地区,有重点地发展土地入股的农业生产合作社。在这个草案中,还分析了农民的两个积极性,即"个体经济的积极性"和"劳动互助的积极性",并提出要防止和反对互助合作运动中右的和"左"的两种倾向。当然,《决议》草案的重点是积极发展互助合作运动,在这个会议和决议的基础上,全党对农业互助合作运动问题取得了共识。1952年的第二次全国互助合作会议明确了农村经济发展的方向,即贯彻党在农村的政策,走组织起来互助合作的道路。

1952年冬,掀起了第一次农业互助合作运动的热潮。到1952年底,组织起来的农户,老区占65%以上,新区占25%左右,全国各地成立了4000多个农业生产合作社(初级社),创办了几十个高级社(当时称集体农庄)。这年的农业生产也有很大发展,粮食总产量达到3200多亿斤,比上年增产400亿斤。③

1953年,过渡时期总路线的提出使农业互助合作运动有了更加明确的指导思想,毛泽东对互助合作的关注点由互助组转向农业生产合作社。

---

① 《毛泽东文集》第6卷,人民出版社1999年版,第451页。
② 《毛泽东文集》第6卷,人民出版社1999年版,第457页。
③ 卢浩主编:《中国梦·复兴路(精编版)》,人民出版社、研究出版社2017年版,第214页。

1953年12月16日，中共中央发布了《关于发展农业生产合作社的决议（草案）》。《决议》指出，孤立的、分散的、守旧的、落后的个体经济与社会主义工业化之间日益暴露出很大的矛盾，为进一步提高农业生产力，党在农村工作中的最根本的任务，就是要用明白易懂、为农民所能接受的道路和办法去教育和促使农民群众逐步联合起来，逐步实行农业的社会主义改造。逐步联合起来的具体道路，就是经过简单的共同劳动的临时互助组和在共同劳动基础上实行某些分工分业而有某些少量公共财产的常年互助组，到实行土地入股、统一经营而有较多公共财产的农业生产合作社，然后到实行完全的社会主义的集体农民公有制的高级农业合作社。《决议》认为这是一条"由具有社会主义萌芽、到具有更多社会主义因素、到完全的社会主义的合作化的发展道路"[1]。农业社会主义改造运动由此全面展开，农业互助合作运动出现了大发展的势头，"农业生产合作社由一九五三年冬季的一万四千个发展到一九五四年春的九万多个，增加五倍多，超过决议计划数的一倍半以上，参加的农户达到一百七十多万户"[2]。

1954年4月，邓子恢主持召开第二次全国农村工作会议。会议认为，农业合作化运动不仅应该当作农村工作的中心，也应该当作生产运动的中心。根据这一会议精神，会议修改了发展农业生产合作社决议的原定计划，确定农业生产合作社1955年发展到30万个或35万个；把原计划1957年发展到80万个提高到130万个或135万个左右；合作化的耕地占全国总耕地的40%以上；其中，东北和晋、冀、鲁、豫及其他老解放区，合作化程度都达到50%以上，并争取在平原及高产量地区、经济作物区和城市郊区先一步合作化。在第二个五年计划期间（约在1960年前后），在全国基本地区争取实现基本上合作化。随后，中共中央批准了农村工作部关于第二次全国农村工作会议的报告。在会议的推动下，农业生产合作社和互助组都有了很大发展。同年10月，第四次全国互助合作会议召开。这次会议再次修改了农业生产合作社的发展计划，将原来提出的1955年

---

[1] 《农业集体化重要文件汇编》（上），中共中央党校出版社1981年版，第215—216页。
[2] 中共中央文献研究室编：《毛泽东传（1949—1976）》（上），中央文献出版社2003年版，第365页。

农业生产合作社发展到 30 万个或 35 万个提高到 1955 年春耕以前发展到 60 万个。中共中央批准了这一计划。

应该说,从 1952 年到 1955 年上半年,我国农业合作化发展比较稳健。但到了 1955 年 7 月,毛泽东对当时农业合作化形式的估计是"目前农村中合作化的社会改革的高潮,有些地方已经到来,全国也即将到来",因此,他认为党的方针是"应当积极地热情地有计划地去领导这个运动,而不是用各种办法去拉它向后退"①。12 月,他在编辑《中国农村的社会主义高潮》一书时,为几篇高级社的材料写下了这样的按语:"对于条件已经成熟了的合作社,就应当考虑使它们从初级形式转到高级形式上去,以便使生产力和生产获得进一步的发展。"当时二三十户的小社居多,但毛泽东认为这种小社"仍然束缚生产力的发展,不能停留太久,应当逐步合并"②。1956 年 1 月,中共中央政治局提出《1956 年到 1967 年全国农业发展纲要(草案)》,要求合作基础好并且已经办了一批高级社的地区,在 1957 年基本完成高级形式的农业合作化;其余地区则要求在 1956 年每区办一个至几个大型(100 户以上)的高级社,以作榜样,并在 1958 年春基本上完成高级形式的农业合作化。根据这一精神,1956 年春,各地农村大办高级社,到 12 月底,全国高级社总数为 54 万个,参加农户达 10742.2 万户,占农户总数的 87.8%。③

这样,农村中很快出现了将互助组、初级社强制性地转为高级社的高潮。到 1956 年底,全国基本实现农业合作化。高级农业生产合作社成了农村基本的也几乎是唯一的生产组织形式。尽管在 1957 年发生了社员退社风潮,但经过调整后,高级社的规模基本确定以百户以上的村为单位,实行"一村一社",生产队以 20 户为宜,但这一调整并没有减缓高级社迅速发展的态势。

我国的农业合作化遵循了由低级到高级、循序渐进、逐步过渡的发展

---

① 《毛泽东文集》第 6 卷,人民出版社 1999 年版,第 418 页。
② 中共中央文献研究室编:《毛泽东传(1949—1976)》(上),中央文献出版社 2003 年版,第 410 页。
③ 苏星:《新中国经济史》,中共中央党校出版社 2007 年版,第 216—217 页。

原则。1951年12月的《关于农业生产互助合作的决议（草案）》，提到了互助合作组织发展的一般步骤：从临时互助组到常年互助组，再到以土地入股为特点的农业生产合作社。1953年10月15日，第三次农业互助合作会议召开前，毛泽东说："我们所采取的步骤是稳的，由社会主义萌芽的互助组，进到半社会主义的合作社，再进到完全社会主义的合作社（将来也叫农业生产合作社，不要叫集体农庄）。"[①]采取这种从集体劳动到集体所有的过渡的办法（从个体经济基础上的集体劳动到集体所有制基础上的集体劳动），有利于改变农民的生活方式和私有观念，逐步提高他们的社会主义觉悟程度。在农业合作化过程中，毛泽东反对强迫命令，"发展农业互助合作运动，要坚持自愿原则"[②]。从农民经济利益和思想觉悟水平出发，为避免社会主义改造这一根本性的制度变革引起社会震荡，要贯彻自愿原则以促进合作社的发展。而吸引农民自愿加入合作社要做好两个方面的工作：一方面要加强对农民的思想政治教育，改变几千年来小农生产方式、习惯和思想对合作化和社会主义的排斥；另一方面要发展合作社的生产，增加农民收入，显示合作社的优越性和示范作用，这样合作社才有吸引力和说服力，否则任何思想政治工作都是虚的。"农业生产合作社，在生产上，必须比较单干户和互助组增加农作物的产量。决不能老是等于单干户或互助组的产量，如果这样就失败了，何必要合作社呢？"[③]

通过农业合作化运动，中国完成了农业社会主义改造。农业生产经营方式从分散的小农生产转变为以高级农业生产合作社为基础的大生产，农民被组织在合作社中，成为集体经济组织的社员。从1952年到1956年，中国农业实现了从私有化到集体化的根本性转变，集体经济制度成为中国农村的基本经济制度。

但实际上，农业社会主义改造的结束，并不意味着农业生产组织形式可以长期稳定在高级农业生产合作社阶段。在冒进思想指导下，历史很快进入了"大跃进"和人民公社化时期。

---

① 《毛泽东文集》第6卷，人民出版社1999年版，第303页。
② 《毛泽东文集》第6卷，人民出版社1999年版，第280页。
③ 《毛泽东文集》第6卷，人民出版社1999年版，第426页。

2. 人民公社运动与农村集体经济制度的稳定

农业合作化运动的后期,由于过急过快等失误未能得到及时的纠正和解决,很多遗留的问题延续下来,在继续追求扩大规模、提高公有化程度的指导思想下,导致了以"大跃进"为标志的"左"倾错误的严重泛滥并发动了农村人民公社化运动。但我们在分析人民公社制度的时候,有必要将对人民公社体制的调整,尤其是以 1962 年《农村人民公社工作条例(修正草案)》("农业六十条")的颁布为界区分两个不同的阶段。"农业六十条"对人民公社成立初期存在的以"共产风"为主要症结的弊病进行了整顿,并开始对所有制和管理体制进行调整。调整后的人民公社相对平稳地运行了 20 年,对经济发展起到了一定的作用。不可否认,新时期的农村改革的巨大成功是建立在吸取人民公社实践的经验教训的基础上的。

1957 年冬到 1958 年春,为了贯彻毛泽东在党的八届三中全会上的指示精神,全国掀起了农田水利建设的高潮。农田水利建设要求在大面积土地上进行统一规划,这涉及大量的人财物的投入以及建成后相关建设单位的长期受益。这不仅涉及农业合作社之间的经济问题,而且还涉及村与村、乡与乡、区与区、县与县之间的经济关系问题。在当时不可能通过市场原则根据各农业社的投入来享有收益的情况下,只能从调整农业生产合作社的规模和调整行政区划方面打主意。有些地区自发地打破社界、乡界乃至县界,由联合而合并,统一规划安排生产和建设,并取得了一定成绩。这些自发的、在某些地方出现的、反映部分农业社经济发展需要的现象,引起了毛泽东的重视,他将其看成高级社规模已经束缚了农业生产力的普遍发展,萌生了改变农村基层组织结构的想法。1958 年 3 月,在成都召开的中央工作会议提出:"为了适应农业生产和文化革命的需要,在有条件的地方,把小型的农业合作社适当地合并为大型的合作社是必要的。"[①] 4 月 8 日,政治局批准了成都会议通过的《中共中央关于把小型的农业生产合作社适当地合并成大社的意见》。此后,全国各地开始了小社并大社的热潮。但各地合并起来的大社名称并不统一,有的叫集体农庄,

---

① 《农业集体化重要文件汇编》(下),中共中央党校出版社 1981 年版,第 15 页。

有的叫合作农场，有的叫国营农场、社会主义农场、社会主义大家庭，等等。同年8月上旬，毛泽东视察河北、河南、山东，继续鼓励并社，办大社，并在视察河南新乡七里营公社后，发表了"还是人民公社好"的讲话，为合并的大社定了名。8月29日，中共中央北戴河会议通过了《关于在农村建立人民公社的决议》，就并大社转公社的步骤，人民公社的性质、规模、组织管理机构，所有制和分配制度等作出了规定，还阐明了人民公社的前途。《决议》宣称："不久就会在全国范围内出现一个发展人民公社的高潮，且有不可阻挡之势。"[1] 人民公社这种生产组织形式很快成为中国农村的发展方向，在全国农村迅速地广泛开展大办人民公社的运动。到9月29日止，全国基本实现人民公社化：除西藏外，27个省市共建立人民公社23384个，入社农户占总农户的90.4%，其中，有12个省达到100%；平均每社4797户，其中河南、吉林等13个省已有94个县以县为单位建立了县人民公社或县社联。到10月底，农村共有人民公社26576个，参加农户占总农户的99.1%。[2] 人民公社成为当时中国农村唯一的生产组织形式。

  人民公社化运动的初衷是想通过改变农村所有制结构，促进农业生产和其他事业的进步，为早日实现共产主义创造条件。但由于人民公社化运动未能遵循客观经济规律，反而给国家和人民带来了巨大的困难。应该说是在"大跃进"的狂热中催生和加速了人民公社化运动，但人民公社体制上的弊端，反过来进一步扩大了"大跃进"的危害并加重了我国经济的困难局面。

  1958年10月，毛泽东先后视察天津、河北、河南等地，察觉到"大跃进"和人民公社化运动有问题。从1958年11月的第一次郑州会议开始，党中央连续召开了武昌会议、八届六中全会、第二次郑州会议，开始纠正人民公社化运动出现的各种问题。自第一次郑州会议以来，经过八九个月纠"左"的努力，"共产风"、浮夸风、高指标、瞎指挥得到了初步遏制，形势有所好转。但由于纠"左"是在对总路线、"大跃进"和人民公社完

---

[1] 《农业集体化重要文件汇编》（下），中共中央党校出版社1981年版，第69页。
[2] 薄一波：《若干重大决策与事件的回顾》下卷，中共中央党校出版社1993年版，第749页。

全肯定的前提下进行的,仍然坚持"左"的指导思想,所以纠"左"并不彻底,形势并未根本好转。期间又出现了以庐山会议为转折点的反右倾的错误斗争,打断了纠"左"的进程,使"左"的错误重新发展并再次泛滥,造成了国民经济的巨大损失,党和人民面临新中国成立以来最严重的经济困难。1959年的粮食产量仅为3400亿斤,比1958年实际产量4000亿斤减少600亿斤。由于估产偏高,当年征购粮食反比上年增加173亿斤,达到1348亿斤,超过实际产量的1/3。1960年粮食产量进一步降为2870亿斤,比1959年又减少530亿斤,跌落到1951年的水平。[①]

面对严重困难,毛泽东和党中央认真调研,调整政策,纠正错误。1960年11月3日,党中央发出了《关于人民公社当前政策问题的紧急指示信》("十二条"):停止由基本队有制向基本社有制的试点工作,重申以生产队(这里的生产队实际上指的是生产大队)所有制为基础的三级所有制是人民公社的基本制度,从1961年算起,至少七年不变;反对和彻底纠正一平二调;允许社员经营少量自留地和小规模家庭副业;坚持按劳分配至少20年不变;恢复农村集市等。1961年1月的党的八届九中全会确定了"调整、巩固、充实、提高"的方针,号召克服困难,降低速度。"十二条"和党的八届九中全会的召开标志着党的指导方针的重要转变。

1961年3月,在"十二条"的基础上,党中央制定了《农村人民公社工作条例(草案)》("农业六十条"),进一步肯定了生产大队基本所有制,规定:以生产大队集体所有制为基础的三级集体所有制,是现阶段人民公社的根本制度。生产大队的规模相当于原来的高级农业生产合作社,并明确了生产大队的所有权,建立了生产大队基本所有制。1961年6月,对"农业六十条"作了进一步修正,在肯定生产大队基本所有制的同时,扩大了生产队和社员的小部分所有制,开始向生产队所有制过渡。1962年2月,党中央发布《关于改变农村人民公社基本核算单位问题的指示》,将核算单位由生产大队下放到生产队,把生产大队基本所有制改为部分所有制,着手建立生产队基本所有制。1962年9月,八届十中全

---

① 胡绳主编:《中国共产党的七十年》,中共党史出版社1991年版,第381页。

会通过《农村人民公社工作条例（修正草案）》（也称"农业六十条"），明确规定：生产队是人民公社中的基本核算单位。它实行独立核算，自负盈亏，直接组织生产，组织收益的分配。这种制度定下来以后，至少30年不变。[①] 从此逐渐形成了"三级所有、队为基础"的体制。社、队规模的缩小和基本核算单位的下放，既调动了生产队的积极性，克服了生产队之间的平均主义，也制约了县、社对生产队人财物任意调拨的权利，还能够在规模缩小的情况下更好地监督人们的劳动贡献，明确利益关系，使生产队的利益分配更好地体现按劳分配的原则，个体利益和集体利益结合更为紧密，从而使社员更为关心集体的生产情况。

当然，"农业六十条"仍然存在不足，但它明确规定以生产队为基本核算单位至少30年不变，解决了一批当时群众意见比较大的紧迫问题，在恢复和发展农业生产方面起了积极的作用。即使在"文化大革命"期间大批资产阶级法权时，毛泽东仍然坚持以生产队为基本核算单位，这对于避免"文化大革命"对农业生产的更大冲击起了决定性的作用，也是十年动乱期间我国农业生产仍能保持比较稳定的发展的一个重要原因。1978年12月，党的十一届三中全会重新制定的《农村人民公社工作条例（试行草案）》前言指出，"农业六十条"自1962年通过并试行以来"对于促进人民公社制度的巩固和农业生产的发展，起了重大的历史作用"[②]。它奠定了此后多年我国农村进行农业现代化建设的体制基础。

第三节　毛泽东对农业现代化道路探索的启示

毛泽东将农业生产关系的变革（合作化与人民公社化）与农业生产力的发展（农业机械化和农民素质的提高）统一到建设社会主义现代化国家这个目标中。不论是建立人民公社体制还是提高农业机械化水平，都是为了实现农业和农村的现代化。

---

① 《农业集体化重要文件汇编》（下），中共中央党校出版社1981年版，第634页。
② 《农业集体化重要文件汇编》（下），中共中央党校出版社1981年版，第969页。

一、要正确认识并处理好生产力与生产关系的关系

在中国的农业合作化后期以及人民公社的发展过程中,存在着生产关系超越生产力的现象,并导致了中国农业的一系列问题。毛泽东并不是不明白生产力与生产关系的辩证关系,但是在急于改变落后现状的急迫心理驱动下忽视了生产力对生产关系的决定作用,忽视了生产力是生产关系发挥作用的前提条件,过于重视生产关系对生产力的反作用,也过于相信了人的主观能动性的力量。

毛泽东很早就提出了生产力标准:"一切合作社,都要以是否增产和增产的程度,作为检验自己是否健全的主要的标准。"① 毛泽东在《关于农业合作化问题》中将农业生产关系和生产力两方面结合起来:"我们现在不但正在进行关于社会制度方面的由私有制到公有制的革命,而且正在进行技术方面的由手工业生产到大规模现代化机器生产的革命,而这两种革命是结合在一起的。"② 总的来讲,毛泽东在1955年提出的中国农业现代化的根本路线(第一步实现集体化,第二步在集体化的基础上实现以农业机械化为主的农业技术改造)是正确的。

当前,我国农业的现代化仍要从两方面着手:一是进行生产关系的调整,坚持集体化的方向,完善统分结合的承包制,壮大集体经济的实力;二是进行生产力方面的改革,实现农业的机械化、电气化、水利化、化学化、良种化,广泛采用新技术,大力培育新型职业农民。

二、通过走集体化的道路发展农业

马克思主义经典作家科学地指出了小农经济的落后性,作为一种落后的生产方式它不可避免地要被大土地所有制和资本主义生产方式所替代,小农以及小农经济也不可避免地要走向命运的终点。而克服小农经济的局限性,解放农民,改变农民命运的方法就是消灭土地私有制,实行土地的

---

① 《毛泽东文集》第6卷,人民出版社1999年版,第449页。
② 《毛泽东文集》第6卷,人民出版社1999年版,第432页。

公共占有，因为"正是他们的小块土地、土地的分散"造成了小农的没落。在新中国的土地改革中，欢欣鼓舞的农民分得了土地，但是分了土地后的农村并没有出现中国共产党预期中的繁荣景象，反倒出现了不同程度的贫富分化。小私有基础上的农业经济不仅解决不了自身发展的问题，还由于其生产力水平低下、商品率低等问题妨碍了我国整体规划发展目标的实现。在当时的情况下，除了将农民组织起来，走合作化和集体化的道路，无法解决我国当时面临的诸多发展上的问题。尽管在合作化后期和人民公社时期由于工作的方式方法和农业管理体制等方面的问题，我国农业发展遭遇了挫折，尽管在当时的情况下农业走集体化道路带有某种程度的客观形势上的不得已，但重要的是这条道路本质上符合毛泽东等共产党人对小农和小农经济的认识，以及对农业发展趋势的认识，即集体化是社会主义性质的，符合农民的利益，代表了农业发展方向。说到底，中国农业集体化时期出现的问题，其错并不在于农业集体化这个发展方向，而在于农业发展的方式方法和管理体制。

我国20世纪70年代末进行的农业改革，革除了人民公社时期农业发展的弊端，但是却从高度集体化的这个极端走向了过度个体化的另一个极端。虽然农业实行的是统分结合的双层经营体制，但是"强分弱统"或"有分无统"的现状使得集体层经营名存实亡。这种农业经营体制造就了农业在20世纪80年代短暂的辉煌后，使农业发展出现了后劲乏力的情况，其原因就在于农村集体经济实力弱，未能承担起为农业发展提供服务、保障和引领的责任，个体农户难以应对农业内部和外部的诸多问题与压力。"从1985年起，我国农业经济出现徘徊局面，虽然原因是多方面的，而统分脱节，否定和解体集体经济组织，导致统一的服务功能和集体经济优越性不能充分发挥，是其根本原因。"[①] 所以，农村集体经济的发展既是农业现实发展的需要，也是农业发展的趋向，符合农民的根本利益。在农业的发展方向这个问题上，我们要延续毛泽东带领我们开创但并未走

---

① 徐逢贤等：《坚持社会主义方向，稳定和完善我国农业的双层经营体制》，《光明日报》1991年1月16日。

好的路,即农业集体化道路。

三、正确认识农民的两个积极性

土改后,个体农民有走社会主义道路的积极性,也有发展个体经济的积极性。农民在获得土地后,最朴素、最本能的想法是种好地、增加收入、改善生活、走向富裕。而农民这一积极性是发展农村经济的动力之一,应该给予肯定和扶持。在我国这样一个经济文化落后的农业大国,要建设社会主义,要求执政党十分谨慎地对待农民家庭经济,正确认识并处理农民家庭经济。就我国目前农业的发展现状来看,农业发展水平依然较低。在我国农业当前的生产力水平下,统分结合的双层经营体制下的农户家庭承包经营,尽管具有小农经济的一些特点,但它仍然是我国长期存在的农业生产组织单位,农民"发家致富"的愿望依然是我国农业生产发展的动力之一。因此,要正确认识并积极引导农民家庭经营的积极性,以能否发展农业生产力和提高农民的生活水平为标准,把发展家庭经济作为发展现代农业的一般条件之一。

四、不能离开工业的发展来谈农业的现代化建设

从国民经济整体协调发展的角度来思考农业问题,就不能离开工业的发展来谈农业的现代化建设。杜润生先生认同农业现代化的发展必须要和工业化相结合的观点,并对二者的关系提出了这样的见解:"要使这90%的经济(指占国民经济90%的传统小农经济)实现社会主义现代化……还必须创造必要的条件。这些条件包括,坚持良好的工农联盟关系,遵守自愿原则,选择适合我国广大农村情况的由个体向集体过渡的经济形式,加快国家工业化,逐步实行对农业的技术改造。这几条当中,工业化最为重要,农业的社会主义改造,必须和工业化发展相配合。"①

现代化是一个整体,是由许多部门组成的、互相联系的、复杂的有机统一体。农业的社会主义现代化包括两项内容:生产关系方面由分散而孤

---

① 杜润生:《中国农村制度变迁》,四川人民出版社2003年版,第2页。

立的个体经济转变为社会主义的合作社经济;生产力方面由手工生产变为现代化的机器生产。两者相互依存,相互渗透。但从总体上说,农业合作化是建立社会主义现代农业的前提。因此我国走的是先合作化后机械化的路子。许多人不从工农业的相互关系,只从农业生产力自身的状况来看待农业合作化是否必要,这种看问题的方法有一定的合理性,即农村中的生产关系不能超过农业生产力的水平,但从国民经济作为一个整体来看,上述看法则失之片面。因为农业不是孤立的。毛泽东提出分散的个体农民不能适应大规模的社会主义现代化工业发展的需要,是从整个社会生产力出发来观察问题,因而决不是什么脱离现实生产力的纯主观的要求。从工农业的关系来思考农业现代化建设是正确的,今天的农业现代化离不开工业的发展。如果没有二三产业的发展,就不可能有效吸纳农村富余劳动力,也不可能为农业发展提供机械、肥料,农村的土地流转和规模经营也不可能实现。"三农"问题绝不可能局限在"三农"的范围内来解决,要从整个国家宏观的经济环境来认识和解决。

五、引导农业经济向现代化和集体化的方向发展

毛泽东在《论人民民主专政》中提到,对农业经济的发展不能"任其自流",要引导其向现代化和集体化的方向发展。毛泽东一直也是这么做的,在土地改革完成后适时地引导农民走向合作化,在农村初步确立了集体经济制度的基础。在农业社会主义改造过程中,采用了"自愿互利,典型示范,国家帮助"的原则,采取由互助组、初级农业合作社到高级农业合作社的从低级到高级的步骤,将不同阶段的部分质变逐渐积累,最终完成了从个体经济到集体经济的质变。这种循序渐进的做法,使个体农民比较自然、比较顺利地脱离了土地等主要生产资料的私有制,减少了社会震荡,避免了对农业生产力的破坏,在集体劳动的实践中改变了农民的生产和生活方式,逐渐培养并提高了农民的社会主义觉悟。

家庭联产承包责任制实行以后,我国农业的每一次发展往往都得益于国家政策的积极作用,比如农业费改税、取消农业税、给农业补贴等。农业政策合理,政府引导得当,农业就会有一定的发展。现阶段,我国家庭

分散经营的弊端显现,农业集体经营薄弱导致农业进一步的发展乏力。而在我国的一部分农村,搞规模经营、走集体经济道路的时机已经成熟,中国农业的改革和发展到了可以贯彻落实邓小平主张的"第二个飞跃"的时候了。那么,党中央国务院要顺应农业现实发展的需要和农民走集体经济道路的意愿,制定相应的方针政策,不失时机地引导我国农业转向"第二个飞跃",实现我国农业现代化关键性的路径选择。在我国农业发展的关键时期,如果没有党和政府的引导以及政策环境的宏观制约,农业经济极有可能自发地走向私有化的深渊。农业私有化背离我国社会主义的性质,动摇我国的社会根基,也违背农民的最终利益。所以在任何时候,对农业经济"任其自流"的做法都是错误的,集体化才是农业发展的方向。党和政府在引导农村土地流转、土地确权后,将适时地引导农民的重新联合,走农业规模化、集体化经营的道路。

六、给予农民看得见的物质利益

农民作为小私有者,不是无条件地拥护社会主义以及社会主义公有制的。正是由于尊重并真正实现了几千年来农民对土地的利益需求,中国革命才获得了广大农民的支持与拥护,并取得了新民主主义革命的胜利。那么在社会主义革命和建设时期同样也要尊重并切实保障农民利益才能取得成功。

农民是最实际的,他们所要求的就是实实在在的收入的增加和生活水平的改善。我们并不否认农业合作化和人民公社发展集体经济的方向和目标的正确性,但是如果农民的收入和生活几十年都在低水平徘徊,并且短期内看不到改善的希望和可能性,就很难让农民信服这种理论的合理性和这种制度的优越性,尽管并没有因此发生大的社会动荡。毛泽东在新民主主义革命时期就提出过,"一切空话都是无用的,必须给人民以看得见的物质福利"[1],并把它作为检验党的工作的标准。今天,在发展生产力的基础上,最大限度地满足人民物质和文化生活的需要,不断提高人民的生活

---

[1] 《毛泽东文集》第 2 卷,人民出版社 1993 年版,第 467 页。

质量，才能充分体现社会主义的优越性和凝聚力，并提高人民的生产积极性。毫无疑问，农民是人民的一部分，有充分的权利享受社会主义国家发展的积极成果。

如果在长达几十年的时间里去追求一个正确的目标，但几十年的时间里人民的生活状况并没有多大的改善，恐怕人民会缺乏足够的耐心和足够的辨识力去认同并坚持这个正确的目标。理想的美好和理论的正确，也许都抵挡不了由于发展时间过长而产生的怀疑。对普通百姓来说，实际的、可触摸得到的利益才是最重要的，也是最有说服力和吸引力的。

第二章

实行家庭联产承包责任制：农业发展的"第一个飞跃"

人民公社出现的一系列问题，并不是始于人民公社，是由于中国共产党关于建设社会主义的思路和方法出现了偏差，这些问题从合作化时期就延续下来并不断累积，比较集中地反映在农业的现代化建设上。建立人民公社的初衷是要通过改变农业所有制结构和管理体制，发展集体经济，通过集体化实现农民共同富裕，将农民引导到社会主义道路上。但是在人民公社体制建立的20多年间，并没有实现原先所预期的农业全面的、不断的跃进，相反，由于忽视中国经济科技落后的现实，企图以超越生产力水平的生产关系来推动农业的发展，脱离了农村的实际，超越了农民的觉悟水平，违背了客观经济规律，给我国的农业发展和国民经济造成了破坏，迟滞了我国农业现代化的进程。邓小平曾经痛心地说："我们干革命几十年，搞社会主义三十多年，截至一九七八年，工人的月平均工资只有四五十元，农村的大多数地区仍处于贫困状态。这叫什么社会主义优越性？"①资料表明，从人民公社成立到改革前的1978年，社员超支欠款额累计达到74.8亿元，超支欠款户达5369万户，占总数的31.5%。超支欠款户常年入不敷出，生活困难。对此，邓小平说："在没有改革以前，大多数农民是处在非常贫困的状况，衣食住行都非常困难。"②农村的改革势在必行，以家庭联产承包责任制为突破口进行的农村经济体制的改革，替代了"三级所有、队为基础"的人民公社。

---

① 《邓小平文选》第3卷，人民出版社1993年版，第10—11页。
② 《邓小平文选》第3卷，人民出版社1993年版，第237—238页。

第二章　实行家庭联产承包责任制：农业发展的"第一个飞跃"

第一节　家庭联产承包责任制的推行及人民公社体制的废除

党的十一届三中全会原则上通过的《中共中央关于加快农业发展若干问题的决定（草案）》，总结了中华人民共和国成立以来农业发展中正反两方面的历史经验，批判了农业战线长期存在的"左"倾错误，明确指出："总的看来，我国农业近20年来的发展速度不快，它同人民的需要和四个现代化的需要之间存在着极其尖锐的矛盾。"决定草案根据大量的实际材料，对我国农业问题的严重性进行了论证，指出："从1957年到1978年，我国人口增长3亿，非农业人口增长4000万，耕地面积却由于基本建设用地等原因不但没有增加，反而减少了。尽管单位面积产量和粮食产量都有了增长，1978年全国平均每人占有的粮食大体上还只相当于1957年，全国农业人口平均每人全年的收入只有70多元，有近1/4的生产队社员收入在50元以下，平均每个生产大队的集体积累不到1万元，有的地方甚至不能维持简单再生产。"

一、人民公社体制的缺陷与不足

（一）"与我国目前很低的生产水平不相适应"

"一大二公"是搞人民公社化运动时的基本特点，即指人民公社的集体化规模大，生产资料公有化程度高。当时认为所有制水平越高、公有化程度越高就越进步、越先进，便于集体所有制向全民所有制过渡。一个人民公社的规模相当于30个高级社，而高级社的平均规模（约150户，1000多亩耕地）在当时的生产力条件下已经过大，已经在一定程度上超越了生产力发展水平。人民公社的平均规模是约4637户，耕地5.6万亩左右。即便在今天，我国现实的农业生产力都难以应对这样大的经营规模。人民公社从抽象的理论出发，认为这样的经营规模便于农林牧副渔全面发展，工农商学兵相互结合，可以集中更多的人财物进行大规模的综合性生产建设，对社会主义建设会起到积极的推动作用。但是它大大脱离了当时基本还处于自然生产力水平的农业生产力实际，在没有工业机械装备的情况下,实行这样大规模的经营,只能造成贫富拉平、财力浪费、瞎指挥、共产风泛滥,妨害和破坏我国农业生产力的发展,造成了中华人民共和国成立以来最严重的三年自然灾害,"1959年的粮食产量仅为3400亿斤,比1958年实际产量4000亿斤减少600亿斤","1960年粮食产量进一步降到2870亿斤,比1959年又减少530亿斤,跌落到1951年的水平"。①

邓小平在1961年3月19日的《根本的工作方法就是调查研究实事求是》中说道:"人民公社肯定要搞,但如何搞,规模多大,摸得差。"② 社会主义集体化道路是我国农业的发展方向,但是集体化规模要多大、公有化程度要多高,不是由人们的主观意志决定的,要取决于我国农村现实生产力的发展水平。根据马克思主义基本原则:生产工具的改变决定生产力水平,而生产力决定生产关系,所以生产工具的改变进而也决定生产关系。而当时我国由镰刀、锄头等传统生产工具所代表的传统农业生产力水平决定了高度集体化也并不意味着生产关系的实质性改变,即集体化并不等于社会主义。也就是说,在当时我国农业整体还处于自然经济、半自然经济的状态下,即便我国建立了人民公社这种集体化的组织形式,也产生不了社会化的分工和专业化的协作关系,对生产力的促进作用是有限的。薄一波评价人民公社"实际上是利用行政权力,在自然经济或半自然经济基础上建立起来的,带有浓厚的平均主义色彩、军事共产主义色彩和超社会发展阶段的空想色彩的联合体"③,是有一定道理的。这就造成了人民公社的悖论:国家越重视加强农业,农民积极性越低,农业生产越徘徊不前。根本的症结在于,人民公社的经营管理体制,超越了农业生产力水平,违背了生产关系要适应生产力的客观规律,触犯了农民的利益,违背了农民的意愿,打击了农民的生产积极性。

---

① 胡绳主编:《中国共产党的七十年》,中共党史出版社1991年版,第381页。
② 中共中央文献研究室编:《邓小平文集(1949—1974年)》下卷,人民出版社2014年版,第78页。
③ 薄一波:《若干重大决策与事件的回顾》下卷,中共中央党校出版社1993年版,第757页。

（二）"过去的失误都是由于走得太快"

1. 这里的"快"是指发展速度快

我国在土改后逐步引导农民走互助合作的道路是必要的，也是正确的。在农业社会主义改造的初期和中期建立的互助组和小型合作社，由于规模小、分配合理，取得了农业增产的效果。但后期的农业社会主义改造，出现了速度过快的问题，要求过急、改变过快、工作过粗。"一两年一个高潮，一种组织形式还没有来得及巩固，很快又变了。"邓小平说："有人说，过去搞社会主义改造，速度太快了。我看这个意见不能说一点道理也没有。"[①]1955年6月，全国总农户中，入社农户还只占14.2%，高级社社员不到0.1%；1955年下半年速度明显过急过快，到1956年6月，入社农户已占92%，同年年底，高级社社员占87.8%。[②]全国绝大多数农民没有经过初级社直接进入了单一的高级社，农村经济结构也只剩下集体经济一种，个体经济在广大农村被迅速消灭。

这种不顾农业的主客观条件，过急过大改变农业经营管理形式的做法，违背了农民的意愿和农业生产规律，损害了农民的利益，打击了农民的生产积极性，引起了农业生产经营管理的混乱。但就在高级社立足未稳、亟待整顿的时候，又发动了人民公社运动。中共中央在没有经过认真调研和实验的基础上，在1958年北戴河会议后短短一个多月的时间里，将74万多个农业生产合作社合并成26576个人民公社，参加人民公社的农户占全国总农户的99.1%，完成了生产关系的全面升级。毛泽东在《实践论》中批评"左"倾空谈主义的时候说："他们的思想超过客观过程的一定发展阶段，有些把幻想看作真理，有些则把仅在将来有现实可能性的理想，勉强地放在现时来做，离开了当前大多数人的实践，离开了当前的现实性，在行动上表现为冒险主义。"[③]1958年发动的人民公社运动，尽管主观上是想改变农业所有制结构，加快发展农业经济，也的确反映了部分

---

① 《邓小平文选》第2卷，人民出版社1994年版，第316页。
② 数据转引自朱剑农等：《中国农村生产关系研究》，中国社会科学出版社1988年版，第74页。
③ 《毛泽东选集》第1卷，人民出版社1991年版，第295页。

地区的农民为发展生产而联合的要求，但是总的来看，是在并不具备客观经济条件的情况下进行的，不符合农业发展的条件和规律。毛泽东、党中央及时发现问题并做了纠正，确立了"三级所有、队为基础"的人民公社体制。

2. 这里的"快"是指超越了发展阶段

这里的"快"是指超越了发展阶段，混淆了合作经济和集体经济的性质和区别，在生产关系上急于过渡。合作经济和集体经济当然是有联系的，但合作经济并不等同于集体经济，二者是有区别的。马克思、恩格斯之所以认为合作化是改造小农经济的基本途径，并不是他们没有看到合作经济中仍然存在私有因素，也不是认为合作经济中具有可以直接转化为社会主义的因素，而在于他们认为合作生产这种经济组织形式，在改变小生产者的生产和生活方式的基础上，可以逐步改造他们的传统心理和习惯，使他们逐步适应社会化的大生产，并"逐步地理解和接受社会主义的生产方式"[①]。马克思、恩格斯把合作生产看作改造小农的"中间环节"，是因为合作社这种经济组织形式，其自身内部的生产关系（主要指生产资料所有制和分配关系），在相当长的一段时期内，都不可能是完全的社会主义性质，因此它只是向社会主义转变的"中间环节"。毛泽东最初是认同这个观点的，所以在1943年的《组织起来》一文中很明确地说："达到集体化的唯一道路，依据列宁所说，就是经过合作社。"[②] 可见，尽管合作经济是引导小农经济走向集体经济的必由之路，但合作经济还不是集体经济。而合作经济和集体经济的一个最主要的区别就在于是否承认私有产权，合作化的结果是铲除农民小私有制，而集体化则把铲除农民小私有制作为运动的起点。因此，合作经济发展的结果是集体经济，二者不是同一发展阶段、同一性质的事物。混同二者的性质会对实践产生误导，造成巨大的损失。我国农业合作化后期到人民公社阶段之所以会出现诸多偏差，其中一个重要的原因就是，以农业的"集体化"过早地替代了农业的"合作化"，把当时农业生产力水平下本应该用"合作化"来完成的任务用"集体化"

---

① 陈锡文：《关于家庭经营与集体经济的几个理论问题》，《党校论坛》1992年第3期。
② 《毛泽东选集》第3卷，人民出版社1991年版，第931页。

来实行了。杜润生曾说:"在一个落后的国家,在工业化这个前提不具备的情况下,合作化进度太快,就会诱发小生产者的平均主义(小农社会主义)。"① 人民公社在相当长时间都应当仍然是集体所有制。

(三)"没有按照社会经济发展的规律办事"

在中国落后的生产力水平条件下,走"先合作化后机械化"的路子是对的,通过合作化的方式改造小农经济,以社会主义生产取代分散落后的小农经济。但问题不在于合作化和集体化所追求的目标,这一目标是符合马克思主义经典作家的认识的,问题在于合作化和集体化所采取的改造方法、改造速度等。恰如邓小平说的:"不是说他(毛泽东)不想发展生产力,但方法不都是对头的。"我国的人民公社运动不顾客观社会经济条件的限制,脱离实际,忽视了农村生产关系、集体经济规模、经营方式最终还是要由农业生产力决定,从而过分夸大了生产关系和上层建筑的反作用,而忽视了生产力对生产关系的决定作用。过于注重通过变革生产关系来促进生产力的发展,忽视了生产力发展的内在动力和规律,也忽视了生产关系的相对稳定性。这是导致我国在农业高级合作社还没有巩固的情况下就去搞"一大二公"的人民公社的直接原因。毛主席在1955年3月针对当时合作化发展过程中的问题,提出"停、缩、发"三字方针时,曾讲了这样一段话:"生产关系要适应生产力发展的要求,否则生产力就会起来暴动。"② 而我国不顾当时的国情和农业生产力水平,急于将生产关系过渡的做法导致经济社会出现的问题和损失,应该就是"生产力起来暴动"的恶果了。

二、以家庭联产承包为基础、统分结合的双层经营体制的建立

在总结过去经验的基础上,结合当时农民的意愿和农业发展的现实需要,农业统分结合的双层经营体制在几经争论和实验后,终于建立了

---

① 杜润生:《中国农村制度变迁》,四川人民出版社2003年版,第5—6页。
② 中共中央文献研究室编:《毛泽东年谱(1949—1976)》第2卷,中央文献出版社2013年版,第355页。

起来。邓小平对于这个经营体制有他独到的见解和思考。

（一）农业的问题"主要还得从生产关系上解决"

变革农业生产关系，解放农业生产力，是新中国成立后邓小平一直在思考的问题。早在20世纪60年代，根据当时一些地方出现的实行"包产到户""责任田"促进了农业生产的新情况，邓小平就说过"农业本身的问题，现在看来，主要还得从生产关系上解决"，并大胆地提出"生产关系究竟以什么形式为最好，恐怕要采取这样一种态度，就是哪种形式在哪个地方能够比较容易比较快地恢复和发展农业生产，就采取哪种形式；群众愿意采取哪种形式，就应该采取哪种形式，不合法的使它合法起来"，他要求"现在要恢复农业生产，也要看情况，就是在生产关系上不能完全采取一种固定不变的形式，看用哪种形式能够调动群众的积极性就采用哪种形式"。① 这些主张的提出，直接触及人民公社体制及其弊病所在。没有遵循生产关系与生产力的辩证关系，从而导致中国农业的长期落后和农民生活的长期困顿。当时的农业经济运行存在严重的生产关系上的问题，邓小平看到了问题的症结和实质。变革农业生产关系，就成为农业发展首先要解决的问题。这一认识为他在解决我国农业问题时，找到了改革的突破口：从生产关系着手来调整党的农村政策，从当地具体条件和群众的意愿出发，引导、支持农民成功地探索社会主义农业新的经营方式和组织形式。邓小平在进行农业"两个飞跃"的构想时，谈到的"第一个飞跃"，即废除人民公社体制、实行家庭联产承包责任制的实质就是变革农业生产关系，进行农业集体经济旧体制的改革，解放农业生产力。

（二）"非退一步不能前进"

既然农村普遍存在集体所有制实现形式脱离生产力发展水平这一问题，解决这一问题就要将经营形式从规模过大、集中程度过高的水平往后退，要退够，冒进多少退多少，退到可以适应农业生产力水平为止。邓小平明确提出，要恢复国民经济"不论工业还是农业，非退一步不能前进"，退是为了前进，只有退才能前进，"退够是为了有利于调整、有利于

---

① 《邓小平文选》第1卷，人民出版社1994年版，第323页。

第二章 实行家庭联产承包责任制：农业发展的"第一个飞跃"

前进"①，才能够发展得更平稳。人民公社核算退为大队核算再退到生产队核算，就是"退"，是集体所有制实现形式的调整、政策的调整。从超越村社以乡甚至以县为单位组建人民公社，到有限地退回原先的以初级农业社、自然村为单位，可以认为是一种有积极意义的"退步"。一方面，这等于给村社经济在国家完全计划体制下的部分"退出权"；另一方面，也可以说是政府在人民公社制度严重不经济的压力下，从生产队层次的"退出"。要保证"退"得顺利，首先要"说服群众，加强干部"，"全党应该有一个统一的主意，应该有一个主见"。其次，在农村"还得要调整基层的生产关系，要承认多种多样的形式"②，"在生产关系上不能完全采取一种固定不变的形式"③，形式多样才可以适应不同地区的不同条件和特殊情况，在形式的应用上不能不顾实际搞"一刀切"，不能轻易地搞全国普及、全国统一。至于采用哪种形式和方法，要取决于"哪一种方法有利于恢复生产"，哪一种方法能够调动农民的积极性。邓小平认为不要过于纠缠分田或包产到户的性质，对分田"不要一口否定，不要在否定的前提下去搞。要肯定，形式要多样"④。对分田或包产到户要进行调查研究，用调研结果来回答群众的疑问。生产关系"退"的原因是为了适应我国真实的生产力水平，生产关系"退"的目的是调动农民的积极性，发展农业生产，恢复国民经济。这样才能巩固集体经济和社会主义制度，这是根本。正因为事物的发展不会是一帆风顺的，所以"在总的前进的过程中都还需要有一段调整的时间，才能由不同程度的不平衡走向比较平衡"，"局部的后退是必要的"，"退一步才能进两步"。⑤

---

① 中共中央文献研究室编：《邓小平文集（1949—1974年）》下卷，人民出版社2014年版，第108页。
② 《邓小平文选》第1卷，人民出版社1994年版，第324页。
③ 《邓小平文选》第1卷，人民出版社1994年版，第323页。
④ 中共中央文献研究室编：《邓小平文集（1949—1974年）》下卷，人民出版社2014年版，第146页。
⑤ 《邓小平文选》第2卷，人民出版社1994年版，第161页。

三、家庭联产承包责任制与人民公社体制的内在承接

人民公社存在和发展中的问题决定了我们面临着农村改革的压力,当孕育于其中的各种矛盾发展到一定程度时,新模式的出现就不可避免了,这符合历史唯物主义。改变人民公社体制,实行家庭联产承包为主的责任制,这是中国农业改革和发展的"第一个飞跃",这一飞跃取得了举世瞩目的成就。但是否就能够因此而彻底否定在中国延续 20 多年之久的人民公社呢?只有在中国现代化的大历史背景下考察人民公社才会得出客观的认识与评价,才会正确判定它的历史地位。高化民在其所著的《农业合作化运动始末》中提出:"家庭联产承包为主的责任制,不是对农业合作化的彻底否定,而是继承了农业合作化的积极成果,是对束缚生产力发展的旧体制的改革、完善和发展,并没有离开合作化道路的轨道。"[①] 这句话可以作为对家庭联产承包责任制与人民公社关系的一种解读。家庭联产承包责任制与人民公社之间存在着接续的关系,农村改革的巨大成功是在吸收和借鉴人民公社经验教训的基础上取得的。"从这个意义上说,家庭联产责任制是对农村人民公社历史遗产的扬弃。"[②]

第一,人民公社的失误不在于其所追求的方向和目标,而在于其实现目标的具体的速度和方法不得当。毛泽东一生致力于改变中国农民的命运和使国家走向富强,他一生都在积极探索适合中国国情和特点的农业现代化建设的道路和模式。土地改革后,实行了"耕者有其田"的中国农业因为没有改变土地的私有制,也就没有从根本上改变中国小农经济分散、保守和落后的缺陷和不足,导致了小农经济的脆弱性。为了改造中国小农经济,避免农村出现两极分化,发展农村经济,并为中国工业化建设积累资金,巩固新生的人民政权,除了将农民组织起来,变个体小农经济为社会主义集体经济外,没有其他更好的办法来解决当时面临的诸多紧迫问题。这是当时最行之有效的方法。人民公社是毛泽东探索建设社会主义的尝试。

---

① 高化民:《农业合作化运动始末》,中国青年出版社 1999 年版,第 422 页。
② 辛逸:《试论人民公社的历史地位》,《当代中国史研究》2001 年第 3 期。

第二章 实行家庭联产承包责任制：农业发展的"第一个飞跃"

历史从来都是后人检验前人，后人评说前人，但后人的检验和评说要立足于当时的客观历史条件。农业集体化是实现农业现代化的最终途径，毛泽东希望通过人民公社进一步实现农业集体化。人民公社的弊端在于它的生产关系大大超越了当时的生产力水平，统得过多，管得过死，从而限制了人们的生产自主性和积极性，但其所追求的农业集体化目标仍然有其合理性，并且也是解决我国当前农业发展困境的有效途径。

家庭联产承包责任制克服了人民公社时期农村工作上的缺陷和不足：在所有制上，在坚持集体所有制基础上采取了新的实现模式；在规模上，以农户家庭为承包单位，缩小了规模；在经营管理上，克服了统得过多、管得过死的弊端；在分配上，取消了按工分分配的制度，把农民的劳动报酬同最终产品直接联系起来，解决了分配上的平均主义、"吃大锅饭"的问题。家庭联产承包责任制与人民公社的内在承接主要体现在集体化层面，改变的是人民公社的经济管理体制，不变的是主要生产资料即土地的集体所有。家庭联产承包责任制将过高的生产关系拉回到与现实的生产力水平相适应，实行初级形式的集体所有制，以农户家庭为生产单位，激发了农民的生产积极性，推动了农业的发展。

但是我们也要注意到，家庭联产承包责任制作为农业发展的"第一个飞跃"，它的潜力几乎发挥到了极致，目前它出现的一些弊端恰好证明了农业现代化不可能在一家一户分散经营的基础上建立。当家庭联产承包责任制的历史作用即将发挥殆尽，农业的"第二个飞跃"要重新走向集体化才能解决今天农业面临的问题。历史有时候就是这样回环往复。但我们今天要走的集体化绝不是简单重复过去人民公社时期的老路，是在新的起点上，走向农民的再次联合。

第二，家庭联产承包责任制这一农业生产经营形式来自合作化和人民公社时期对包产到户的初步探索，即它脱胎于人民公社体制。可以从合作化和人民公社时期曾经存在过的包工到组、包产到户、家庭副业等项来尝试探究包产到户的历史渊源。1956年浙江永嘉县较早出现初步完整的包产到户责任制，到20世纪60年代初安徽等省区兴起"责任田"，按劳动力分包耕地、按实产粮食记工分，直至20世纪70年代末各地普遍出现包产到户。从家庭联产承包责任制与人民公社时期对于包产到户尝试的种种变革来看，二者都是在保留土地等主要生产资料集体所有的前提下，沿着土地所有权与使用权、收益权相分离的思路进行变革与调整。因此家庭联产承包责任制是对人民公社时期包产到户责任制的继承和发展，它们在制度的沿革上是一脉相承的，尽管两者在赋予农民土地占有权、使用权和收益权上存在明显的差异。所以，家庭承包责任制在20世纪80年代初的辉煌，绝非偶然。新中国成立后近30年的农村社会制度变迁中，包括包产到户、家庭副业等生产责任制的尝试，为农村改革之初的家庭联产承包责任制准备了条件，提供了丰富的改革思路、经验和必要的制度准备。从某种意义上说，家庭联产承包责任制就是合作化与人民公社化时期就探索与尝试的包产到户、家庭副业的扩大化与进一步完善。

第三，人民公社保证了"工占农利"，促进了国家工业化的发展，为家庭联产承包之后的发展奠定了物质基础。在我国当时的历史条件下，要在商品率极低的小农经济基础上实现我国工业发展所需要的资本原始积累是不可能的。工业发展所需要的人财物只能通过"剥夺"农业的方式获得，而人民公社制度客观上为国家顺利地实行统购统销，为"工占农利"提供了制度保障，并出色地完成了从高度分散、剩余极少的千百万小农家庭中提取工业建设资金的历史任务。由于有了这样的制度保障，我国"工占农利"不仅运行有效而且数额极为巨大。从1958年到1982年，在人民公社存续的20多年间，农业为工业提供的积累数量由1958年的133.56亿元增长到1982年的366.41亿元，20多年共提供5400多亿元的资金，年均资金高达210多亿元。农业所提供资金占国民收入积累额的比例在整个60年代，没有低于40%的，在1963年甚至高达66.3%；1970年至1977年占国民收入积累额没有低于30%。这样的比例是很高的。平均每个农业劳动力提供的积累量从1958年的86.17元提高到1982年的114.50元，年均提供的积累量多达84.76元。[①]而1978年"全国农业人口平均每人全年的

---

① 此处数据根据辛逸《试论人民公社的历史地位》(《当代中国史研究》2001年第3期)的图表整理。

收入只有 70 多元,有近 1/4 的生产队社员收入在 50 元以下",这说明农业劳动力为工业所提供的积累量要远远高于农民自己从农业中获得的收入。如果没有"政社合一"的人民公社的保障,在同期农民自身的温饱尚未解决的情况下,从农业提取资金积累的数额如此之大,比例如此之高,持续时间如此之久,人均农业劳动力奉献如此之大,是不可想象的。人民公社保障了长达 20 多年的"工占农利"的顺利进行,从而为我国工业化的起步提供了建设资金,否则,在分散小农经济的基础上完成这样艰巨的建设任务是不可想象的。20 世纪 80 年代独立完整的工业体系的建立,则为后来农业的发展提供机械装备,提供了必要的物质前提。

第四,人民公社消解了传统村落的惰性,打破其因循的发展轨迹,将党的组织深入农村,实现了执政党对农村的有效管理,为家庭联产承包责任制的进一步发展奠定了组织基础。

现代化的根本内容之一是从农业社会向工业社会转变,范围涉及社会生活的多个方面。实现现代化是中华民族自鸦片战争以来的主题和方向。但现代化在中国的进展却遭遇了具有超强稳定性和再生能力的传统村落的自然抵制。一切进步因素进入村落,都会被其强大的传统势力消解,陷入"循环的陷阱"。虽然村落也在发生缓慢的变化,但村落的本质没有变,仍然按其自身的样貌不断复制再生一个个大同小异的村落。

如果中国新政权的建立只是完成了新旧政权的交替,给农民分田分地,而没有触动村落传统,那传统村落会自然地消解新民主主义革命所带来的积极的新因素,在革命胜利所带来的新起点上进入下一轮的传统循环。人民公社使一盘散沙的小农组织进入国家政权的体制内,这场变革影响了农村社会生活的各个领域和农民世代因袭的生产和生活方式,将国家政治权力延伸到历来被视为最保守的农村地区。作为合作化和人民公社的制度"遗产"——土地集体所有制,这一制度已经深入人心,成为家庭联产承包责任制及以后农业经济发展的经济制度基础。当实行家庭联产承包责任制的时候,拥有几千年私有传统和观念的农民没有提出土地所有权的要求,他们在集体的土地上经营土地并支配土地的收益,创造了农业增长的奇迹。

"公社本质上是一种替代传统村落的社会制度"[①],人民公社的重要意义之一在于超越了传统村落的循环,并为摆脱这个循环创造了条件,不论是在制度上还是农民的思维上。

从土地改革开始,乡村基层政权就开始由共产党培养和选拔的干部来进行管理,打破了中国几千年来"皇权不下县"的乡绅治理格局。农村的党政组织成为影响农民行为和乡村建设的重要制度环境,中国共产党的权力通过健全的组织系统渗透到农村的最基层,并形成了农村党政权力的基本格局。"到1955年初,全部乡的70%有党支部,到年底则达到了90%"[②],建立起较为健全的农村行政网络。改革开放后,人民公社解体,农村行政区划也有多次变动,农村也普遍实行了村民委员会的直接选举,但是农村党政权力的基本格局仍然延续了人民公社时期设定的路径。考核现在的农村党政权力结构、制度与运行方式,农民组织和农村治理,仍可以看到人民公社时期农村党政权力关系与运行的影子。人民公社时期建立的完整的、运行有效的农村基层党政权力体系,至今仍然发挥着作用,党和国家的农村经济政策仍然依靠这一套系统在传达和实行。目前,我国农村集体经济发展良好的村子,几乎毫无例外地都有一个有能力、讲奉献、能团结的农村基层党组织在起着核心的带动作用。

第五,家庭联产承包责任制取得的巨大成绩某种程度上是因为继承了人民公社的积极成果。土地改革后的中国农业生产也是家庭经营的方式,但为什么那个时候的农业没有出现像家庭联产承包责任制那样的巨大发展呢?很重要的原因就是土地改革虽然实现了"耕者有其田",可以调动农民的积极性,但并没有根本改变当时农业的生产条件,农田水利设施没有很好地建设,农业技术、农业机械化的观念尚未在农村大规模普及,农民的文化素质也没有大幅度的提升。而经过了20多年人民公社的发展,到20世纪80年代初,我国农业的生产条件得到极大的改善,家庭联产承包责任制所取得的积极成果是因为人民公社时期为农业的进一步发展奠定的

---

① 张乐天:《告别理想——人民公社制度研究》,上海人民出版社2012年版,第6页。
② [美]费正清、罗德里克·麦克法夸尔主编:《剑桥中华人民共和国史(1949—1965)》,王建朗等译,上海人民出版社1990年版,第107页。

第二章 实行家庭联产承包责任制:农业发展的"第一个飞跃"

物质基础。

人民公社存在的 20 多年间,我国的农业生产条件有了极大的改善,农业经济有了显著的增长,农业各项指标都有明显增加。从 1958 年到 1982 年,我国的农业生产总值从 550 亿元增加到 2632 亿元,增长 4.79 倍。粮食产量从 1958 年的 2 亿吨增长到 1982 年的 3.5 亿吨,增长近 75%。其中 1963—1967 年、1969—1973 年、1978—1982 年这三个时间段,每 5 年粮食产量增加将近 5000 万吨。我国棉花产量从 1958 年的 196.9 万吨增加到 1982 年的 359.8 万吨,增长 2.12 倍。油料产量从 1958 年的 477 万吨增加到 1982 的 1181.7 万吨,增长 2.48 倍。肉类产量 1962 年的产量是 194 万吨,1982 年的产量是 1350.8 万吨,增长 6.96 倍。[1] 同期我国的农业产值年均递增 3.2%,远高于其他国家甚至包括发达国家的增长速度。在当时机械、化肥、水利、道路等农业发展的物质基础条件并不完备的年代,如果采取单干的方式,就不可能解决当时中国人的吃饭问题。

人民公社时期,在我国农业经济稳步增长的同时,我国的农业生产条件得到了极大的改善,为此国家投入之大,动员之广,组织机构之完备,应用技术之先进,是令人叹为观止的。截至 1982 年,我国拥有大型水库(1 亿立方米以上)331 座,中型水库(1000 万至 1 亿立方米)2353 座,小型水库(10 万至 1000 万立方米)84216 座,水库容量合计 4188 亿立方米,水库有效灌溉面积是 1594.3 万公顷。[2] 我国的农机总动力从 1957 年的 165 万马力增长到 1982 年的 22589 万马力,增长 135.9 倍。机耕面积从 1957 年的 263.6 万顷增长到 1982 年的 3511.5 万顷,增长 12.3 倍,灌溉面积从 1957 年的 2733.9 万顷增长到 1982 年的 4417.7 万顷,增加 0.62%。化肥用量从 1957 年的 37.3 万吨增加到 1982 年的 1513.4 万吨,增加 39.6 倍。农村用电量从 1957 年的 1.4 亿度增长到 1982 年的 396.9 亿度,增长 282.5 倍。这些农业指标均有十几倍、几十倍甚至上百倍的增长,尽管灌溉面积只增长了 0.62%,但是机电灌溉面积却从 1957 年的 120.2 万顷,增

---

[1] 国家统计局编:《中国统计年鉴1984》,中国统计出版社 1984 年版,第 132—133、141、142、160 页。

[2] 国家统计局编:《中国统计年鉴1983》,中国统计出版社 1983 年版,第 200 页。

长到1982年的2514.5万顷，增长了20.92倍，机电灌溉占灌溉面积的一半以上达到56.92%。

在人民公社时期，农业技术的大量引进和农业机械化水平的提高，对中国农业现代化的启蒙作用不可低估。几千年刀耕火种的传统农业生产方式，使广大农民甚至是农村干部对农业机械都是陌生的，更别提机械化和现代化的概念了。但是通过农业科技知识的宣传和普及，农业机械的应用，我国农业机械化水平大幅度提高，农业知识也得到了大范围推广，农民的素质得到了一定的提升。全国农技推广站在1957年只有232个，但是到了1980年就有了15114个，增加了64.1倍。农用大中型拖拉机在1957年有14674台，到1982年有744865台，增长50.76倍；农用小型及手扶拖拉机从1962年的919台增长到1982年的2287000台，增长了2488倍；农用灌溉的动力机械从1962年的36.7万台增长到1982年的580.3万台，增长了15.81倍。① 到1978年底，全国仅人民公社系统就有农业机械管理操作人员790多万名，其中拖拉机手330万名。作为新中国第一批懂得农业现代生产技术的农民，他们对现代科学技术在农村的推广和应用起到了积极的作用。到1979年，全国地区以上农业科研院、所652个，科技人员2.4万人；县、社农业技术推广机构2.5万个，国家职工12万人，半脱产的农民技术员25万人。集体所有制的公社畜牧兽医站5万多个，职工28万人。②

合作化和人民公社化是农村生产关系方面的变革，而农业机械化和农村劳动者素质的提高是农业生产力方面的变革，人民公社将两方面结合起来，体现了对农业现代化的目标追求。技术引进则是可以有效实现这一目标的手段，人民公社高效有序的组织体系和制度安排使得技术引进可以在实践中有效展开。传统个体农户出于技术引进的成本计算，不愿意也不能够承担技术引进的风险，而生产队引进新技术的风险分摊到每个农户家庭就缩小了很多。人民公社集体经营疏离了农业产出与农户家庭的直接关

---

① 国家统计局编：《中国统计年鉴1983》，中国统计出版社1983年版，第186页。
② 中国农业年鉴编辑委员会编：《中国农业年鉴1980》，农业出版社1981年版，第12页。

系，不利于调动农民的生产积极性，但却有利于农业生产技术的引进。因为农业产出与农户家庭之间的疏离，农民不是农业生产技术引进风险唯一的和直接的承担者，对农民的利益不会有直接损害，所以农民不会对引进生产技术进行抵制。人民公社引进生产技术，提高农业机械化水平，提高农业产出收益的目标是符合农民利益的，也教育了保守的农民。人民公社时期的技术引进在规模、速度和效益方面都取得了突出的成绩，为家庭联产承包责任制实行后农民对新技术的重视和机械的大量应用奠定了基础。

在人民公社时期，高度重视农村儿童的教育，使得适龄儿童入学率和升学率都有了很大的提高，为提高农民素质，为后来家庭联产承包责任制及以后农业的继续发展奠定了人力基础。以 1980 年为例，农村普通小学在校人数是 12767.5 万人，初中在校人数是 3518.6 万人，高中在校人数是 442.4 万人。农村小学当年的毕业人数是 1731.5 万人，而当年农村初中招生人数是 1219.9 万人，小升初的比例为 70.45%。[1]1983 年末学龄儿童入学率，全国平均为 81.4%，农村是 78.8%。[2] 根据 1984 年末农村劳动力文化程度的统计，平均每个乡劳动力文盲为 2002 人，占比 20.89%；小学程度 3904 人，占比 40.73%；初中程度 2539 人，占比 26.49%，高中程度为 845 人，占比 8.82；大专程度为 5 人，占比 0.05%。[3] 尽管此时农民的文化素质距离农业现代化要求的高素质还有很大的距离，但农民的文化程度已经有很大的提高，接受过教育的农村劳动力人数比重已经达 76.09%，远远高于合作化以前的水平。

第六，家庭联产承包责任制的顺利推行得益于人民公社体系下 20 多年农村生产和社会生活的相对稳定。尽管在人民公社时期，农业生产效率低，农民生活改善微小，但都没有产生农村社会的不稳定。这种稳定的农村环境为后来农村改革的顺利进行奠定了良好的环境基础，使得如此深

---

[1] 国家统计局农村社会经济调查司编：《中国农村统计年鉴1986》，中国统计出版社1987年版，第276页。

[2] 国家统计局农村社会经济调查司编：《中国农村统计年鉴1986》，中国统计出版社1987年版，第277页。

[3] 国家统计局农村社会经济调查司编：《中国农村统计年鉴1986》，中国统计出版社1987年版，第235页。

入、涉及范围如此广大的农村改革在没有遭遇大的社会动荡的情况下可以较为顺利地进行。农村改革的稳定进行也为后来的城市改革打下了基础。

人民公社体制下农村20多年的相对稳定，首先是缘于强有力的中央政府利用行政的、组织的和意识形态的手段将分散的传统农村社会纳入有序和高效的行政系统，提高了农村的组织化程度和社会化程度。借助于农村党政组织的建设，国家行政权力延伸至最基层的农村，通过这一比较健全的政权体系将农村基层纳入国家整体政权结构。即便是在混乱的"文革"期间，人民公社的"政社合一"体制仍然可以使国家的政策和法令依靠这一健全的组织系统做到上传下达，令行禁止。强有力的中央政府建立了庞大的、纪律严明且高效的农村基层党政组织，为农业现代化的正常运行奠定了稳定的乡村秩序环境。反过来，这一庞大的、纪律严明且高效有力的农村基层党政组织又成为保障这一行政系统有效运转的关键。

其次，在人民公社时期，除了健全有效的农村党政组织对稳定农村秩序起到了积极作用外，在农村建立起的一整套公正有效的保障制度也功不可没。这套保障制度对提高党在农村的威信和号召力，对于体现人民公社的优越性和凝聚力，都是极有说服力的。

人民公社时期的社会保障，不是平均主义的再分配，覆盖面广，但以救济贫弱为重点，形式多样，包括生产贷款、粮食返销、社会救济和公益金补助等。1962年9月公布的《农村人民公社工作条例（修正草案）》中规定，农村社员救济款来自各生产队的公益金提留，但不得超过可分配总收入的2%—3%，"对于生活没有依靠的老、弱、孤、寡、残疾的社员，遭到不幸事故，生活发生困难的社员，经过社员大会讨论和同意，实行供给或者给以补助。对于生活困难的烈士家属、军人家属和残废军人，应当给以适当的优待……对于因公负伤的社员的补助，对于因公死亡的社员的家庭的抚恤，也都从公益金内开支"[①]。人民公社的社会救济，除三年自然灾害期间和个别地区，几乎在全国的乡村都普遍实行了。以1980年为

---

① 中共中央文献研究室编：《建国以来重要文献选编》第15册，中央文献出版社1997年版，第634页。

例。1980年，我国农村五保户数为2429877户，五保人数为2944055人，其中农村集体供养五保人数为2538727人，占五保总人数比重的86.2%。其中农村敬老院供养人数为111796人，占五保总人数的3.8%，分散供养人数为2426931人，占五保总人数的82.4%，分散供养集体供给折合金额为15447万元。[①]1980年全国农村敬老院8262个，收养人数为111796人，其中老人99686人，孤儿6751人，集体供给折合金额为1776万元。[②]1980年，农村扶持贫困户情况：享受国家救济和集体补助的贫困户户数为987.8万户，占贫困户户数比重为54.3%；享受国家救济和集体补助的贫困户人数为4641.8万人，占贫困户人数比重53.5万人。农村集体补助金额为16469万元。[③]1980年农村社会救济费为24534万元，其中五保户救济费为2027万元，困难户救济费为20844万元，集体办敬老院经费补助费为930万元。自然灾害救济费为44796万元，其中灾民生活救济费（包括口粮救济、衣被救济、修建住房救济、因灾引起疾病救济）为44032万元，灾民抢救转移安置费为713万元。[④]人民公社时期实行的20多年的福利制度，资金来源于农村集体，由农村基层组织来考察和实施具体的保障。农村基层组织成员生活于农村，了解农村的情况并了解每家困难所在，这使保障的实施可以因有针对性而更有效。又因为农村环境的狭小，可以使这种保障得到有效的监督从而体现公正性。这一福利制度充分体现了社会主义制度和农村集体经济的优越性，有效稳定了农村社会秩序和生产环境。

人民公社时期建立的农村合作医疗对稳定农村也起到了积极作用。由生产大队卫生站、公社卫生院和县医院构成的乡村卫生网几乎覆盖了全国

---

① 国家统计局农村社会经济调查司编：《中国农村统计年鉴1986》，中国统计出版社1987年版，第288页。

② 国家统计局农村社会经济调查司编：《中国农村统计年鉴1986》，中国统计出版社1987年版，第291页。

③ 国家统计局农村社会经济调查司编：《中国农村统计年鉴1986》，中国统计出版社1987年版，第294页。

④ 国家统计局农村社会经济调查司编：《中国农村统计年鉴1986》，中国统计出版社1987年版，第296页。

所有的农村地区，面向全体社员。由于农村这一公共卫生保健制度分别隶属于同级行政机构，它的建立和维持依赖于同级行政部门的手段和力量，在当时有力的公社行政力量影响下既保证了这一卫生制度的统一和高效，也大大降低了农村卫生保健的成本。人民公社时期数量巨大的农村"赤脚医生"的收入来自各生产队提留，农村基层的医疗费用来自生产大队的统筹，在我国经济并不充裕的情况下减轻了国家的负担，实现了对农村医疗的最低保障，并在投入很少的条件下实现了较好的医疗效果。这种低成本、广覆盖、充分体现卫生服务公平性和普及性的独特模式，取得了举世瞩目的成绩。1981年，农村"赤脚医生"139.6万人，农村生产队卫生员200.7万人，农村接生员58.5万人。[①] 而1981年的乡村总人数是7.99亿，平均每572个农村人口就有一个"赤脚医生"，平均每398个农村人口就有一个生产队卫生员，接近我国农村在2014年时的卫生医疗水平。（2014年，我国村卫生室有64.5万个，设置卫生室的村数占行政村的比例为93.3%，乡村医生和卫生员为105.8万人，平均每村乡村医生和卫生员为1.64人，平均每千农业人口乡村医生和卫生员为1.21人。[②]）根据1982年的人口普查资料，1981年我国婴儿死亡率由新中国成立前的200‰下降到35‰，人口平均预期寿命由35岁提高到67.88岁，这两项指标均接近当时发达国家水平。

在家庭联产承包责任制的发展过程中，由于人们的错误理解和实践中的偏差，使得包含在统分结合的双层经营体制中的集体统一经营逐渐衰弱。但并不能因此而否定集体经营的必要性和重要意义，充分肯定集体统一经营为我国后来农业的"第二个飞跃"保留了重要的前提条件和合理依据，并表明我国的农村经济体制改革并不是对农村集体经济的彻底否定，而只是改变了集体经济的内部体制，以新的形式来发展集体经济。农业双层经营体制对集体层次的承接，则可以说是继承了中国农村合作化的历史，继承了实行农业合作化以来最有意义的历史成果。中国农业合作化

---

① 国家统计局编：《中国统计年鉴1983》，中国统计出版社1983年版，第545页。
② 国家统计局农村社会经济调查司编：《中国农村统计年鉴2015》，中国统计出版社2015年版，第323页。

和人民公社的历史,是亿万农民在中国共产党的领导下,尝试摆脱农村贫穷落后面貌并进行大规模的农业生产建设的历史,实现由分散的农民个体经营向集体经营转变的历史,这种转变是质的飞跃,从此中国农民和农业生产在社会主义的康庄大道上前行。毛泽东把个体农民组织起来,不是为了搞平均主义,吃大锅饭。至于人民公社存在不同程度的平均主义、吃大锅饭的问题,是管理体制、分配体制存在着弊端,并非成立人民公社的初衷。不可否认这段历史存在很多令人痛心的遗憾,但是它所确立的崭新的农村经济关系,毕竟为我们找到了正确的、富有希望的农业现代化的道路和方向。在今天,这个方向仍然是正确的,是有积极意义的。中国农村改革对人民公社的扬弃体现在既纠正其失误又能够继承和发扬其最根本的优势,而这种扬弃只有在坚持农村集体经济道路的基础上才能统一起来。

综上所述:中国农村改革取得了丰硕的成果,人民公社20多年奠定的各项基础功不可没,也不容忽视。我们不能因为家庭联产承包责任制取得了巨大成就,就否定人民公社存在过的历史意义和历史成绩,那不是客观对待历史的态度,不符合历史唯物主义。对人民公社不能采用一种历史虚无主义的态度。毫无疑问,从人民公社到家庭联产承包责任制,前者为后者打下了基础,积累了经验。

第二节 邓小平关于农业"第一个飞跃"的几点认识

家庭联产承包是邓小平关于农业"两个飞跃"思想中的"第一个飞跃",这一飞跃带来了中国农业"井喷式"的大发展,也带动了其他相关改革的进行和极大进步。可以说,中国的改革也走了一条"农村包围城市"的路径。关于"第一个飞跃",邓小平有很多真知灼见。

一、"这个发明权是农民的"

"农村搞家庭联产承包,这个发明权是农民的。"[①] "家庭联产承包责任

[①] 《邓小平文选》第3卷,人民出版社1993年版,第382页。

制也是由农民首先提出来的。这是群众的智慧，集体的智慧。"① 以包产到户为特点的农业生产责任制，作为一种农业管理形式，是农民自发创造的，尽管这项发明的诞生几经波折。早在20世纪50年代，1956年至1957年，对于社员居住比较分散的部分地区，为了使生产责任更加明确，劳动报酬更加准确，劳动管理更加简单，包产到户在一些地区出现，比如四川江津、安徽芜湖、浙江温州、广西环江、广东中山、江苏江阴、湖北宣恩、河南沁阳等地。但很快就被取缔了，取缔的原因是可以理解的，"它太近似于单干小农了，农业社刚刚从小农经济脱身出来，自然对小农经济持有特别的敏感和警戒"②。此后，包产到户分别在1959年的人民公社所有制和管理制度的调整过程中和1959年到1961年三年困难时期出现过，但往往为时不久就被不同程度地批判，最后被禁止。但是"客观需要的有生命力的事物，总要为自己的成长开辟道路的"③，这些尝试为后来的家庭联产承包责任制的重新崛起埋下了种子，直至在1977年的严峻形势中悄然兴起，进而逐步扩散到全国，成为中国改革的先声。

包产到户的"三起三落"说明：一方面要尊重人民群众的首创精神。归根结底，农民是农村改革的直接参与者和最大获益者，在农业生产和农民生活长期受到严重影响时，为了克服生产和生活上的困难，他们在现实的生产创新中具有无限的智慧和能力。各种形式的农业生产责任制及其他农村体制改革的有效措施，都是亿万农民群众在生产实践中的伟大创造，都是为了解决农业生产发展中的问题。每当农村经济出现大的混乱和困难时，广大农民总是自发地把责任制搬出来作为解决困难的"良方"，这说明它在实践中展现出来的积极效果使得农业生产第一线的农民认可并深知这种方式的优越性。另一方面，包产到户的"三起"都是在我党的指导思想正确或纠正错误时出现的，"三落"都是"左"的错误影响所致，因此农业生产责任制的兴衰与农村改革的进退，与党的指导思想正确与否密切

---

① 中共中央文献研究室编：《邓小平年谱（1975—1997）》（下），中央文献出版社2004年版，第1350页。
② 《杜润生自述：中国农村体制变革重大决策纪实》，人民出版社2005年版，第87页。
③ 杜润生：《中国农村制度变迁》，四川人民出版社2003年版，第26页。

相关。1978年在中国共产党领导层和理论界进行的真理标准大讨论，以及党的十一届三中全会重新确立的解放思想、实事求是的思想路线，为中国农村的改革提供了坚定的政治支持。中国领导层的决心和理论上的改革共识结合了农业的发展实际，尊重了农民的创新精神，顺应了人民群众的改革愿望和探索，中国的农村改革道路首先是来自"自下而上"有力推动的客观形势，但它的继续推进则是"自下而上"和"自上而下"共同作用的结果。

二、"家庭联产承包责任制的问题是用实践来回答的"

在以农业生产活动为主要内容的农村，任何社会经济措施若不能保障农村大多数居民的温饱，就无法证明它存在的合理性和有效性，更无法让人们相信它对未来社会的积极意义。家庭联产承包责任制几经批判、否定而能顽强存续并发展，绝不是偶然。这证明，它是适合我国农业生产力发展水平和农民群众的社会主义觉悟水平的正确主张。实践是检验真理的唯一标准，正确的符合客观实际和人民根本利益的主张是否定不了的。邓小平在提到家庭联产承包责任制的推行过程时就说，就全国范围来讲，刚开始的时候人们对家庭联产承包责任制并不都踊跃，人们对农村的改革存有很多的疑虑，有很大的争论，一度犹豫观望。针对这种情况，邓小平宽容地指出："中央的方针是等待他们，让事实教育他们。"[①] 当时采取的办法就是允许看、不争论，靠农村改革的实践成果来回答问题，逐渐显示家庭联产承包责任制的优越性，"不争论，大胆地试，大胆地闯"[②]，为农村改革争取了时间。

以社会实践作为检验真理的唯一标准，对于文化理论水平不高的中国农民和农村基层干部来说并不是不可理解和接受的高深理论问题。对于农业生产第一线的农民来说，粮食、棉花等农作物是否增产，农民生活是否改善，就是对他们生产活动效果的最好检验。对包产到户的评价，几乎

[①]《邓小平文选》第3卷，人民出版社1993年版，第238页。
[②]《邓小平文选》第3卷，人民出版社1993年版，第374页。

没有比增产增收更有说服力的指标了。包产到户的命运正是由增产增收决定着,包产到户的优越性也是由增产增收证明着。我国农业生产总值从1953年到1978年,平均每年增长3.2%,而1978年到1983年,平均每年增长7.9%;全国粮食总产量从1958年到1978年,平均每年增加524万吨,而从1978年到1983年平均每年增加1650万吨;棉花总产量从1952年到1978年一直在200万吨上下徘徊,而1983年达到463.7万吨,比1978年翻了一番多。1984年,全国农副产品商品率提高到52.7%。同时,农副产品的商品率也明显提高,1983年与1978年相比,全国农副产品的商品率由35.6%提高到40.5%,粮食商品率由20%左右提高到30%左右。①从1978年到1984年,农业生产年均增长率达到7.4%,粮食产量从3亿斤增加到4亿斤,增加了33.6%,年均增长4.95%。农民增收,其实际年增长率达到15.1%,成为历史上增长最快的时期。农村贫困人口减少了2/3,由1978年占农村人口的33.3%下降到11%。②我国从1961年变为粮食进口国后,1985年起,重新变为粮食净出口国。由于农村综合经济的发展,越来越多的农村富余劳动力从粮食生产中解脱出来,从事农业以外的新行业。1985年的农民收入中,从这些新行业发展中获得的纯收入迅速增长,所占比重大幅度增加,约占全年全部收入增加额的20%。1985年农民的平均收入增加到397元,是1980年的191.33元的2.07倍,5年时间增长了1倍多。同过去30年相比,农民收入的增长幅度是空前的,在中国历史上也是罕见的。在如此短的时间里,农业和农村经济取得了巨大发展,除了农业政策的合理性之外,更主要的是得益于家庭联产承包责任制对传统农村生产关系的重大调整,来自包产到户对农民积极性的激发和对农业生产力的巨大解放。

三、"现在还是实行家庭联产承包为主的责任制"

1992年7月,邓小平在审阅中共十四大报告稿后指出,从长远来看,

---

① 数据转引自唐春元:《巨人与大地——邓小平与中国农业农村农民》,湖南人民出版社1997年版,第134页。

② 周志强:《中国共产党与中国农业发展道路》,中共党史出版社2003年版,第333页。

第二章 实行家庭联产承包责任制：农业发展的"第一个飞跃"

将来条件具备的时候（科技发展，管理能力增强，农民自愿），最终是要走集体化集约化的道路的，要发展农村集体经济，实现农业的"第二个飞跃"，否则就实现不了农业现代化。但是如果现在农民还没有这个意愿，也不具备这个条件，就不要勉强，"关于农业问题，现在还是实行家庭联产承包为主的责任制"①。发展集体经济的问题以后总会提出来，现在"还是巩固承包制"②。

对于这段话，可以从两个方面来理解。

首先，实行家庭联产承包为主的责任制有其必然性。第一，人民公社体制长期积累下来的诸多问题，削弱了集体经济的吸引力和凝聚力。全社会孕育着突破旧体制的愿望和环境。农村经济作为国民经济最薄弱的环节，改革更容易从这里率先突破；第二，家庭联产承包责任制适合当时大部分农村的生产力发展水平和农民的觉悟，具有利益直接、责任明确、方法简便、形式多样、易于推行的特点；第三，就农户家庭而言，家庭具有生产决策自主权，可以降低组织生产经营成本，使得决策及时便捷，家庭成员共担风险，共享利益，可以有效调动农民生产积极性，提高农业生产效率；第四，农村改革的帕累托改进效应③，能够惠及几乎所有人口，除了党的高层关于"道路性质"的争论外，其他方面的阻力比较小，所以能够迅速推广并席卷全国。

其次，家庭联产承包责任制的实行是长期的。邓小平说"现在还是实行家庭联产承包为主的责任制"，这里的"现在"不是指一个具体的时间段，而是指在家庭联产承包责任制还能够适应现阶段我国农业生产力发展水平，还具有广泛的适应性和生命力，还能够发挥潜力和作用的条件下，要长期坚持家庭承包为主的责任制。这一方面是因为他看到了家庭联产承包的巨大成功；另一方面则是预见到实现农业的"第二个飞跃"的艰

---

① 中共中央文献研究室编：《邓小平年谱（1975—1997）》（下），中央文献出版社 2004 年版，第 1349 页。

② 中共中央文献研究室编：《邓小平年谱（1975—1997）》（下），中央文献出版社 2004 年版，第 1350 页。

③ "帕累托改进"，是指改革或者一项政策的实施，至少使一部分人从中获得收益而没有任何人受到利益的损害。它直接来自"帕累托效率"这一概念。

巨性,"是个很长的过程"。农业发展的方向当然是集体经济,但是实现这个目标的时间的长短要由多方面的条件决定,这些条件包括机械化水平的提高、管理水平的提高、多种经营的发展和农民的意愿,等等。如果"农民群众还要求在集体经济内部利用家庭式经营"①,那就要尊重农民的意愿,在社会主义的一定历史时期内,仍然要保留一定数量的家庭经济。在我国农业生产力水平仍然不高且不平衡的条件下,家庭承包制不可能在一个早上就被废除掉,在一定时期内仍然要利用它的潜力。邓小平在阐述"两个飞跃"时指出,家庭联产承包是"一个很大的飞跃,要坚持长期不变",还需要在较长的一段时期内,让农户在市场经济环境中自主决策、独立经营。当条件不具备的时候,不要轻易动摇家庭联产承包责任制,造成政策不稳、人心不稳和生产不稳。保持农村经济政策的连续性和稳定性是符合农民意愿和利益的。

邓小平称赞党的十三届八中全会开得好,其中一个重要原因是该会"肯定农村家庭联产承包责任制不变"。这里的"不变"是指稳定农村土地承包关系和农户家庭经营,切实保障农民的生产经营自主权,稳定统分结合的双层经营体制,积极发展社会化服务体系,从而为将来逐步壮大农村集体经济实力,引导农民走共同富裕的道路创造条件。农村改革和发展的总方向是不可以偏离的,也是"不变的"。但是家庭联产承包责任制不是僵化的,要"随着实践的发展,该完善的完善,该修补的修补",但"总的要坚定不移"。②

我们看到,邓小平提出长期保持家庭承包责任制的稳定,是承认家庭承包责任制的优越性和生命力,是尊重我国社会主义初级阶段的国情,是遵循农业发展的客观经济规律和农民的意愿,避免犯过去超越阶段和超越生产力的错误。这个观点并不是没有看到家庭分散经营的不足,也不是要固守家庭联产承包责任制。在某一时期家庭承包制是稳定的,是"不变的";但从农业现代化的长远发展来看,"家庭的经济功能,一定会随着社

---

① 杜润生:《中国农村制度变迁》,四川人民出版社2003年版,第29页。
② 《邓小平文选》第3卷,人民出版社1993年版,第371页。

会生产的分工与专业化，出现分解和变化"①。此时，农业就可以向"第二个飞跃"发展了。

实践在发展，社会制度的变迁就不会停止，当然也包括农业制度的变迁。

第三节　农业发展变化对农业体制变革提出新要求

家庭联产承包责任制曾经造成了中国农业发展的奇迹，但是随着农业的发展其弊端也逐渐凸显，其固有的缺陷与不足成为我国农业继续发展的制约。最初统分结合的双层经营体制的设计，本是要将家庭分散经营与集体统一经营的优越性结合起来，但是家庭分散经营的潜力发挥将尽，而集体统一经营却并未承担起相应的责任。这就使得我国农业发展变化对我国的农业体制提出了新的要求，也意味着发展壮大农村集体经济已势在必行。

一、家庭分散经营成为农业继续发展的桎梏

从1978年开始到2023年，家庭分散经营走过了45年的历程。以家庭承包经营为主的农业制度的创新，是在生产关系领域进行了变革，进而激发了广大农民的生产积极性，实现了农业的大发展。但家庭分散经营固有的缺陷与不足随着经济的发展不断凸显，与农业进一步发展的矛盾日渐突出，在一定程度上制约了农业生产力的发展。其实，家庭联产承包经营的不足从它产生时就一直存在着，但它的不足隐藏在它蓬勃发展时期农业增长的产量和农民增长的收入里。

第一，人民公社时期，农业发展的成绩之所以被人们所忽视或误解，是因为农业产生的大量的财富转移到了工业，农业的增长被更快增长的人口所抵消了。农业不仅负担着工业的资金和劳动力的需求，而且几乎支撑了当时中国经济大部分基本建设的资金需求。产生于农业的资金用于农

---

① 杜润生：《中国农村制度变迁》，四川人民出版社2003年版，第141页。

业发展的比较少，农业只能通过密集的劳动力投入来弥补资金的巨大缺口，这在某种程度上可以解释为什么在合作化和集体化时期，我国的农业尽管有发展但发展缓慢。另外，我国农业的增长被同期人口的巨大增长抵消了。"从 1958 年到 1979 年，由于人口增长过快，我国按人口平均粮食占有量只增加 22 斤，平均每人每年只增加 1 斤。"[①] 人民公社时期，人地矛盾突出。1958 年全国总人口是 65994 万人，乡村总人口为 55273 万人。到 1982 年，全国总人口是 101541 万人，其中乡村总人口为 80387 万人，[②] 全国人口比 1958 年增长 53.86%，而乡村人口则增长约 45%。粮食增长速度仅略高于同期我国人口增长的速度。而同期我国的耕地面积增量甚微，农作物的播种面积还略有减少。全国播种总面积 1958 年为 22.8 亿亩，到 1982 年降为 21.7 亿亩；其中粮食的播种面积由 19.14 亿亩降至 17.02 亿亩。人口的膨胀和播种面积的减少，使同期人均占有耕地由 3.45 亩减为 2.14 亩，减少 61%。[③] 家庭联产承包责任制实行最初几年农业井喷式的增产带给人们的冲击，更多的是因为人民公社时期的农业产量被人口的巨大增长所抵消，并没有真实反映农业正常合理的水平，从而形成了鲜明的对比。

第二，在实行家庭联产承包责任制后相当长的一段时间内，并没有从理论上系统论证其合理性，也没有形成完整的长期规划，很多东西都还在摸索中，这其实造成了新体制进一步发展和完善的障碍。1980 年邓小平在《关于农村政策问题》的讲话中公开支持家庭联产承包责任制，并认为它不会影响集体经济，打消了一些人的顾虑。[④] 邓小平发表这个讲话后，关于农业生产责任制的公开争论暂时平息了，以家庭经营为基础的农业经营

---

① 中国农业年鉴编辑委员会编：《中国农业年鉴 1980》，农业出版社 1981 年版，第 13 页。
② 国家统计局编：《中国统计年鉴 1983》，中国统计出版社 1983 年版，第 103 页。
③ 农业部计划司编：《中国农村经济统计大全（1949—1986）》，农业出版社 1989 年版，第 130—131 页。
④ 这段话就是："有的同志担心，这样搞会不会影响集体经济。我看这种担心是不必要的。我们总的方向是发展集体经济。实行包产到户的地方，经济的主体现在也还是生产队。这些地方将来会怎么样呢？可以肯定，只要生产发展了，农村的社会分工和商品经济发展了，低水平的集体化就会发展到高水平的集体化，集体经济不巩固的也会巩固起来。"见《邓小平文选》第 2 卷，人民出版社 1994 年版，第 315 页。

第二章 实行家庭联产承包责任制：农业发展的"第一个飞跃"

新体制的建立和人民公社制度的解体已经是无法扭转的大趋势了。但是由于新旧体制转换的必然性及其发展规律并没有从理论上进行深刻论证，分歧并没有真正解决。在实践中，新体制不仅没有形成适合中国复杂国情的完整规则和规范化方案，而且相关的制度创新、法制建设也还在摸索中。在新旧体制转型过程中，诸多复杂的政治经济因素及其纵横联系都还在一种变动的社会环境中发挥作用，因此围绕改革问题的争论远未终止。家庭联产承包责任制实行之初，是凭借农业增产增收效果和政治权威的支持取胜的，这不可避免地埋下以后争论再起的种子。

第三，家庭联产承包责任制的弊端之一就是"一刀切"。1982年12月，中央政治局讨论通过的《当前农村经济政策的若干问题》指出："一讲合作就只能合并全部生产资料，不允许保留一定范围的家庭经营；一讲合作就只限于按劳分配，不许有股金分红；一讲合作就只限于生产合作，而把产前产后某些环节的合作排斥在外；一讲合作就只限于按地区来组织，搞所有制的逐步过渡，不允许有跨地区的、多层次的联合。"这段话总结了高级社成立以来的经验教训。它告诉我们简单划一地推广一种模式，在我国大多数地区的农村都很难具有旺盛的生命力。

尽管国家政策文件中多次提到要因地制宜，不要搞"一刀切"，但是家庭联产承包在农民群体中私下的暗潮涌动并结合了代表正确路线的党政权力的推动（1982年的中央一号文件《全国农村工作会议纪要》认同它的性质是"社会主义集体经济的生产责任制"，是"社会主义农业经济的组成部分"）[①]后，除极少一部分农村还坚持集体经营外，家庭联产承包责任制在全国以摧枯拉朽之势迅速发展并普遍建立。到1983年底，实行联产承包责任制的生产队占全国总队数的99.5%。陈吉元等人主编的《中国农村社会经济变迁（1949—1989）》提到这样一个情况：对家庭联产承包观望4年、最后一个实行联产承包责任制的黑龙江省，在实行联产承包责任制的1983年，就突破了全省为之奋斗多年而没有实现的三大目标，农业总产值超过100亿元，粮食总产量超过300亿斤，人均收入超过300

[①] 《新时期农业和农村工作重要文献选编》，中央文献出版社1992年版，第117页。

元。作者以不无讽刺的意味写道:"这个自恃土地辽阔,农田肥沃平坦,机械化水平高的省份对此不得不折服。"①1983年,黑龙江省以"双包"为主的家庭承包制就达到黑龙江全省生产队总数的85%。但是我们也应该看到,中国地域广阔,各地情况不一样,发展也不平衡,因此农业生产责任制的形式应该是多种多样的,要因地制宜,不能"一刀切"。到底采用哪些形式,一定要从实际出发,根据各地的生产条件、农作物特点、农民觉悟和文化水平、干部管理等实际情况,以促进生产力的发展,巩固和发展集体经济为原则。现在回过头来看,黑龙江省家庭联产承包后所立刻显现出的成绩掩盖了此种做法所付出的代价,将多年合作化积累的成果分散殆尽。黑龙江的农业优势在于土地广阔平坦,机械化程度高,农民的基本素质普遍较高,当年已经具备了规模化农业生产的基本条件,黑龙江应该将优势继续发挥下去,继续搞集体经济。家庭联产承包后,黑龙江的农业和其他省份一样出现了农地细碎化、机械化程度低、农业劳动生产率低的问题,农业在经历了一段时间的"井喷式"发展后出现了徘徊低迷,从长远来看,出现了一定程度的倒退。当年黑龙江如果能继续坚持自己的优势,继续搞集体经济,也许就能避免今天农业发展的困境。遗憾的是,黑龙江仅仅坚持了5年,最终还是放弃了自己机械化程度高的优势,被裹挟进家庭联产承包的洪流中。

第四,家庭联产承包责任制并没有真正实现生产者和生产工具质的提升,农业产量增长与农业现代化之间出现了不同步性。首先,从生产者素质来看,家庭联产承包责任制最大的优越性是打破了平均主义,调动了农民的劳动积极性,但就劳动者的素质而言并没有实质性的改变,农业劳动力日渐呈现老龄化和低文化的现象。农民整体受教育水平在各产业、各生产部门中仍然处于最低水平。根据国家统计局数据,2012年中国农业平均每百个劳动力中,不识字或识字很少的比例是5.3%,小学程度的比例是26.07%,初中程度的比例是53.03%,高中程度的比例是10.01%,中专

---

① 陈吉元、陈家骥、杨勋主编:《中国农村社会经济变迁(1949—1989)》,山西经济出版社1993年版,第500页。

程度的比例是2.66%，大专及大专以上的比例是2.93%。①具有初中及初中以下教育水平的农业从业人员比例是84.4%，也就是说，农业主体从业人员是初中及以下受教育程度，其中还有5.3%的文盲或半文盲。其中，小学程度的比例从1990年的38.86%降到了2012年的26.07%，初中文化程度从1990年的32.82%上升到了2012年的53.03%，高中文化程度从1990年的6.96%上升到了10.01%，中专文化程度从0.51%上升到了2.66%，大专文化程度从0.1%上升到了2.93%。②但是接受过好一点教育的农民往往不会甘于留在农村种地，即便暂时未脱离农业，也会想方设法到城市寻求更好的发展机遇，于是形成了农村到城市的"单向度"人才流动，城市成为农村优秀人才的"收割机"。留在农村的多为妇女、孩子和老人，即所谓的"386199部队"（它不是一个真正部队的番号，是指农村留守的妇女、儿童、老人等特殊群体，"38"指"三八"节，代指妇女；"61"指"六一"节，代指儿童；"99"指农历九月九，既是重阳节，也是老人节，代指老人）。随着农村小学优化教育资源，调整学校布局，学生的家庭与学校的距离变远，增加了学生交通、住宿和就餐的费用，这意味着农村孩子从小学开始学习成本就增加了。大学每年的学费和其他开销也成为农民家庭不小的负担。2013年的大学学费至少在5000元以上，而当年农村人均纯收入为8896元，考虑其他因素（住宿费和生活费），农村居民哪怕不吃不喝，也需要一至二人的年收入才够一个大学生一年的开销。再加上大学生就业形势严峻，毕业后往往不能很快回馈家庭，家庭为学生支付的学习成本不能在短期内得到回报，现实的农民在比较学习的投入和产出后往往会选择在孩子接受基础教育后终止对孩子的学业投入，农民家庭对支持孩子读书的动力不足。这也可以解释为什么在改革开放多年后，农村儿童的辍学率相较集体化时代有升高的趋势。1980年，农村小学毕业生人数为1731.5万人，当年农村初中招生人数为1219.9万人，小升初升学率为

---

① 国家统计局农村社会经济调查司编：《中国农村统计年鉴2015》，中国统计出版社2015年版，第31页。

② 国家统计局农村社会经济调查司编：《中国农村统计年鉴2015》，中国统计出版社2015年版，第31页。

70.5%；初中毕业生人数为660.2万人，高中招生人数为163.4万人，初升高升学率为24.8%。①2013年，农村小学毕业人数为560.3万人，初中招生人数为274.5万人，小升初升学率为49%；初中毕业生人数为313.9万人，高中招生人数为28.1万人，初升高升学率为9%。②而2013年全国小升初的比率是98.3%，初升高的比率是91.2%。由此可以看出，农村的初中和高中入学比例远远低于全国水平，甚至低于1980年农村初中和高中的入学比例，说明这么多年农村劳动力的文化程度有所提高，但提高有限。2013年全国各省、自治区、直辖市乡村15岁及以上人口为415559人，文盲人口为29956人，文盲人口占15岁及以上人口比重为7.21%。③而乡村同条件（15岁及以上）的文盲人数占全国文盲人数的比重为69.66%，也就是说，将近70%的文盲在农村。这样的教育情况会在农业发展中形成恶性循环，本来从事农业的劳动者受教育水平就低，再不重视教育，只能使农业劳动者的素质更低，距离农业现代化对高素质劳动者的要求越来越远。受教育程度低下导致对现代化生产方式的接受和应用能力受局限，农业生产进步缓慢。同时，家庭作为农业生产的基本组织单位，生产规模小，传统农业生产方式不会对劳动者素质提出较高要求，素质较低的劳动者也可以较好地完成生产全过程，农民没有感受到提高自身素质的现实需要和压力，也就不会有这样的渴望。由于农民教育程度的局限再加上小农生产者的狭隘和短视，农业生产者在眼前利益的驱使下，用一种近于"竭泽而渔"的方式进行掠夺性农业生产，大量使用化肥和农药，导致地力减弱，盐碱化和沙漠化耕地面积增加，破坏了农业生态，农业抵御自然灾害能力下降。其次，从生产工具来看，实行家庭联产承包责任制后，生产力的其他要素，比如生产工具，并没有发生根本性的改变，甚至在某种程度上还有退步的趋势。生产工具是生产力水平的重要标志，由于部分地恢复使用传

---

① 国家统计局农村社会经济调查司编：《中国农村统计年鉴1986》，中国统计出版社1986年版，第276页。

② 国家统计局农村社会经济调查司编：《中国农村统计年鉴2015》，中国统计出版社2015年版，第279页。

③ 中国社会科学院人口与劳动经济研究所编：《中国人口年鉴2014》，中国社会科学出版社2015年版，第604页。

统的生产工具和传统的生产方式，造成了生产力的倒退，尽管农业使用农药、化肥等一定程度上代表了科技进步的手段。1978年的全国农机总动力是11749.9万千瓦，2009年底是82190.4万千瓦，是1978年的近7倍；但1978年农用大中型拖拉机约占1978年农机总动力的15%，而2009年的比例则降到了10%。与之相对应的是，1978年的小型拖拉机占农机总动力的10%，而2009年的比例是20%。① 毫无疑问，大型机械的效率要高于小型机械，但是为什么在我国工业装备水平大大提高的情况下，大型农业机械的应用比重反而下降。这并不是生产条件的约束而是应用条件的约束，因为家庭联产承包责任制下，农业的分散生产特点制约了社会化的大生产，难以用现代物质条件来装备农业。因此，实行家庭联产承包责任制以来，尽管提高了农业产量，推进了农业的发展，但这主要源于新旧体制差别效用的快速增长，并不意味着农业现代化水平的快速提高。从长期来看，这种增长可能仅仅就是"没有发展的增长"，并不是生产力水平的真正提高。

第五，家庭分散经营加重了我国土地细碎化现象，农业规模不经济问题日益突出。土地细碎化长期以来一直是制约中国农业发展的因素之一。我国在农村改革之初实行了体现公平原则的按人口平均分配土地的办法，并且田地分配执行好坏搭配的原则，造成每户经营土地少，田地分散，分割田地的地垄、堤埂也占据了耕地面积。在1984年，"平均每个农户耕种8.35亩地，平均分为9.7块地，平均每块地0.86亩"。随着人口的增加，人们不断地根据人口变动调整土地，"三年一小调，五年一大调"，造成土地无限析分，人均耕地面积不断缩减，家庭经营规模日渐缩小。尽管1998年国家提出了"增人不增地，减人不减地"的要求，地块细碎的状况有所改善，但到2012年底，"全国2.3亿承包农户，户均耕地7.5亩"，仍然分布在比较零散的地块上。② 另据统计，我国已经有1/3的省人均土地

---

① 李主其、修长柏、曹建民：《新时期我国农业现代化道路研究》，经济科学出版社2013年版，第157页。
② 农业部经管司、经管总站研究组：《构建新型农业经营体系 稳步推进适度规模经营——"中国农村经营体制机制改革创新问题"之一》，《毛泽东邓小平理论研究》2013年第6期。

面积小于 1.2 亩，1/3 的县人均土地面积小于 0.975 亩；这个数据已经低于联合国确定的土地对人口的最低生存保障线。也就是说，在我国 1/3 的地方，人地矛盾突出，已经使土地不能够维持农民生存了。土地细碎化使我国农业难以形成规模效益，难以打破"小而全"的家庭生产模式，制约了农田科学管理、农业科技水平的提高以及农业机械化的推进，难以用现代物质条件来装备农业，难以形成社会化大生产，导致农业生产效率和经济效益低下。在家庭控制下的小规模生产仅能自给，不可能有更多的剩余满足市场需求。国家已经认识到了土地细碎化的弊端，提倡农民有偿、有效流转土地使用权。土地流转也有较大的发展，但由于我国工业化发展水平的限制，对农村富余劳动力吸纳有限，土地对农民仍然有重要的保障功能，再加上土地流转中存在诸多问题，所以我国的土地流转有所发展，但发展有限。

第六，农户家庭经营兼业化不利于农业的持续增长。随着农村富余劳动力的增加和农业比较效益的降低，农户兼业化现象趋于严重。尽管从 2010 年开始，农民工外出就业的增长速度在下降，但是根据国家统计局的报告，农村总的劳动力数量大概为 5.4 亿—5.5 亿。到 2014 年 6 月底，外出就业和本地就业的农民工，加在一起，已经超过了 2.75 亿，也就是说，已经有一半农村劳动力离开了土地，转向了二三产业和城镇就业，并且数量还在增长。

2013 年农民的收入结构变化是带有标志性意义的一种变化，当年农民人均纯收入 8896 元中，占比重最大的工资性收入是 4025 元，占比重 45.3%，家庭经营收入是 3793 元，占比重 42.6%。[1] 首次出现了农民务工的工资性收入超过家庭经营性收入。作为农民，主要收入不是来自家庭经营，这是一个发人深省的标志性变化。今后的趋势可能是家庭经营收入比重会进一步降低，农民收入更多的来自工资性收入。农民收入结构的这种变化，一方面，说明中国经济的发展可以为农民提供第一产业以外的就业机会，可以转移农村富余劳动力，从农民的收入情况来看，兼业户的收入

---

[1] 韩长赋：《中国农业发展形势及面临的挑战（二）》，《黑龙江粮食》2015 年第 2 期。

往往比纯农户的收入要高；另一方面，农村中年富力强和接受较好教育的劳动力纷纷外出打工，使得农业从业人员的老年化和妇女化（在全国种植业劳动力中，50岁以上的占32.6%，其中60岁以上的占11.4%）[①]，加剧了农业问题的严重性。这样农业就会面临一个严峻的现实问题，当兼业农户工资性收入占农民纯收入的比重已经接近1/2的时候，动用政策的力量去调动农民进行农业生产的难度就会越来越大。这部分兼业农户会将主要精力放在非农产业上，农业反倒会成为他们的副业。他们没有动力去发展农业生产，提高农业生产效率，他们对农业的投入是非常有限的，其继续经营农业的目的是把土地作为家庭的福利保障，生产是为了满足家庭自身的生活需要，已经不再希望从农业中获取较高效益，导致农产品商品化率低。兼业农户对土地经营粗放甚至撂荒，造成大量土地的无效占用。

第七，家庭分散经营制约了农业产业化，难以抗衡大市场的挑战。在目前的耕地制度下，农户各自为战，生产品种复杂，在单一品种上不能形成规模优势，无法进行产品的标准化生产，制约农产品产业链的延伸，既难以培育大型龙头企业，又无法吸引外来大型龙头企业进入，最终使农业产业化经营遭受挫折。农户的家庭分散经营，导致信息缺乏、滞后，科技应用水平低，农产品生产成本较高、生产无标准、品种更新慢、品质差、品种单一，农资供应和农产品运输提供有效服务困难，生产经营具有较大的盲目性，难以适应国内外市场的需求，也难以应对市场的竞争，难以抵御"小农户、大市场"的风险。近些年不断出现的农户"出售农产品难"或卖不出好价的问题，充分说明了分散农户在市场竞争中处于劣势地位，严重影响了农民的增收。这些都表明分散的、零碎的、一家一户的经营方式已经与农业现代化不相容，成为阻碍农业现代化的因素。

二、农村集体经济薄弱成为实现农业现代化的障碍

近些年来，家庭联产承包责任制带来的制度创新对农业生产力的推动

[①] 农业部经管司、经管总站研究组：《构建新型农业经营体系 稳步推进适度规模经营——"中国农村经营体制机制改革创新问题"之一》，《毛泽东邓小平理论研究》2013年第6期。

作用似乎已经消失殆尽，那么农业现代化的道路该如何走下去呢？在一片喧嚣声中，人们纷纷献计献策。但当一部分人把探寻的目光投向土地私有化时，却忘记了家庭联产承包责任制中的一个经营层次——集体经济的作用，只有农村集体经济才能带领中国农业走出目前的困境，并取得农业的大发展。农村集体经济本可以发挥更大的作用，但由于种种原因，集体经济的发展出现了弱化的现象，导致其应有的积极作用发挥不明显，其实"近年来农村出现的种种问题，深究起来都与集体经济薄弱密切相关"[1]。

（一）农村集体经济弱化的表现

第一，整体来看，农村集体经济总量在增长，但增长比较缓慢，表明了农村集体经济的总体实力其实是有所下降的。2017年，全国村级集体经济组织总收入、总支出和可分配收益分别为4627.6亿元、3040.7亿元、2146.6亿元，村均分别为82.2万元、54万元、38.1万元，比2016年分别增长7.8%、7.7%、10.3%。从收入来源看，经营性收入占三成，补助收入增幅最大。经营性收入1494.7亿元，村均26.5万元，居各项收入之首，但占总收入比重从2010年的41.6%连续下降至32.3%；发包及上交收入800.4亿元，占总收入比重为17.3%，村均14.2万元，增长5.4%；投资收益140.7亿元，占总收入比重为3%，村均2.5万元，增长5.7%；各级财政补助收入1129.8亿元，占总收入比重为24.4%，村均20.1万元，增长14%，在各项收入中增幅最大；其他收入1062.1亿元，占总收入比重为23%，村均18.9万元，增长8.4%。[2] 我们可以看到，村集体经济的总体收益虽然呈上涨趋势，其中村集体非经营性收入保持较快增长，但是我们还要看到，这主要来自国家财政补助的增长。与2016年相比较，2017年村经营性收益占总收入的比重由33.3%下降到32.3%，村均减少1.1万元；各级财政补助收入占总收入的比重由23.1%增长到24.4%，村均增长2.5

---

[1] 黄宁莺：《中国农业现代化的制度选择》，北京大学博士学位论文，2004年。
[2] 《2017年村级集体经济组织收支情况》，《农村经营管理》2018年第10期。

第二章　实行家庭联产承包责任制：农业发展的"第一个飞跃"

万元。① 这组数据在一定程度上表明村集体经营能力的下降。

第二，农村集体经济的发展存在不平衡现象。

首先，就全国的村集体而言，村集体实力悬殊，发展极为不平衡。截至 2017 年底，全部统计的 56.3 万个村中，当年无经营收益的村有 26.2 万个，比 2016 年减少 2.6 万个，占总村数的 46.5%。有经营收益的村 30.1 万个，增加 3 万个，占总村数的 53.5%。在有经营收益的村中，经营收益在 5 万元以下的村增至 13.7 万个，占总村数的 24.3%；经营收益 5 万元以上的村增至 16.5 万个，占总村数的 29.2%，提高 4.2 个百分点。按照目前对于"空壳村"的定义，没有经营收益和经营收益在 5 万元以下的"空壳村"有 39.8 万个，比去年下降 4.7%，占比达到 70.8%，降低 4.1 个百分点。② 通过这组数据我们看到，村集体经济尽管有一定程度的发展，但没有经营收益和经营收益 5 万元以下的"空壳村"占比达到了 70.8%，说明有一半以上的村子无集体收益或集体收益不佳，发展农村集体经济存在不同程度的障碍和问题。

在农村集体经济发展中，存在着极大的地区不平衡。从地域分布看，农村集体资产大体呈"6、2、2"分布格局，东部地区资产为 4.2 万亿元，占总资产的 64.7%，中部和西部地区资产大体相当，分别占总资产的 17.7% 和 17.6%。村庄之间资产分布还不均衡，有超过 3/4 的资产集中在 14% 的村。从资产经营收益来看，有 10.4% 的村收益在 50 万元以上，主要集中在城中村、城郊村和资源充沛的村庄。③ 分省看，2015 年，北京、江苏、浙江、山东、广东 5 省（市）的村集体资产总额占全国的 60.9%，比"十一五"末增加 0.7 个百分点。中部地区资产总额由 0.31 万亿元增加到 0.44 万亿元，年均增长 7.6%，占资产总额的比重从 16.6% 降到 15.5%。西部地区资产总额由 0.14 万亿元增加到 0.26 万亿元，年均增长 12.8%，

---

① 将《2017 年村级集体经济组织收支情况》（《农村经营管理》2018 年第 10 期）与《2016 年农村集体经济组织运行情况》（《农村经营管理》2017 年第 8 期）文中数据对比得出的结论。
② 《2017 年村级集体经济组织收支情况》，《农村经营管理》2018 年第 10 期。
③ 《历时三年，全国农村集体家底基本摸清》，《农村经营管理》2020 年第 8 期。

占资产总额的比重由7.6%提高到9%。[①]全国许多地方,尤其是中西部地区集体经济比较薄弱,许多村集体属于无资产、无资源、无企业、无收入的"四无"村。而少数地区坚持走集体经济的村子,凭借地理优势、资源优势大力发展农产品加工业、工业和旅游业,产业之间形成了良性互动,取得了巨大经济效益,并壮大了农村集体经济。所以,全国农村集体经济的总体实力差距和地区差距并不是农村集体经济发展的暂时现象,这种巨大的差距也形成了对农村集体经济发展的巨大挑战。

其次,就农村集体经济内部而言,存在着家庭分散经营和集体统一经营发展的不平衡,主要表现为家庭分散经营层的强势和集体统一经营层的弱势。

自农村改革以来,由于对农业双层经营体制的错误认知,将家庭联产承包责任制片面地理解为"分",认为坚持集体经济"统"的职能是落后保守的体现。再加上改革之初农村集体经济的发展远没有家庭承包经营那样成绩显著,因此我国长久以来的双层经营体制形成了"强分弱统""重分轻统"的局面,农村集体经济出现了日趋弱化或边缘化的现象。很多地方对集体经济组织的职能定位单一,仅仅把农村集体经济组织定位为社会化服务体系的一个层次,看作为家庭分散经营提供服务的组织,而忽视了农村集体经济发展生产、兴办实业、开发资源以及积累集体资产的职能。实行家庭承包经营后,农村可分的土地、山林、池塘等大都承包给了农民,村集体可用来进行资金积累的资源极为有限,有的村已无可发包的资源性资产,致使集体统一经营性资产严重贫乏。"重分轻统"的结果是弱化了本可以由农村集体经济承担的职能,加重了农户分散经营表现出的小农经济的狭隘性和封闭性,生产经营组织化程度越发低下,更加不适应市场经济和规模经营的要求,不利于农业现代化的发展。从全国发展比较好的农村集体经济组织来看,经验之一都是正确处理好了统分结合的双层经营体制中两个层次的关系,并在集体统一经营上下功夫,才增强了集体经济的实力。

---

① 《"十二五"时期村级集体经济组织资产财务状况统计分析》,《农村经营管理》2016年第6期。

与村组集体经营收入相比，家庭经营收入在农村经济总收入和农户全年纯收入中一直占据优势地位。2011年农民家庭全年纯收入为6977.3元，家庭经营纯收入为3222元，占全年纯收入的46.2%；2012年农民家庭全年纯收入为7916.6元，工资性收入3447.5元，家庭经营纯收入3533.4元（来自第一产业的金额为2722.2元，来自第二产业的金额为213.7元，来自第三产业的金额为597.4元），占全年纯收入的44.6%，财产性和转移性收入为935.8元；[①]2013年农民家庭全年纯收入为8895.9元，家庭经营纯收入为3793.2元，占全年纯收入的42.6%。[②]

第三，农村集体负债严重。截至2014年底，村级集体经济组织账面负债总额达10272.5亿元，村均175.8万元，比2013年增长8.9%，村均资产负债率39.3%，较2013年下降0.2个百分点。从负债构成来看，短期应付未付及暂收款项7548.6亿元，村均129.2万元，比2013年增长10.1%，占村均负债的73.5%，较2013年提高了0.8个百分点；短期借款、长期借款及应付未付款项共计2430.8亿元，村均41.6万元，比2013年增长5.9%，占村均负债的23.7%，较2013年下降0.6个百分点；计提应付工资和应付福利费188.0亿元，村均3.2万元，比2013年下降1.9%，占村均负债的1.8%，较2013年下降0.2个百分点；向成员筹集但尚未投入的一事一议资金105.2亿元，平均每村1.8万元，比2013年增长17.3%，占村均负债的1.0%，与2013年持平。统计结果显示，负债总额中，经营性负债1081.3亿元，村均18.5万元，比2013年增长1.6%，占负债总额的10.5%；兴办公益事业负债1101.6亿元，村均18.9万元，比2013年下降3.0%，占负债总额的10.7%。从公益性负债成因看，义务教育负债64.3亿元，村均1.1万元，比2013年减少6.4%，占兴办公益事业负债的5.8%；道路建设负债487.8亿元，村均8.3万元，比2013年增长1.9%，占兴办公益事业负债的44.3%；兴修水电设施负债137.8亿元，村均2.4

---

① 国家统计局农村社会经济调查司编：《中国农村统计年鉴2014》，中国统计出版社2014年版，第263页。

② 国家统计局农村社会经济调查司编：《中国农村统计年鉴2014》，中国统计出版社2014年版，第258页。

万元，比 2013 年降低 1.2%，占兴办公益事业负债的 12.5%；卫生文化设施负债 90.5 亿元，村均 1.5 万元，比 2013 年下降 1.5%，占兴办公益事业负债的 8.2%。①

以上的这些特点，说明了我国农村集体经济发展所面临的巨大困境，也表明了发展农村集体经济的长期性和艰巨性，但是一半以上的农村无集体收益从另一方面也说明了集体经济仍有巨大的发展空间。

（二）农村集体经济弱化引发的问题

我国农村集体经济实力总体呈下降趋势，造成了诸多问题。

1. 农业基础设施建设投入不足

农村的大型基础设施由于有国家投入修建得比较好，但中小型设施很多处于失修损毁的状态。我国现有的农田水利设施大多是 20 世纪五六十年代修建的，其中大部分年久失修，功能老化，配套设施不全，农业保障功能大大下降。全国水库约有 1/3"带病"运行，60% 的排管工程需要维修，许多河道淤积，防洪排涝能力减弱。同时国家在这方面的投入也有所减少，农业基建的固定资产交付使用率从"六五"时期的 81.3% 降到了 1996 年的 48.2%，下降了 33 个百分点。农业基础设施无论在存量还是增量上都不能满足农业发展的要求。

一方面，农户家庭作为农业经营的主体和维修基础设施的最大受益者，理应成为基础设施的主要投入者。但农户家庭分散经营，农民无法有效组织起来，农业积累有限，再加上农民增收缓慢，无力承担如此巨大的维修金额，而且农民有限的收入出现了投资非农化倾向；另一方面，农业基础设施失修，也和农村集体经济薄弱，无力进行维修有关。

---

① 《2014 年村级集体经济组织资产状况》，《农村经营管理》2015 年第 6 期。

表1 农村集体单位和农村居民个人固定资产投资额[①]

（单位：亿元，%）

	全社会固定资产投资总额	农村集体单位固定资产投资	农村集体单位固定资产投资占全社会固定资产投资比重	农村居民个人固定资产投资	农村居民个人固定资产投资占全社会固定资产投资比重
"十一五"期间					
2006年	109998.2	12193.3	11.1	4436.2	4.0
2007年	137323.9	14736.2	10.7	5123.3	3.7
2008年	172828.4	18138.3	10.5	5951.8	3.4
2009年	224598.8	23243.9	10.3	7434.5	3.3
2010年	278121.9	28805.0	10.4	7886.0	2.8
"十二五"期间					
2011年	311485.1	30277.5	9.7	9089.1	2.9
2012年	374676.0			9840.6	2.6
2013年	447074.0			10546.7	2.4

注：农村集体单位固定资产投资从2012年开始没有数据。

从表1我们可以看出，从"十一五"的2006年起，尽管农村集体单位固定资产投资额在逐步提高，从2006年的12193.3亿元增加到了2010年的28805亿元，年均增加3322.34亿元，但农村集体单位固定资产投资占全社会固定资产投资比重却呈下降趋势，从2006年的11.1%下降到2010年的10.4%，"十二五"开年的2011年继续下降，降到了9.7%。农村居民个人固定资产投资的情况和农村集体单位固定资产投资的情况极为相似，农村居民个人固定资产投资从2006年的4436.2亿元增加到2013年的10546.7亿元，但农村居民个人固定资产投资占全社会固定资产投资比重却从2006年的4%下降到2013年的2.4%，降幅高于农村集体单位固定资产投资。这些数据说明，无论是农村集体还是农民个人的农村固定资产投资的比重都在持续下降，无论是农村集体还是农民个人都缺少对农村固定资产投资的主观愿望和实力。这些数据也从一个侧面反映了农村基础

---

① 国家统计局农村社会经济调查司编：《中国农村统计年鉴2014》，中国统计出版社2014年版，第69页。

设施建设投入的不足,这种情况将对农业的继续发展产生不良的影响。

2. 农村集体经济发展后续乏力

在一些没有实体经济的农村,缺乏村级财政资金的稳定来源,村级集体经济收入减少,缺乏发展的稳定性和可持续性。集体收入主要依靠集体资源的发包和租赁,还有部分来自财政补贴、宅基地指标拍卖等有限来源,不能对集体资产进行有效经营和管理,收入渠道单一且收益不高。从收入来源看,经营性收入占三成,补助收入增幅最快。2017年,经营性收入1494.7亿元,村均26.5万元,居各项收入之首,占总收入比重为32.3%;发包及上交收入800.4亿元,占总收入比重17.3%,村均14.2万元,增长5.4%;投资收益140.7亿元,占总收入比重为3%,村均2.5万元,增长5.7%;各级财政补助收入1129.8亿元,占总收入比重为24.4%,村均20.1万元,增长14.0%,在各项收入中增幅最大;其他收入1062.1亿元,占总收入比重为23%,村均18.9万元,增长8.4%。总体上看,村集体本身收入是村总收入的主要组成部分,占集体总收入的75.6%,包括村农业承包收入、村办企业收入、厂房、土地及其他财产租赁费收入、村级农林牧渔的直接经营收入等。自家庭联产承包后,村集体能分、可分的资源基本都分光了,现在村集体可用来经营使用的资源主要集中在一些价值相对较低的"四荒地"和湖面等,无论租赁价格还是开发价值都比较低,即使遇到好的经营项目也没有发展空间。有些村庄集体积累资产使用殆尽,既无可经营性资源又无可开发项目,招商引资能力弱,导致集体经济长期无经营性收入。部分有一定集体经济实力的村庄,也只是维持简单再生产,没有实力促进三次产业融合发展。

人才缺乏是多数村级集体经济继续发展的制约因素。目前来看,多数村级集体经济的管理者年龄大,文化素质不高,既缺少懂得现代经济的管理人才,也缺少懂得现代科技的专业人才。农村所处的地理位置和村集体经济发展缓慢的现状,既无法吸引城市中具有专业知识和专业技能的人才,也无法留住村庄自己培养的人才。缺乏必要的人才支撑,使村集体经济难以步入良性发展轨道。农村集体经济的管理者大多是基层行政干部,他们受专业知识的局限,往往忽视市场经济规律,仅凭个人经验和主观意愿作判断，容易造成经济决策失误和管理效率低下。比如，缺乏现代投资意识，不能根据市场调整投资方向，不做市场调研，盲目投资，致使集体资产流失；没有现代管理理念，管理混乱，资产管理的规章制度不健全，纪律执行不严，监督不到位，责任不到人；法制观念淡薄，办理集体资产租赁、承包等事宜不走法律程序，不懂得运用法律保护集体资产和所有者权益。有些村集体经济的管理者，往往在取得一定成就后，就固守原来的产业和经验，不求有功，但求无过，缺少开拓创新精神和远大抱负，不能制定村集体经济发展的长远规划，也无有力的发展措施；村民整体素质不高，对集体经济的管理者缺乏有效监督，再加上村集体经济的管理者自我约束不够，造成村级领导干部腐败现象呈蔓延趋势。2008年，全国有1739名村支部书记、1111名村委会主任成为涉农职务犯罪案件犯罪嫌疑人。

3. 基层政权职能弱化

村集体经济实力下降和村级债务严重，导致村集体积累资金、开发建设等项发展经济功能难以有效发挥，不能很好地为村民提供公共服务和福利保障，不能带领村民共同发展、共同富裕。这样的村集体没有凝聚力，村干部没有威信，村民不满意，工作就很难开展。这种局面使得本来就缺乏年富力强的人才的农村，越发失去了对农村"精英"人物的吸引力。农村中的"精英"人物一方面更注重自己的发家致富，另一方面对承担村干部职务的困难望而却步。一些村子选不出合适的人来当村干部，即便选出来很多人也不愿意干，不久即辞职或在位而不作为。一些村子经过调整后，村领导班子内部矛盾重重，难以稳定。由于合适的村干部难以产生，一些村子出现了权力的真空，给一些黑恶势力进入村组织以可乘之机。他们一旦渗入村组织，往往为恶一方，对抗政府和政策法规，危害党的威信和人民利益。

基层政权职能弱化的另一个表现就是基层党组织建设的滞后。尽管我国基层党组织设置不断优化，组织覆盖面不断扩大，党员教育和党员管理工作也有所创新和发展，但是总体来看，仍不能适应我国农村发展的需要。从思想认识来看，部分地方领导对农村基层党组织建设重视不足。他们往往片面强调农村经济的发展,强调培养经济能人,追求看得见的政绩,一定程度上忽视农村思想政治建设和基层党组织建设。从农村基层党组织的现实发展来看,也不同程度地落后于农村改革和发展的要求。就农村党员结构来看,男党员多女党员少,年龄大的党员多年轻的党员少,文化程度低的党员多文化程度高的党员少。就党员的素质来看,一些党员不同程度地存在党性观念淡薄、利益至上、思想保守、丧失先锋队意识等问题。就农村基层党组织的日常工作来看,规范性和制度化管理不足;党员的教育和管理滞后;工作方法落后于农村发展的现实要求;梯队建设重视不够。以上现象影响了党对农村工作的领导,也影响了党带领农民发展集体经济、走共同富裕道路的能力。

党的基层组织建设的滞后,基层政权职能的弱化,不仅会使基层政权后继乏人,而且会导致基层组织威信的降低,甚至基层政权的变质。

4. 集体主义观念薄弱

集体经济繁荣,能带给人们实际的利益,人们切实感受到集体经济的优越性,集体主义观念就强;反之,集体经济发展缓慢,提供基本公共服务的能力弱化,影响到农业生产效率的提高和农民生活的改善,减缓共同富裕的步伐,人们的集体主义观念就弱。另一方面,集体主义观念强,可以更好地推动集体经济的发展,否则,没有集体主义精神作支撑的集体经济就缺乏凝聚力,缺乏持续发展的动力。集体经济与集体主义观念相互影响,相互作用,这符合经济基础决定上层建筑,上层建筑可以反作用于经济基础的原理。集体经济组织是培育农民集体主义精神的基地。

一些人借口农村集体经济总体实力下降,大肆宣扬否定集体经济的论调,认为集体经济是低效的、落后的,不适合农业生产的特点,无法有效管理监督,容易产生腐败。他们无视农村集体经济先进典型体现出的必然性和规律性,无视改革开放40多年为农村集体经济继续发展积累的物质成果,无限放大农村改革发展中存在的问题,将集体经济视为罪魁祸首,试图根本否定农村集体经济。他们从绝对对立的角度来看家庭分散经营与集体统一经营的关系,看不到二者对立基础上的一致性,犯了形而上学的错误。在这样的认识误区中,一些人认为市场经济讲究效率和竞争,农民富裕是最重要的，有无集体经济都无关紧要；有些人认为发展集体经济是走回头路，是思想僵化，是"左"的表现，从而心存戒备；甚至还有人认为私有化才适应发展市场经济的要求。这些错误的言论不仅混淆视听，而且给农村中坚持走集体经济道路的人们造成了思想压力，干扰了有关农村政策的正确贯彻和执行，使一些改革措施流于形式，很难落到实处。一些地方曲解党的路线方针政策，片面重视非公有制经济的发展，而忽视巩固和发展集体所有制。一些地方不仅不能正常提供集体经济发展的支持政策，还造成其贷款难、赋税重，甚至强行要求集体企业改制。一些地方将集体企业低价出售、转让，甚至关闭，此类现象时有发生，造成集体资产大量流失，集体经济规模大大缩小，以至于造成集体经济缺乏进一步发展的资源优势，影响了集体经济的后续发展。

正是由于农村集体经济这样的发展现状和舆论环境，人们的集体主义观念淡薄，一些不好的风气在农村抬头。人们只要村民权利，不承担村民义务。人们只要集体的照顾，要集体改善公共环境，要集体提供更多的物质福利，争集体下发的补助、争贷款，办假证明要低保，得逞了就沾沾自喜，"等、靠、要"思想严重；可是不愿为集体做任何事情，哪怕出钱修自己家房后的路，各家各户也攀扯推诿，纷纷逃避出义务工，无政府主义思想严重。大公无私是不合时宜的傻瓜行为，成为笑柄；自私自利大行其道，是识时务的表现。不愿意踏踏实实地勤劳致富，幻想投机取巧、一夜暴富，好逸恶劳之风大涨。老有所依的风气受到挑战，甩掉赡养老人的包袱是精明的表现。利益至上，其他的都是虚幻，黄赌毒现象重新抬头。只问钱多少，不问钱的来路，笑贫不笑娼的风气暗涨。只注重眼前利益，不注重长远利益；只要利益驱动，不要信仰支撑。这样的风气和村民思想道德素质反过来也会对农村集体经济的发展产生消极影响。

第四节　邓小平领导的农业"第一个飞跃"的几点启示

以废除人民公社管理体制、实行家庭联产承包为主要内容的农村第一步改革，冲破高度集中的计划体制，建立了适应农村生产力水平和农民文化水平的管理体制，取得了改革的成功，并为农村第二步改革打下基础。回顾农业"第一个飞跃"的历史进程，其中蕴含着丰富而深刻的经验教训，给我们多方面的启示。

一、解放思想才能实事求是，否则农村的改革寸步难行

实事求是是毛泽东思想的精髓，但其晚年的理论观点却成为发扬实事求是的障碍。如果不解放思想，消除"左"的思想的影响，做到实事求是是不可能的。同样，不解放思想，不打破"左"的东西的束缚，要废除人民公社管理体制，实行家庭联产承包责任制也是不可能的。邓小平多次指出，解放思想是马克思主义的一个科学命题，是马克思主义的本质要求，是无产阶级世界观的重要表现。坚持解放思想、实事求是必须坚持这几点：首先，解放思想，必须在马列主义、毛泽东思想的指导下进行，否则就只能是胡思乱想，不是真正的解放思想，也做不到实事求是；其次，解放思想要打破习惯势力和主观偏见的束缚，人们的思想才能得到自由，认识才能发展；再次，解放思想必须研究新情况解决新问题。解放思想和实事求是的一致性在于，其实质都是使主观和客观相符合，其实现途径都是社会实践，其目的都是研究新情况、解决新问题。正是坚持了解放思想、实事求是，才在全国范围内开展了农村的第一步改革，并取得了巨大的成功。

二、尊重人民的首创精神与坚持党的领导相统一

在构成生产力的诸因素中，劳动者起着最终的决定作用。生产力发展的快慢与劳动者主观能动性的发挥密切相关。包产到户的形式是长期以来农民在实践中自发形成的，符合农业生产特点，也符合农民利益。作为最直接、最深切接触农业生产的农民来说，何种生产方式最合适，他们最有发言权。同时他们具有最朴素的智慧，可以在实践中创造出新的生产方式。但是，中国的农业改革如果没有党的政治支持和正确领导就无法给予家庭联产承包责任制以合理和合法的地位，无法破除各方面的阻力，也无法深入推进和广泛开展。

尊重农民首创精神，尊重农民主体地位，不忽视、不压制农民的首创精神，并对农民的首创精神因势利导，争取发挥最大作用。尊重农民首创精神，还包括坚持因地制宜，不违背农民意愿，不强制推行一种模式，鼓励农民积极创造适合当地生产力水平的生产方式，允许农民多渠道、多方式、多样化的探索，不强加干预。坚持党的领导，就是坚持党对农村改革和发展的领导，坚持党在农村的基本政策，坚持农村基层组织和基层政权建设，完善党在农村工作的体制机制和管理方法，保持党同农民的血肉联系。尊重农民首创精神与坚持党的领导统一于中国农村改革和发展的实践中。缺少党的正确引导，农民往往只顾眼前利益，缺乏战略性规划，容易走弯路；不尊重农民首创精神，党的领导就会缺乏最基础的实践根据，容易出现偏差，并丧失农民的拥护和支持，丧失最广大的群众根基。

三、用实践结果来回答问题，初步体现了生产力标准

当农村改革之初，一些地方对家庭联产承包责任制持怀疑和观望态度的时候，邓小平并没有急于推行，而是先从理论上廓清实践是检验真理的唯一标准，打下了舆论基础，然后一步步引导。不搞强迫命令，愿意搞的就搞，不愿意搞的也不勉强，什么时候想通了再什么时候搞。让人们慢慢看，慢慢比较，打破疑虑，心悦诚服地接受家庭联产承包。这样的做法，其实减少了改革的争论和阻碍，争取了时间，用农村改革的实际效果证明了优越性，说服和教育了人们。由于人们是在自己的思考和比较中主动选择家庭联产承包，它才会在几年的时间里迅速在全国推行开来，这样的推行速度一方面来自党的政策引导；另一方面则来自改革的成绩所彰显的吸引力。这样的做法既遵循了农业的客观经济规律，也遵循了实践与认识反复相互论证的实践—认识—再实践—再认识的客观认识规律。用家庭联产承包的实践结果来证明其正确性，其实就是用农业生产力发展的现实成绩来证明社会主义经济政策的合理性和社会主义的优越性，也就是邓小平一贯强调的生产力标准：社会主义首先要使生产力发展，这是主要的，也是最重要的"压倒一切"的标准。如果生产力不发展，人民生活水平不提高，怎么体现社会主义的优越性？如果社会主义的发展速度比资本主义慢，社

会主义国家的人民生活质量不如资本主义国家的人民，怎么让人民相信社会主义？人民是最朴素也是最实际的，"空讲社会主义不行，人民不相信"①。

四、将生产关系拉回到适应生产力的水平

将超越生产力水平的生产关系向后拉，拉回到适应真实的生产力水平，在当年是一种大胆的"退步"，但这是有利于前进和长远发展的"退"，这需要巨大的政治勇气和魄力。这种"退"其实是"进"，是为了"进"，是主观认识必须符合客观实际、理论必须和实践相统一的客观要求的体现。对我国生产关系的正确认识要经历一个不断反复的过程。生产关系不仅要"退"，而且形式要多样，不能不顾各地的差异而"一刀切"，至于何种生产关系合适需要人们根据各地的不同条件和实际情况进行选择。但是我们要知道，这种生产关系的后退，从整个农业发展的大历史过程来看，只是其中的一个阶段，是一种暂时的"退"。这种生产关系的"退"，也并不是认同农户分散的家庭经营是农业发展的方向，而是在我国当时的农业生产力水平下，将家庭分散经营引入合作经济，新型的家庭经济成为合作经济的一个特殊层次，可以逐步积累起属于集体所有的、不可分割的公共资产来，这样才能重新找到集体资产新的生长点。农业统分结合的双层经营体制中的家庭经营不同于私有的个体经济，它和集体统一经营相结合，是不可分割的两个层次。集体统一经营处于主导地位，引领农业发展的方向。没有集体统一经营的存在与发展，家庭分散经营与个体经济无异，其自发的发展趋势可能走向私有化。因此，农业集体经济是家庭分散经营沿着社会主义方向发展的保障。农业改革时生产关系的"退"是符合农业生产实际和农业需要的，是正确的；将来，农业生产力水平发展了，生产关系的"进"也是对的，也是符合农业发展的大局和需要的。

---

① 《邓小平文选》第 2 卷，人民出版社 1994 年版，第 314 页。

第三章

适度规模经营和集体化：农业发展的"第二个飞跃"

20世纪90年代，邓小平正式提出农业"两个飞跃"的思想。1990年3月3日，邓小平与中央领导人谈话时说："中国社会主义农业的改革和发展，从长远的观点看，要有两个飞跃。第一个飞跃，是废除人民公社，实行家庭联产承包为主的责任制。这是一个很大的前进，要长期坚持不变。第二个飞跃，是适应科学种田和生产社会化的需要，发展适度规模经营，发展集体经济。这是又一个很大的前进，当然这是很长的过程。"[①] 两年后的1992年，他再次阐发了这个观点："在一定的条件下，走集体化集约化的道路是必要的。……我讲过，农业的改革和发展会有两个飞跃，第一个飞跃是废除人民公社，实行家庭联产承包为主的责任制，第二个飞跃就是发展集体经济。……农村经济最终还是要实现集体化和集约化。……仅靠双手劳动，仅是一家一户的耕作，不向集体化集约化经济发展，农业现代化的实现是不可能的。就是过一百年二百年，最终还是要走这条路。"[②] 邓小平的农业"两个飞跃"思想是对我国农业改革多年的经验总结，也是结合世界农业发展趋向和我国农业经营体制，对我国农业在实践的发展中不断衍生出的新问题的回答，是对我国农业发展阶段性、渐进性和趋向性进行深入思考得出的科学结论。农业"两个飞跃"思想体现了在艰难而漫长的农业现代化发展过程中对社会主义的坚守，揭示了现代农业发展

---

① 中共中央文献研究室编：《邓小平年谱（1975—1997）》（下），中央文献出版社2004年版，第1310—1311页。

② 中共中央文献研究室编：《邓小平年谱（1975—1997）》（下），中央文献出版社2004年版，第1349—1350页。

规律和具有中国特色的社会主义农业发展规律，对我国农业的改革和发展具有深远的意义。

第一节　邓小平农业现代化思想的变迁及农业"两个飞跃"的提出背景

邓小平在农业实践过程中对农业现代化的认识不断深化，并日渐认识到农业现代化发展的艰巨性。

一、邓小平对农业现代化内涵认识的深化

中国的国情和中国农业发展的状况是不断变化的，邓小平对农业现代化内涵的认识也随之有一个逐步变迁和完善的过程。早在20世纪60年代，邓小平就提出了现代化是一个随着时代变迁而不断变化的概念的认识，认为现代化是一个不断创新和发展的动态范畴，"每个时期的现代化，内容不同"，因为"发展生产力总是做不完的"[①]，即生产力总是在变化的，从而反对把农业现代化的内涵固化，而把农业现代化看作一个发展变化的过程。这种认识有利于随着实践的发展而重新解读农业现代化的内涵。

20世纪初，国际上普遍把农业现代化理解为通过使用机械、化肥等物质手段，扩大耕地面积，大量节省劳动力，从而提高农业劳动生产率。刚刚开始农业现代化建设的新中国对农业现代化内涵的认识没有摆脱国际上此种认识的影响，把农业现代化理解为农业机械化、水利化、化学化、电气化。邓小平在这一阶段也是从这四个方面来理解农业现代化的。他说："解决农业问题，水利非常重要。光有机器还不行，要修水利，精耕细作。我们要花十几年的时间实现机械化、水利化、化肥化、电气化。"[②]

在20世纪五六十年代，邓小平是赞成毛泽东"农业的根本出路在于机械化"的思想的。他多次提到农业机械化的重要性："大规模的合作经

[①] 中共中央文献研究室编：《邓小平文集（1949—1974年）》下卷，人民出版社2014年版，第174页。

[②] 《改革开放三十年研究文集》，中央文献出版社2009年版，第178页。

第三章 适度规模经营和集体化：农业发展的"第二个飞跃"

济必须实现机械化才有可能"①，"农业必须逐步机械化"②，"不实现农业机械化，就不能说改变了落后面貌"③。但邓小平在党内比较早地认识到把农业现代化仅理解为机械化的局限。邓小平认为，我国的现实国情是人地矛盾的激化，想在如此细碎的土地上获得更多的收成，不仅推广机械化作业很困难，而且单靠机械化也解决不了农业的问题，还要加强农业科学研究，还要依靠科学工作。他认为，有些搞农业的人还没有真正解放思想，还局限在"只要有了农业机械化就行了"的认识上，说到底是"还不知道什么是现代化农业，不知道我们究竟应当怎样搞现代化农业"④。过去把机械化作为农业现代化的重点或核心内容，是过于注重外部投入的新的工业物资对农业的影响，而忽视了借助科学知识的力量从农业内部改变农业的生产模式。这种认识既不符合农业生产特性，也不符合中国国情，邓小平对此明确地说："农业现代化不单单是机械化，还包括应用和发展科学技术等。"⑤

邓小平对农业现代化认识的重要突破，就是把发展农业现代化的重心放在了依靠科学技术现代化和提高劳动者的素质上。一方面，邓小平适应农业科技进步和时代变化发展的要求，看到了科技应用对农业生产、内涵、结构和体系的重大影响，认识到现代科学技术在农业的广泛推广和应用有利于农业现代化的发展。他多次阐述这样的观点："从科学方面来说，要发展农业，需要有生物学的发展，气象学的发展，土壤学的发展，遗传学的发展。"⑥ "提高农作物单产，发展多种经营，改革耕作栽培方法，解

---

① 中共中央文献研究室编：《邓小平文集（1949—1974年）》中卷，人民出版社2014年版，第200页。
② 中共中央文献研究室编：《邓小平文集（1949—1974年）》中卷，人民出版社2014年版，第358页。
③ 中共中央文献研究室编：《邓小平文集（1949—1974年）》下卷，人民出版社2014年版，第30页。
④ 中共中央文献研究室编：《邓小平年谱（1975—1997）》（上），中央文献出版社2004年版，第303页。
⑤ 《邓小平文选》第2卷，人民出版社1994年版，第28页。
⑥ 中共中央文献研究室编：《邓小平年谱（1975—1997）》（上），中央文献出版社2004年版，第303页。

决农村能源，保护生态环境等等，都要靠科学。"[1] "农业的发展一靠政策，二靠科学。科学技术的发展和作用是无穷无尽的。"[2] 农业问题"最终可能是科学解决问题"[3]。"中国解决农业问题要搞生物工程"[4]，将来农业问题的出路"最终要由生物工程来解决，要靠尖端技术。对科学技术的重要性要充分认识"[5]。从"农业的根本出路在于机械化"到农业的出路"最终要由生物工程来解决，要靠尖端技术"，是对农业现代化认识的一个突破，体现了大农业现代化的思想，涵盖了农业机械化、技术现代化、管理现代化的内容，并以科学技术的现代化为其核心内容。在广泛运用工业技术成果如机械、化肥、农膜等的基础上，依靠生物和信息等高新技术建立我国农业的科技创新体系，逐步实现我国农业的巨大进步。这一认识吸收了发达国家农业与现代科学相结合的有益经验，使我们对农业现代化的认识及时跟上了时代发展的步伐，为根本解决我国农业发展问题提供了正确的指导思想。

另一方面，邓小平认识到农业劳动者素质的提高对农业现代化发展的积极意义。农业劳动者素质，尤其是他们掌握现代科技的水平及应用能力往往决定了我国农业能否实现现代化或以何种速度实现现代化。他说："今天，由于现代科学技术的日新月异，生产设备的更新，生产工艺的变革，都非常迅速。许多产品，往往不要几年的时间就有新一代的产品来代替。劳动者只有具备较高的科学文化水平，丰富的生产经验，先进的劳动技能，才能在现代化的生产中发挥更大的作用。"[6] 他一方面强调要加强农业科学研究和农业科技专门人才的培养；另一方面强调从农民中培养人才，将农村中大量受过中等教育的青年农民"培养成土专家，让他们在农村发

---

[1] 中共中央文献研究室编：《邓小平年谱（1975—1997）》（下），中央文献出版社2004年版，第882页。

[2] 《邓小平文选》第3卷，人民出版社1993年版，第17页。

[3] 中共中央文献研究室编：《邓小平年谱（1975—1997）》（下），中央文献出版社2004年版，第1282页。

[4] 中共中央文献研究室编：《邓小平年谱（1975—1997）》（下），中央文献出版社2004年版，第1137页。

[5] 《邓小平文选》第3卷，人民出版社1993年版，第275页。

[6] 《邓小平文选》第2卷，人民出版社1994年版，第88页。

挥作用"①。

二、邓小平对实现农业现代化艰巨性的认识不断清晰

1975年7月11日，邓小平同当时四川省委第一书记刘兴元谈话，强调四川要树立"农业第一"②的思想。同年的8月18日，邓小平在国务院讨论国家计委起草的《关于加快工业发展的若干问题》时进一步强调"农业第一"的思想："工业越发展，越要把农业放在第一位。"③"农业第一"不仅意味着农业的地位是首要的，而且还表现为农业的发展、实现农业现代化是"第一难题"。这说明经过了将近26年的农业建设，邓小平渐渐认识到实现农业现代化的困难。

新中国选择的是优先发展重工业的战略，因此在20世纪五六十年代的时候，邓小平是从工农业的关系，从农业发展滞后对工业制约的角度来谈农业发展的。从一定意义上说，那个时候谈农业，并不是着眼于农业的发展，而是农业的发展状况对工业的影响。1954年12月6日，邓小平在《在全国农村基层组织座谈会上的讲话要点》里谈道："搞五年计划，最感困难的还是农业生产赶不上。农业生产完不成计划，不能保证城市的需要，不能保证工业用的原料，不能保证出口的需要，其他计划就要受影响。"④"社会主义经济是按比例发展，现在这个比例有问题，最大弱点就是在农业方面。我们要看到农村工作的重要性，如果我党不能克服农村工作方面的弱点，势必要影响工业计划的完成。"⑤1960年10月8日，邓小平在《关于成立中央局的说明》中说"解决农业问题是最费力、最难

---

① 中共中央文献研究室编：《邓小平年谱（1975—1997）》（下），中央文献出版社2004年版，第949页。
② 中共中央文献研究室编：《邓小平年谱（1975—1997）》（上），中央文献出版社2004年版，第67页。
③ 《邓小平文选》第2卷，人民出版社1994年版，第29页。
④ 中共中央文献研究室编：《邓小平文集（1949—1974年）》中卷，人民出版社2014年版，第201页。
⑤ 中共中央文献研究室编：《邓小平文集（1949—1974年）》中卷，人民出版社2014年版，第201页。

的"①；他在 1961 年的《搞建设必须适合自己国家的情况》中又提到"解决农业问题比搞工业困难"②；1963 年 8 月 20 日，他又一次明确提到"现在我们的弱点基本在农业"③。

  进入 20 世纪八九十年代后，经过了农业基本经营体制的改革，农业发展尽管出现了可喜的势头，但仍然面临很多难题。这个时候邓小平再提到农业发展的困境，则是从农业本身的发展问题出发，真正认识到由于农业资源禀赋、劳动者素质、科技水平、机械化程度、其他产业发展水平等的制约，我国农业现代化的实现将是异常困难并漫长的事情。农业现代化的发展进程将关系整个国家建设全局。1975 年 9 月 15 日，邓小平在全国农业学大寨会议上讲："四个现代化，比较起来，更加费劲的是农业现代化。"④ 1975 年 9 月 26 日，邓小平说："农业搞不好就要拖工业的后腿。"⑤ 1977 年 12 月 6 日，邓小平和王震、罗瑞卿、张爱萍、洪学智听取第三、第五、第六机械工业部主要负责人汇报时讲："有两个问题可能拖我们的后腿，一个是管理水平、技术水平问题，另一个是农业问题。"⑥ 1978 年 10 月 3 日，邓小平在会见以颂汶为团长的泰国新闻代表团时说："从我们的经验来看，解决农业问题比解决工业问题更难。"⑦ 1979 年 5 月 16 日上午，邓小平在会见以大畑忠义为团长的日本时事通讯社代表团时说："中国的经济必须要照顾到农业。我们中国人口将近百分之

---

  ① 中共中央文献研究室编：《邓小平文集（1949—1974 年）》下卷，人民出版社 2014 年版，第 63 页。
  ② 中共中央文献研究室编：《邓小平文集（1949—1974 年）》下卷，人民出版社 2014 年版，第 71 页。
  ③ 《邓小平文选》第 1 卷，人民出版社 1994 年版，第 335 页。
  ④ 中共中央文献研究室编：《邓小平年谱（1975—1997）》（上），中央文献出版社 2004 年版，第 98 页。
  ⑤ 《邓小平文选》第 2 卷，人民出版社 1994 年版，第 32 页。
  ⑥ 中共中央文献研究室编：《邓小平年谱（1975—1997）》（上），中央文献出版社 2004 年版，第 245 页。
  ⑦ 中共中央文献研究室编：《邓小平年谱（1975—1997）》（上），中央文献出版社 2004 年版，第 393 页。

八十在农村，农业不前进，一定要拖工业的后腿。"①1986年6月10日上午，邓小平在听取当前经济情况汇报时说："有两三个问题，如果解决得不好，将会影响我们经济的发展。一是农业，主要是粮食问题。"②1987年5月24日，邓小平在钓鱼台国宾馆同即将到天津参观的金日成话别时说："我们现在真正的问题是农业问题……很可能整个九十年代我们其他方面都很顺利，就是农业不顺利，我们担心的是这个问题。"③1989年4月8日，邓小平在会见多哥总统纳辛贝·埃亚德马将军时仍然说："对我们来说，最难解决的不是工业，而是农业。"④

邓小平在不同时期关于农业发展问题的讲话，充分体现了他对农业发展的长期性和艰巨性的深刻认识，同时他也充分认识到农业现代化在整个中国现代化进程中的地位和作用。没有农业现代化的实现，中国现代化无从谈起。

三、邓小平关于农业"两个飞跃"思想提出的历史背景

邓小平的农业"两个飞跃"思想是在中国农业改革12年后提出来的，经过12年改革，中国农业的结构、经营制度、生产方式都发生了重大变化。一方面家庭联产承包责任制促进了农业生产力的发展；另一方面也进一步暴露了农业"第一个飞跃"的局限。而邓小平的"两个飞跃"思想就是在对中国农业发展经验和发展现状重新思考，并结合世界农业发展趋势的基础上得出的科学结论。

（一）从国际看，是对世界农业发展形势的回应和借鉴

进入20世纪中后期，世界农业的发展呈现出许多新的特点，科技对

---

① 中共中央文献研究室编：《邓小平年谱（1975—1997）》（上），中央文献出版社2004年版，第514页。
② 中共中央文献研究室编：《邓小平年谱（1975—1997）》（下），中央文献出版社2004年版，第1120页。
③ 中共中央文献研究室编：《邓小平年谱（1975—1997）》（下），中央文献出版社2004年版，第1191页。
④ 中共中央文献研究室编：《邓小平年谱（1975—1997）》（下），中央文献出版社2004年版，第1271页。

农业的贡献率不断增加，农业劳动生产率进一步提高；农业结构趋于高级化；农业市场化、商品化导向加深，农产品商品率大大提高；农业生产经营的产业化、规模化、一体化、组织化不断加强；农业集约化经营和可持续发展受到普遍关注，农业生态观念不断加强；农业人口向非农产业和城市转移的进程加快，全球农产品大幅度增加，而农业人口比重减少；由于农业一体化和产业化，农工商日渐融合，工农差别和城乡差别日渐缩小；与世界经济全球化和一体化发展进程相适应，世界范围内的农业关联日渐密切，农产品国际贸易空前活跃。正是在对世界经济和农业发展新动向清醒认识和主动借鉴的基础上，邓小平才提出了适合中国农业发展新阶段的"两个飞跃"理论。

（二）从国内看，是对中国农业发展中出现新问题的解答

以家庭联产承包为主的责任制的实行，促进了我国农业和农民收入连续几年的增长，但是到20世纪80年代中后期，我国农业和农民收入增长呈下降趋势。粮食年产量在4亿吨左右徘徊，农民人均纯收入年均增幅降至2%—3%，出现了农村改革后的首次徘徊。1989年到1991年，年均增长仅为1.2%，其中1989年为-1.6%，与1990年两年合计仅增长1元钱。城乡居民收入和消费比例再次拉大，恢复到改革前的水平，农业的发展缺乏后劲。

总的概括起来，农业的问题表现在以下几个方面：第一，农业劳动生产率低的状况只不过在前几年农业产量增加、农民增收的情况下得到了暂时的掩盖，并没有得到根本改变。1978年到1987年我国的农业劳动平均复合增长率为5%，是新中国成立以来的最好水平，但与其他国家相比仍然很低，仅为同期"日本的1/3，苏联的1/4，不到美国的2%"[①]。第二，农村剩余劳动力进一步转移出现问题。乡镇企业发展进入转型困境，吸纳农村剩余劳动力能力减弱。但与此同时，由于我国农业人口基数大，自然增长率高的局面并未有所改变，农村人均耕地面积随之减少，出现了大

---

① 刘德定：《邓小平的"两个飞跃"思想与中国农业现代化的两种模式》，《社会主义研究》2014年第4期。

量的农业隐性失业人口。第三，实行家庭联产承包责任制后，重"分"轻"统"的弊端愈发凸显。集体经济薄弱，无法为农民提供社会化服务，农田水利、基础设施建设也削弱了，农村基层组织不能统筹规划农业和农村发展，同时无法承担农村发展的经济和社会职能。

从国际和国内农业发展的现实出发，邓小平认识到，以家庭承包经营为基础的统分结合的双层经营体制无法真正破解我国农业现代化发展中出现的问题，无法成为我国农业未来发展的导向。因此，在20世纪90年代，结合我国农业发展实际和世界农业发展的经验，邓小平的农业"两个飞跃"思想前瞻性地提出发展适度规模经营和集体经济，作为我国农业未来的发展方向，以破解我国农业出现的问题，引导农业向集体经济发展，来实现社会主义的农业现代化。而我国经过十几年农业改革所取得的物质成果也成为我国能够在农业发展新阶段进行转型的有利条件。

第二节　邓小平关于农业"第二个飞跃"思想的基本内容及"两个飞跃"思想的辩证关系

一、邓小平关于农业"第二个飞跃"思想的基本内容

（一）家庭联产承包责任制是低水平的集体经济

1. 家庭联产承包责任制仍然是集体经济

仍然肯定家庭联产承包责任制是集体经济，往往是从这样几个层次来认识的：第一，最基本的农业生产资料——土地，仍然是集体公有，在生产资料所有制上坚持了社会主义公有制；第二，在分配方式上贯彻的主要是按劳分配、多劳多得的原则，即所谓"交足国家的，留够集体的，剩下全是自己的"；第三，家庭经营是统分结合的双层经营体制中的一个经营层次，是集体经济内部的一个经营层次，是"组织规模不等、经营方式不同的集体经济"[①]。

---

① 中共中央文献研究室、国务院发展研究中心编：《新时期农业和农村工作重要文献选编》，中央文献出版社1992年版，第116页。

2. 家庭联产承包责任制是低水平的集体经济

家庭联产承包责任制是集体经济,但它是"低水平"的集体经济。为什么说是"低水平"呢？第一,就全国的农业生产力水平来说,这种统分结合的双层经营体制毕竟是在生产力水平比较低的情况下形成的,具有严重的局限性。在这种体制发展的40多年间,尽管农业产量有增加,农业也有较大发展,但由于农户的分散经营,农业呈现出小农经济的某些特点。在市场经济条件下,尤其在经济全球化背景下,分散的小规模的家庭经营力量微弱,抵御自然风险和来自国内外的市场风险的能力低。这种农业经营体制对农业生产力水平的提升毕竟有限,与发达国家的距离还很远;第二,总体来看,在实行家庭联产承包责任制以后,农业集体经济实力不足,出现弱化的倾向,统一经营的内容少,或者说实际上处于"有分无统"的局面。事实上,不少地方即便在人民公社时期,除了公有的耕地外,集体经济就没有积累起多少公有资产。因此,在实行家庭承包经营之后,尽管保留了土地的集体所有制,但由于一些地区甚至连集体原有的其他主要生产资料,如大型农业机械和集体财产也一分了之,集体经济基本上就没有多少统一经营的内容了。这导致集体经济发展缺乏必要的积累,对农村的公共服务、基础设施、保障福利、文明风气等无法顾及,发展缺乏后劲。当家庭承包经营失去了其所依托的集体经济的时候,离开了集体"统"的功能的发挥,其实质上就是个体小农经济。中国社会科学院的赵智奎研究员认为当"集体的积累是'零'的时候,集体经济已经不存在了"[①]。这种生产力水平低、实力弱、发展慢的集体经济当然是"低水平"和"不合格"的集体经济,与农业"第二个飞跃"要实现的高水平的集体经济还有比较大的差距。

3. "高水平"集体经济的特点

如果说家庭联产承包责任制是低水平的集体经济,那么什么是高水平的集体经济呢？其实,所谓的"高水平"并不是一个固化的认识和概念,

---

① 章玉丽:《我国农业改革和发展的根本方向：大力发展集体经济——访中国社会科学院研究员赵智奎》,《马克思主义研究》2016年第8期。

第三章　适度规模经营和集体化：农业发展的"第二个飞跃"

而是随着实践和生产力的发展不断接近我们理想中的目标和状态的一个不断提高和发展的过程。我们所理解的高水平集体经济某种意义上是一种相对的概念，是相对于目前低水平的集体经济，即家庭联产承包责任制来说的。大体上"高水平"的集体经济具有以下几个特点：第一，这个"高水平"主要体现在农业生产力水平的提高上。农业生产力水平的提高则体现在农业中能够应用先进的物质技术手段，农业生产的管理水平提高，农业的社会分工基本实现了专业化，即所谓实现了"科学种田和生产社会化"；第二，"高水平"集体经济体现在农业的生产组织形式从家庭分散的联产承包走向了适应科学种田和生产社会化的适度规模经营，统分结合的双层体制则由家庭分散经营为主的低层次过渡到以集体统一经营为主的高层次；第三，农村集体经济实力有较大增强，能够对农村的公益事业、基础设施建设、规划发展等有一定统筹和负担能力，农民生活水平普遍有较大提高，超越小康水平，农民生活方式有比较合理的较大改变。

但是我们要注意到，尽管家庭联产承包责任制是低水平的集体经济，但是目前它还有一定的生命力，一定程度上还符合农村生产力的发展水平，符合"公有制实现形式可以而且应当多样化。一切反映社会化生产规律的经营方式和组织形式都可以大胆利用"[①]的要求。因此，将来生产发展了，要推动其经营方式和组织形式向着农业"第二个飞跃"发展，将集体经济由"低水平"发展到"高水平"。但这将是个很长的过程。

4. 家庭承包经营与集体经济的关系

家庭承包经营属于集体经济的一个经营层次，因此把它排除在集体经济之外是不合适的。但它毕竟是邓小平所说的"第一个飞跃"的主要内容，是农业"第二个飞跃"要发展的"高水平"的集体经济要超越和扬弃的"低水平的""不合格的""虚化的"集体经济，"高水平"的集体经济正是要突破家庭承包经营的局限性。长期稳定家庭联产承包责任制并不表示这一制度是一成不变的，作为与落后的农业生产力水平相适应的"第一个飞

[①] 《高举邓小平理论伟大旗帜，把中国特色社会主义事业全面推向二十一世纪——在中国共产党第十五次全国代表大会上的报告》（1997年9月12日），《江泽民文选》第2卷，人民出版社2006年版，第20页。

跃",它必然要被"第二个飞跃"所替代。尽管集体经济是以家庭承包经营为基础不断完善和发展起来的,家庭承包经营是实现集体经济的具体形式之一,但家庭经营形式毕竟是适应农业发展初期的生产力水平的较低的阶段。片面夸大现阶段家庭承包经营的作用和地位,甚至说它是"农村集体经济最有效的实现形式"①,是"我国农业生产过程中最佳的组织形式"②,其结果必将是固守家庭承包经营模式,忽视"第二个飞跃"的意义,背离社会主义农业发展的方向和目标,实现不了农业发展的新突破。

(二)"发展适度规模经营"

1. 适度规模经营的含义

什么是适度规模经营?适度规模经营"指的是在既有条件下,适度扩大生产经营单位的规模,使土地、资本、劳动力等生产要素配置趋向合理,以达到最佳经营效益的活动"③。适度规模经营是在我国农业转型期,为了克服我国农地细碎化、超小规模经营对我国农业发展的制约,以适度扩大农地规模获取农业经营效益、增加农民收入为目的的农业生产经营方式的改变。

什么是适度?适度规模经营的内涵关键在"适度"上,那么到底什么样的规模经营才是"适度"的呢?目前在这个问题上存在一个较大的认识误区,就是认为农业规模化经营主要是根据经营单位耕地面积的大小,土地越多越集中,越有规模。但是,判断土地规模经营是否适度,不能仅依据面积规模大小这个唯一的标准,还要综合考虑其他因素,包括:土地产出率、劳动生产率、农产品商品率,以及该土地经营的最低规模使农民经营者的年收入水平不低于当地从事其他产业者的收入,能够符合当地生产力水平,实现农业劳动力、农业机械的最大和最佳耕种面积,符合不同地区的土地资源禀赋,适应当地的农业劳动力转移情况,农业劳动者的经营管理水平等。

---

① 黄祖辉:《论农户家庭承包制与土地适度规模经营》,《浙江社会科学》1999年第4期。
② 陈爱玉:《邓小平关于农业的"两个飞跃"思想与实践》,人民出版社2009年版,第281页。
③ 许庆、尹荣梁、章辉:《规模经济、规模报酬与农业适度规模经营——基于我国粮食生产的实证研究》,《经济研究》2011年第3期。

2. 判定土地经营规模是否适度的标准和依据

尽管判断土地经营规模是否适度的因素有很多，但是判断土地经营规模是否适度的最重要的标准是什么？在我国当前的经济发展水平和资源禀赋制约条件下，农业规模最重要的是产生最佳农业经济效益，即以能否实现农业经营者最大经营收益的生产规模作为评价标准和依据。农民的经营收益，其实是一个效益指标，是经营质量的反映。长期以来，我国的农业政策希望达到国家粮食安全、主要农产品供给有效和农民收入稳定增长的双重目标。但在实践中，由于农业比较效益低，增产与增收并不总是一致。对于农户而言，确切地说，农民并不关心农业的发展，只是关心农业给其带来具体收益的多寡。农民对土地经营规模的选择偏好，主要是看哪种土地经营规模能够在降低成本、增加农产品产量的基础上，为其带来最大的经济收益。换句话说，农民选择扩大土地经营规模绝不单纯是为了降低农产品的成本和增加农产品的产量，其目的是在降低成本、增加产量的基础上能够实现效益最大化，而降低成本和增加产量不过是实现利益最大化的途径而已。如果农民总的收益增加了，那么农业成本是否降低，农业劳动率是否提高，农产品商品率是否增加都不是他们关心的内容。农民的这种选择符合其在社会主义市场经济条件下作为独立的商品生产者和经营者的理性价值取向。因此，土地面积的大小、农业劳动生产率、土地产出率尽管也是考察土地经营规模是否适度的依据，但是作为农业经营的主体和直接受益者，农民的经营收益情况应该是考察农地经营规模效率的主要标准。一般来讲，农民经营收益佳也意味着其他的判断指标处于比较好的状态。农地经营规模的收益决定了农民的选择偏好，也决定了适度规模经营能否真正推行，从而既可以实现农民自身的效益也可以实现社会效益，实现国家宏观的农业目标和诉求。

以上提出的判断农业规模是否适度的标准和依据，其实只是提出了一个基本的目标和原则。决定农业规模是否适度的标准不会如此简单，因为各地的客观情况不同且处于不断变化和发展的过程中。所以，"规模"是一个要依据当地时间、地点、条件不断变化而不断调整的动态概念。适度规模经营成为我国农业实现规模发展的特有称谓，有的时候即便省略掉

"适度"两个字，人们也会理解为适度规模经营。

3.对"土地规模经营危害论"的反驳

是否应该发展土地适度规模经营以及土地规模经营是否有效率是国内学者争议比较大的问题，甚至有人还主张用"适宜小农经济的思路来解决农业问题"①，这无疑是历史的倒退，无益于解决中国的农业问题。

第一，我国农业必须走适度规模经营之路，除此以外，别无办法来有效解决我国农业出现的系列问题。我国农业发展制约因素之一就是经营规模小，2016年中国有2.2亿农户，"户均经营规模只有半公顷，加上流转的土地，大约是户均0.7公顷"②。这样的农地规模尚不足以小规模经营著称于世的日本的一半，且日本已经认识到小规模之害并一直努力改变这种状况，其农地规模在缓慢扩大。我国如此小的农地经营规模，必然妨碍农业机械化的使用，农业科技的转化率，农产品商品率和农业劳动生产率的提高，加重了农业比较效益低下的情况，最终的结果是农民的收入无法提高，影响我国农业安全和农业现代化的实现。因此，在我国实行家庭联产承包责任制9年后的1987年，中央五号文件中第一次明确提出要采取不同形式实现适度规模经营以来，中央在历年的文件中多次提到要发展适度规模经营，这说明实践中我国土地细碎化的弊端已逐渐凸显，妨碍了农业的继续发展，并引起了中央的重视。近年来，我国多种形式适度规模经营不断发展，2019年"全国家庭农场、农民合作社超过320万家，……农村承包地流转面积比例达到35.9%"③。

第二，土地规模经营是有效率的。反对土地规模经营的学者，认为土地规模越大，土地生产效率（土地的产出率）越低，即土地规模与土地生产效率成反比。一方面，他们混淆了土地规模经营和适度规模经营。我们所强调的是土地的适度规模经营，经营规模不是越大越好，所谓的"适度"是要根据各地的自然条件、管理水平、机械化程度、劳动力最佳使用等标准来实现农民收入的增长。所以我们所说的规模

---

① 温铁军：《解构现代化：温铁军演讲录》，广东人民出版社2004年版，第101页。
② 杜鹰：《小农生产与农业现代化》，《中国农村经济》2018年第11期。
③ 韩长赋：《铸就新时代"三农"发展新辉煌》，《农业工程技术》2020年第10期。

经营不是越大越好，而是要"适度"。另一方面，土地规模经营不是必然低效率的。其实，在我国如此超小规模的农地经营规模基础上讨论土地的产出率问题是没有什么意义的，因为即便产出率再高，也难以实现与其他产业相当的劳动生产率，农民也不能借由农业来摆脱贫困，实现富裕。反对土地规模经营的学者，在衡量土地规模经营的效率时仅仅使用了土地产出率这一指标，而如果综合考虑其他指标，比如农业劳动生产率、农产品商品率、农民收入增长水平等，那么土地规模经营的效率高是毫无疑问的。即便仅仅用土地产出率来考察土地规模经营的效率，也会发现，当农地规模保持在适度的范围内时，农地经营规模与土地产出率并不是反比例的关系。相反，适度的农地经营规模与土地产出率是正相关的关系。

第三，我国具备实行土地规模经营的物质条件。目前，我国亩均耕地使用的农用机械动力和拖拉机拥有量、化肥年施用量、灌溉面积占耕地总面积的比例，已经超过了一些发达国家。尽管我国农业机械存在结构不合理、不配套、质量差等问题，但这在一定意义上说明我国具有了发展农业适度规模经营的物质能力，如果不充分利用，我国多年积累起来的物质基础就是巨大的浪费。并且从农业发展趋向看，尽管我国农业仍然存在大量的富余劳动力，但并未出现以活劳动替代机械的倾向，相反，农业机械化仍在向前发展。这种情况进一步说明，农民倾向于以机械替代活劳动来减轻劳动强度，小农户购置机械利用程度低，造成了农民不必要的负担和资源的浪费。

中共中央一直在通过稳定土地承包关系和规范土地承包经营权流转来引导土地适度规模经营，我国的土地流转有较大的发展。根据农业农村部政策与改革司的数据显示，2020年，中国土地流转面积达5.65亿亩，占全国承包经营耕地面积的36.2%，流转出承包土地的农户比例在1/3以上。[1]

---

[1] 邵旭阳、王波：《土地流转对农村内部收入差距的影响——基于中国家庭追踪调查（CFPS）数据的实证分析》，《宏观经济研究》2023年第8期。

(三)"发展集体经济"

发展集体经济,实现共同富裕,坚持社会主义道路,是邓小平所说的"第二个飞跃"的核心,它指明了我国农业改革和发展的趋势和方向,我们"总的方向是发展集体经济"[1]。邓小平始终强调,在改革中我们坚持的两条基本原则"一是以社会主义公有制经济为主体,一是共同富裕"[2]。而发展壮大集体经济是社会主义公有制经济在农村中占主体地位的基本保证。"社会主义经济以公有制为主体,农业也一样,最终要以公有制为主体。公有制不仅有国有企业那样的全民所有制,农村集体所有制也属于公有制范畴。"[3]我国是社会主义国家,农业的改革和发展也要坚持社会主义方向,坚持公有制的主体地位,我国农业现代化实现的制度基础必须是社会主义。发展集体经济规定了我国农业现代化的正确方向,也是实现农业现代化的根本保证,体现了社会主义的内在要求。农村政权的巩固、精神文明的建设,都有赖于集体经济的发展;农村走社会主义道路,实现共同富裕,都要以发展集体经济为基础。把握了发展集体经济这个核心,也就把握了"第二个飞跃"的实质。

1985年11月24日,邓小平在同薄一波的谈话中讲道:"将来还是要引导到集体经济,最终要引导到集体经济。"[4]这句话包含了两层含义:一方面要发展集体经济,一方面要加以引导。那么,为什么要引导,由谁来引导以及怎样引导呢?首先,如果不对农业发展方向加以引导,也许会走偏。从1978年开始,中国的农村改革进行了40多年。在这40多年的时间里,农民一家一户的分散承包经营,使我国的农业和农民部分恢复了小农经济和传统农民的某些特点。人们在"统""分"发展失衡的双层经营结构中,又重新习惯了个体小农生产经营方式和思维。在这种经济环境中,如果没有正确的引导,农民很难自发地发展集体化。所以,尽管"终

---

[1] 《邓小平文选》第2卷,人民出版社1994年版,第315页。
[2] 《邓小平文选》第3卷,人民出版社1993年版,第142页。
[3] 中共中央文献研究室编:《邓小平年谱(1975—1997)》(下),中央文献出版社2004年版,第1349页。
[4] 中共中央文献研究室编:《邓小平年谱(1975—1997)》(下),中央文献出版社2004年版,第1096页。

归还是要让农民搞集体经济"[①]，但不能放任不管，否则自发的农业发展倾向有可能走到私有化的邪路上去，不利于农业的发展和农民的利益。当然这种引导要尊重农民的权利和意愿，尊重农业发展规律，不能强制推行集体经济。其次，要由政府来引导。因为政府是推动中国农业现代化的重要力量，没有政府及有关部门对农业的支持和农民利益的保护，"第二个飞跃"的实现将是遥遥无期的。政府的引导主要在于提供政策支持，创设集体经济发展的良好宏观环境，提供资金、技术、服务等方面的配套措施，作出统筹规划，合理安排，协调不同单位的经济利益，引导农民和市场相结合。政策性措施的配套和完善程度，直接关系集体经济的进展程度和最终结果。但是目前，我国政府的一些部门并没有真正认识到发展集体经济的重要性，个别部门在新自由主义思潮的影响下，对发展集体经济存在错误的认识。比如，把社会主义公有制等同于过去纯粹的公有制，把改革等同于改掉公有制，甚至认同私有化，把统分结合的双层经营体制理解为放弃集体统一经营的单一家庭承包经营，在实践中鼓励种田大户和家庭农场的发展，缺乏组织农民扩大集体统一经营、实现适度规模经营的意识。因此，尽管政府是发展集体经济的引导者，但首先要在政府部门中加以正确思想的引导，破除新自由主义和私有化思潮的影响，才能正确行使引导农村集体经济发展的责任和使命。

（四）"为集体化的进一步发展创造条件"

1980年5月31日，邓小平在同中央负责人的谈话中，对农业向"第二个飞跃"发展的条件做过比较具体的说明。邓小平认为要为集体化的进一步发展创造条件，"具体说来，要实现以下四个条件：第一，机械化水平提高了（这是说广义的机械化，不限于耕种收割的机械化），在一定程度上实现了适合当地自然条件和经济情况的、受到人们欢迎的机械化。第二，管理水平提高了，积累了经验，有了一批具备相当管理能力的干部。第三，多种经营发展了，并随之而来成立了各种专业组或专业队，从而使

[①] 中共中央文献研究室编：《邓小平年谱（1975—1997）》（下），中央文献出版社2004年版，第967页。

农村的商品经济大大发展起来。第四，集体收入增加而且在整个收入中的比重提高了。具备了这四个条件，目前搞包产到户的地方，形式就会有发展变化"①。

我们将邓小平对农村集体经济发展条件的认识扩展开来，还可以包括以下几个条件：第一，科技和工业为农业提供技术支撑和物质装备的能力，从整体上制约着规模经营的外延和质量，体现了农业的生产力水平状况。第二，农村剩余劳动力的转移情况。非农产业的发展程度是可否稳定地、大量地吸收农业剩余劳动力的重要前提，是实现"第二个飞跃"的另一个重要的制约因素。第三，农业社会化服务体系的逐步完善，能够为农业提供产前、产中、产后的综合服务。它不仅是农业规模经营的需要，也是转移农业富裕劳动力的途径之一，因此是实现"第二个飞跃"的重要条件。第四，克服农村集体经济自身的某些不足和局限性，实现集体经济实力的增长，能够为农业发展提供适当的公共服务、基础设施建设和农村发展规划。这是实现"第二个飞跃"的物质条件。第五，农业劳动者的素质有较大提高，特别是驾驭规模经营所需要的管理素质的提高。劳动者素质极大地决定了规模经营的效益状况和数量界限，也决定了适度规模经营的成败。第六，农村的分工分业和市场化程度达到较高水平。第七，农村社会保障制度不断健全，消除农民的后顾之忧。

正因为实现农业向"第二个飞跃"转变要具备一定的前提条件，所以我们在这个问题上要反对两种错误偏向：一是认识不到农业向"第二个飞跃"的发展是经济发展的一个长期的过程，不按经济规律办事，不顾条件盲目行事，强制推行，急于求成，结果事倍功半；二是看不到发展集体经济是农业发展的方向和目标，尽管实现"第二个飞跃"是一个长期的过程，但是不能把这个过程看得无限长，从而不去积极创造条件，力争早日实现。甚至在时机已经成熟的情况下，由于引导不力，坐失良机。上述两种偏向，都是对"两个飞跃"的本质特征和内在联系缺乏科学的认识。从而把握不了"两个飞跃"转变的时机。

---

① 《邓小平文选》第 2 卷，人民出版社 1994 年版，第 315—316 页。

因此，把握"两个飞跃"转变的时机，推动农业"第二个飞跃"的发展，要遵循以下几个基本原则：第一，生产力原则。一切以生产力发展的要求为依据，不能脱离实际生产力水平仅凭主观意志行事；第二，循序渐进原则。农业"第二个飞跃"的实现绝不是一蹴而就的事情，农业的发展要受多种因素的制约，所以要量力而行、逐步推进，不能搞运动，一哄而起，急于求成；第三，农民自愿原则。农民是农业生产和发展的主体，农业的最终发展取决于农民的生产积极性和生产实践。因此，不要勉强，搞行政命令那一套，要依据自愿性原则来推动农业的各项工作进程，在农民增收的基础上实现农民自愿联合；第四，因地制宜原则。中国各地条件不一样，农业发展不平衡，要根据各地农业发展的不同情况采取多种实施方式和实现形式，不能搞"一刀切"。

（五）实现农业"第二个飞跃"是"很长的过程"

1990年，邓小平第一次提到"两个飞跃"的时候，用了三个"长"：一个是从"长"远的观点看，要有两个飞跃；一个是说家庭联产承包责任制要"长"期坚持不变；一个是说"第二个飞跃"的实现是一个很"长"的过程。邓小平的这三个"长"，一方面，说明要坚持农业经济发展方向的坚定性，因为从长远的观点来看，发展集体经济是克服"第一个飞跃"的弊端，破解当前农业难题的办法，是农业最终的出路和方向；另一方面，则说明"第二个飞跃"的实现是一个艰难的过程，不能因为最终目标而忽视还能够适应当前生产力发展水平的"第一个飞跃"长期存在的必要性，也不能因为"第二个飞跃"的实现是一个很长的过程而把它虚幻化，要把目标的坚定性和过程的渐进性结合起来。

实现"第二个飞跃"的关键就是邓小平所说的"发展生产力"。"第二个飞跃"是生产关系与生产力适应的客观历史过程，它的实现不仅仅是生产关系的变动就能促成的，关键在于生产力的发展进步，在于农业生产的发展，在于制约"第二个飞跃"发展的各项条件的成熟与完善，这些条件几乎涉及农业的各个方面。比如，科技和工业的发展水平，农业剩余劳动力的转移程度，集体经济发展水平，农业产业化、社会化、商品化、市场化和农业生产结构、农民知识化的发展水平等。这些条件并不是孤立存在和运行变化的，它们之间是相互影响、相互制约的关系，任何一项条件的滞后发展都会制约其他条件的发展变化。仅就农业劳动力转移这一个条件来说：2014年乡村人口数为6.1866亿人，其中乡村就业人数为3.7943亿人，而从事第一产业的人数为2.279亿人，从事第一产业人数占乡村就业总人数的60.1%。① 我国14亿人口，如果只有5%（7000万）的人从事农业，户均耕地规模也不到120亩。假设从事农业的7000万人都是农村人口，将其余的、庞大的乡村劳动力向其他产业转移必将是异常艰难而漫长的。而转变农民传统观念、提高农业从业人员的素质是比转移农业剩余劳动力更为复杂和困难的事情。因此，可以以新的经营形式、组织制度、管理体制替代已与生产力水平不相适应的生产关系来促进"第二个飞跃"的前进，但其前提条件是生产力自身提出了这样的要求。生产关系可以采取短时期内突变的方式，比如"第一个飞跃"大概是经过了3年时间在全国确立的。相对而言，生产力的变革需要更长的时间。"第二个飞跃"的实现不是一蹴而就的事情，这个质变过程中的每一阶段目标的实现都需要人们长时间的基础工作和不懈奋斗，才能在量的不断积累中实现质的飞跃，否则是不可能的。这个很长的过程，不仅包括"第一个飞跃"向"第二个飞跃"转变的时间，也包括"第二个飞跃"自身需要的时间。

邓小平提出"第二个飞跃"是很长过程的论断是与他所设想的我国经济和社会发展的"三步走"战略相衔接的。要在21世纪中叶达到中等发达国家水平，再结合我国农业发展现状，就会感到实现"第二个飞跃"的任务是繁重和艰巨的。我国农村地域广大，农业整体生产力水平落后且发展不平衡，加剧了实现"第二个飞跃"的难度。生产力的发展是一个自然历史过程，必然要经历一个长时间渐进的发展过程。因而，"第二个飞跃"实现的长过程，其实指明了我国发展集体经济、实现农业现代化的任务，具有艰巨性和长期性。

但是我们也要注意到，尽管"第二个飞跃"的实现过程是长期的和艰

---

① 国家统计局农村社会经济调查司：《中国农村统计年鉴2015》，中国统计出版社2015年版，第29页。

难的，但是我们要坚信这条道路的科学性，不能把很长的过程看成无限长的过程，不能因此而丧失信心。

二、"两个飞跃"的辩证关系

"两个飞跃"思想是内在的统一整体，虽然"第一个飞跃"与"第二个飞跃"是农业不同的发展阶段，但二者却有内在的联系。

（一）"两个飞跃"体现了"否定之否定"的发展轨迹

二者之间存在着相互促进的关系。"第一个飞跃"的变化奠定了"第二个飞跃"的基础条件，"第二个飞跃"则是对"第一个飞跃"的继承和发展。没有"第一个飞跃"，"第二个飞跃"无从谈起；没有"第二个飞跃"，就不会真正巩固"第一个飞跃"的成果，也不会为"第一个飞跃"提供更好的物质支持和服务职能。

二者之间还存在着"扬弃"的关系。在"第一个飞跃"中，"第二个飞跃"的渐进过程实际上已经开始了，"第二个飞跃"蕴含着"第一个飞跃"的合理内核。无论是家庭承包经营对人民公社，还是新集体经济对家庭承包经营方式，都体现了对上一个阶段农业的弊端与不足的克服和对其合理性的继承与发展。"第一个飞跃"是对超越生产力的、不合理的农业生产和经营形式的变革。家庭联产承包责任制虽然激发了农民的生产积极性，一定程度上解放和发展了生产力，但没有从根本上改造传统农业。随着其潜力的释放将尽和全球化、市场化的发展，这种建立在过度细碎土地上的、超小规模的农业经营体制所固有的弊端以及由此衍生出的新的矛盾和问题开始凸显。因此，我国农业改革与发展的趋向是以发展适度规模经营和集体经济为基本特征和目标的"第二个飞跃"。但是"第二个飞跃"不是对家庭承包经营的简单否定，而是否定"均田承包，分散经营"的弊端。从"第一个飞跃"到"第二个飞跃"，我国农业发展呈现螺旋式上升和波浪式前进的辩证否定过程：从人民公社单一的集体统一经营到以家庭联产承包为主体的统分结合的双层经营体制，再到再现了旧集体经济的某些特征而又在更高水平上实现了对集体经济体制的发展与创新的高水平的集体经济，即"第二个飞跃"。"两个飞跃"的核心和落脚点是坚持和发展集体经济，在这一目标指引下，积极探求变革集体经济的组织形式。"两个飞跃"之间的继承性也体现在对生产力成果和制度的继承。"第一个飞跃"产生的物质进步成为"第二个飞跃"的基础条件；而在实现"第二个飞跃"的过程中，尽管生产要素组合形式和生产经营形式会发生相应的变化，但解放思想、适应生产力水平等一些行之有效的原则方法，会被保留下来，并不断完善和提高。

（二）"两个飞跃"体现了对生产力标准的坚持

"两个飞跃"是在我国农业发展不同阶段、农业生产力不同水平基础上进行的合理变革。无论是"第一个飞跃"打破"一大二公"的人民公社体制，还是"第二个飞跃"对"第一个飞跃"的纠正与发展，其根本原因都是在农业生产力水平已经变化和发展的前提下，原有的生产关系已经落后并成为生产力继续发展的障碍。因此，必须依据生产力发展的内在要求，适时调整和变革农业生产关系。生产力标准有助于我们正确认识"两个飞跃"的关系和发展变化。一方面，在经济全球化和市场经济条件下，过度细碎化的、小规模的家庭分散经营逐渐暴露其局限性，其为"第二个飞跃"所替代是历史的必然。但我们也要认识到，当年实行家庭联产承包责任制，"以退为进"，是符合当时的农业生产力水平和当时的国情的。因此，我们不能因为其现在出现的不足和"第二个飞跃"的科学发展方向而彻底否定"第一个飞跃"的历史意义和其取得的巨大成绩。另一方面，我们也不能因为"第一个飞跃"取得巨大成就，因为其作为基本的农业生产单位还蕴藏着一定的潜力和生命力，就故步自封，不积极积累条件和创造机会，推动农业向"第二个飞跃"发展，否则结果就是丧失发展集体经济的时机，其实质就是否定发展集体经济的进步性和科学性。也可以这样说，家庭分散经营已经成为农业发展的桎梏，但还未走到尽头；集体经济是方向，但有很长的路要走。

所以，"两个飞跃"反映了邓小平"变革生产关系，解放农业生产力"的一贯思想。"两个飞跃"变化和发展的出发点和落脚点都是要适应生产力的发展要求，"两个飞跃"是与生产力相协调的由低到高的渐进过程。"两个飞跃"给我们的最重要的启示是：准确把握生产力标准，一切的发展变化都要以生产力的发展变化为依据。对生产关系的调整和变革说到底都是为了适应、保护和促进生产力的发展，实现生产力和生产关系的相互协调和相互促进，发展中国特色的社会主义农业现代化。农业的任何一次制度创新，都不可能一劳永逸地解决农业发展过程中的全部问题。任何时候忽略了这个启示，都会栽跟头，栽大大的跟头。

（三）"两个飞跃"的实质是对社会主义的坚持与发展

农村集体经济是社会主义公有制的范畴，是社会主义经济在农村的体现和实现的基础。"两个飞跃"都是在集体经济内部进行的，都没有改变其经营方向，没有偏离社会主义方向，其目的都是要在农村、在生产力发展的基础上来推进集体经济，完善和发展中国特色社会主义。对"两个飞跃"未能坚持社会主义的责难往往来自对"第一个飞跃"的责难。"第一个飞跃"所实行的家庭联产承包责任制并不是要废除和取消集体经济，也不是对社会主义的否定，而是在实践中对社会主义发展规律、对社会主义的重新理解和正确认识。杜润生曾反驳包产到户是农民对社会主义动摇的观点。他认为，农民"不是反对社会主义，是不赞成'大锅饭'式的社会主义。所谓农民动摇，也可以说是对我们工作中的缺点错误的批判"[①]。贫穷不是社会主义，不顾生产力水平片面提高公有化程度也不是社会主义。废除人民公社制度，实行家庭联产承包责任制，就是要在解放和发展生产力的正确基础上巩固和扩大社会主义经济实力，积累条件，实现农业向"第二个飞跃"的转变，来进一步发展集体经济和社会主义。因此，在中国落后的生产力水平条件下发展社会主义，要充分认识到发展的阶段性与历史性，既充分认识每个阶段的特点而又不超越阶段，又能保持发展方向的坚定性。

作为具有中国特色的社会主义农业现代化发展道路，"两个飞跃"既体现世界农业现代化的共性特征，又体现了社会主义农业的个性特点。一方面，就适度规模经营和集约化发展而言，是对现代农业发展科学规律的主动学习和应用；另一方面，就发展集体经济而言，是对中国特色社会主

---

① 杜润生：《中国农村制度变迁》，四川人民出版社2003年版，第9页。

义的坚持与探索，是以实现社会主义为目的的中国特色农业现代化。既要借助全球化和市场化来发展中国农业，又要有利于社会主义目标的实现。

（四）"两个飞跃"在农业改革的阶段性、深刻性，实现时间、途径等方面存在差别

从农业改革的阶段来看，"第一个飞跃"与"第二个飞跃"分别处于农业发展的不同阶段，发展农业的生产力基础和前提条件不同。从引起变革的深刻性来看，"第一个飞跃"解决的是农业生产自主权的问题，促进了农业生产的发展，解决了人民的温饱问题，但并没有根本实现从传统农业到现代农业的转变；而"第二个飞跃"要实现农业的产业化、市场化、社会化，发展适度规模经营和集体经济，最终实现农业的现代化。因此，"第二个飞跃"比"第一个飞跃"更加深刻，改革和发展任务也更为艰巨，意义也更加巨大。从实现时间来看，"第一个飞跃"大概用了3年的时间就在全国确立了家庭联产承包责任制的地位，而"第二个飞跃"的实现由于变革生产力的任务更艰难，所需要的时间很长。从实现途径来看，"第一个飞跃"是以土地的所有权和使用权的分离为手段实现农民的生产经营自主权，"第二个飞跃"是以生产要素的优化配置使用为手段，通过生产规模的扩大，产前、产中、产后诸环节的科学合理组织以及科学技术的普遍采用等途径去实现。从发展进程来看，"第一个飞跃"主要是实践中农民首创，政府政策适时跟进与引导，"第一个飞跃"是自下而上的推进与政府自上而下的引导相结合；而"第二个飞跃"的实现恐怕更多地需要政府政策的先行引导。由于人们在统分结合的双层经营体制中，过于重视家庭承包经营的地位和作用，又重新习惯了个体小农生产经营方式和思维，很难自发地走向和发展集体化。从农业变革涉及的范围来看，"第一个飞跃"主要是在农业内部进行，而随着经济一体化的发展，"第二个飞跃"既涉及整个农业领域诸方面的变革，又涉及能够对农业产生重要影响的外部相应产业部门的变革。

第三节　关于"两个飞跃"几对矛盾关系的辨析

"两个飞跃"思想是邓小平理论研究的热点内容之一，但是在这个问题上存在的一些争议，其实是对有关"两个飞跃"的一些概念的内涵和关系存在不同、片面甚至是错误的理解。而对相关范畴的辨析理解是进行学术研究和探讨的前提。

一、集体化与集体经济的关系

邓小平曾多次提到集体化和集体经济，但有时的表述中集体化与集体经济含义显然是不一样的，有时候的表述中二者又是同义的。比如，邓小平在《关于农村政策问题》中提到："将低水平的集体化发展到高水平的集体化，集体经济不巩固的也会巩固起来。"他紧接着又说"为集体化的进一步发展创造条件"而不是说为"集体经济"的进一步发展创造条件。在这些表述中，显然集体化和集体经济不是一个意思。但在 1992 年，邓小平在修改党的十四大报告时清楚地说"第二个飞跃就是发展集体经济"，可是又有这样的表述，"最终要走上集体化的道路"，"集体化也是社会主义"。在这些表述中，集体化和集体经济似乎又是一个意思了。

那么，集体化和集体经济分别是什么含义？在邓小平的表述中二者是不是一个意思呢？

集体化指的是建立和发展集体经济制度，即建立和发展社会主义农业生产关系的演变过程，在我国往往特指从 20 世纪 50 年代建立农业高级合作社到 80 年代初改变人民公社体制的这个时间段。集体经济指的是一种生产关系和经济类型，是农村集体所有制经济的制度形态，是相对于农村私有制经济（个体私营经济）而言的。某种意义上说，集体经济是目标而集体化是实现这个目标的过程，集体经济是集体化这个制度演进过程的产物。伴随着人民公社的解体，那个特定的集体化阶段结束了，但是集体化的成果，即已经建立起来的农村集体经济制度、已经积累起来的集体经济成果仍然存在并继续发挥着重要的作用，所以有人讲"集体化虽然过去了，但集体经济仍然存在"。由于邓小平所说的农业"第二个飞跃"还没有实现，需要在新形势下、以新的模式重新将农民组织起来，探寻集体经济发展的新途径，继续发展壮大农村集体经济，继续发挥集体经济的积极作用，集体化以另一种不同以往的方式在继续，从这个意义上讲，集体化这个过程又远未结束。严格来说，集体化与集体经济的含义是不一样的，当强调发展程度和发展方向的时候邓小平习惯用"集体化"这个字眼，当表示"飞跃"这样的涉及农业所有制和生产关系的性质的时候，用"集体经济"。但有的时候，邓小平的表述往往是从集体化的发展方向就是不断地发展和实现集体经济，集体化道路的目的也就是发展集体经济的道路的意义上将二者混同来讲的。所谓的"集体化也是社会主义"，其实指的是集体化要实现的集体经济生产关系是社会主义性质的体现。

二、适度规模经营与集体经济的关系

邓小平对农业"第二个飞跃"的表述是："适应科学种田和生产社会化的需要，发展适度规模经营，发展集体经济。"那么在"第二个飞跃"里，发展适度规模经营和发展集体经济是什么关系？发展适度规模经营是发展集体经济的条件，集体经济是发展适度规模经营的结果？还是二者是并列的关系，无先后之分？有没有重点呢？

首先，二者并不是同义的关系。适度规模经营等同于高水平的集体经济吗？答案是否定的。高水平集体经济中，生产力水平的提高必然表现为农业各生产要素向更为有效的优化组合方式变化，必然引起农业经营规模的变动，向规模经济方向发展。也就是说，农业规模经营会推动集体经济的发展，而集体经济也必将实行规模经营。但是，二者不是同义的关系。集体经济体现的是以生产资料所有制为核心的生产关系的质的规定性，而适度规模经营并不体现生产关系质的差别，也就是说，适度规模经营的性质可以是个体经济的，也可以是集体经济的，它表现的是生产力的组合方式，是农业各生产要素的合理结合，是现代农业发展的必然要求之一。

其次，邓小平在"第二个飞跃"中对适度规模经营和集体经济的表述有语序上的先后，但并非关系上的先后。因为适度规模经营并不具备生产关系的质的规定性，非集体经济的适度规模经营并不必然产生集体经济的结果，发展适度规模经营不是发展集体经济之前的一个不可缺少的阶段。因此"第二个飞跃"中的发展适度规模经营和发展集体经济是并列关系，是不可分割的两个方面。集体经济必然要求一定程度的规模经营，否则这样的集体经济是低效、低竞争力的；发展集体经济的过程一定意义上就是发展适度规模经营的过程，但发展集体经济并不必然要求先发展适度规模经营，可以在发展集体经济过程中逐步实现适度规模经营。尽管二者不是"先后""因果"的关系，而是并列的关系，但这个并列是有重点的并列，即"集体经济为重点"。因为"第二个飞跃"说到底是要发展高水平的集体经济，发展集体经济是"第二个飞跃"的方向和农业的最终出路，是巩固社会主义制度，是农业的根本方向。但有的人错误地将适度规模经营等同于"第二个飞跃"，把适度规模经营提高到"第二个飞跃"的高度，认为适度规模经营是"第二个飞跃"的核心。他们错误地认为："第一个飞跃"是农业基本经营制度的变革，而"第二个飞跃"，即适度规模经营本质上不过就是生产要素的最佳配置问题，无论是性质还是意义都无法与"第一个飞跃"相提并论。高水平的集体经济内在地包含了适度规模经营的发展，但因为适度规模经营本身并不具备社会生产关系的质的内涵，因此以适度规模经营作为"第二个飞跃"的重点、核心或者等同于"第二个飞跃"，无异于本末倒置，这就是错误理解了"第二个飞跃"的实质，降低了"第二个飞跃"的发展层次，也违背了邓小平提出"两个飞跃"的初衷。

三、集体经济与集体经济实现形式的关系

关于集体经济与其实现形式之间的关系，人们一方面注意到集体经济与其实现形式之间是生产资料所有制与实现生产资料归属关系性质的手段和途径之间的关系。从理论上说，一种所有制在不同社会、政治、经济条件下可以具有多种实现形式；不同属性的所有制经济也可以采用同一种实现形式。所有制的实现形式是方法和手段，不是目的，其本身不存在"姓社""姓资"的问题；但是另一方面，人们往往忽视了实现形式对所有制的反作用，即当某种实现形式进行到一定程度时，量变引起质变，极有可

能会反过来改变所有制的性质。所有制与其实现形式之间存在着明确的辩证关系，所有制产生并制约其实现形式，但所有制与其实现形式之间并不是一一对应的关系。所有制的实现形式作为方法和手段对所有制具有反作用，但并不是所有的实现形式都适用于同一种所有制。具体地说，适合所有制内容的实现形式能够促进所有制经济的发展，不适合所有制内容的实现形式会阻碍所有制经济的发展。

因此，集体经济需要能够契合它本质的实现形式来实现，这是至关重要的问题。从某种意义上说，所有制的贯彻和实现问题，实际上关系着所有制本身的存亡。集体经济是一种社会主义公有制经济，它直接体现着社会主义的基本制度特征。与之相对应，集体经济的实现形式也应该具备社会主义公有制的根本特征。因此，在这个问题的认识上必须坚持两点论：一方面，要看到基本制度和实现形式并不是一回事，可以而且应当加以区别；另一方面，则要看到它们之间的内在联系。一种实现形式，如果离开公有制的基本制度，那就不再是公有制的实现形式，而是其他所有制的实现形式。我们谋求的是在坚持生产资料公有制属性基础上的、集体经济的有效实现形式。

集体经济的实现形式可以而且应该是多样的。从我国农业发展的实践看，集体经济的实现形式已经在事实上呈现出多样化的格局，而且还必然会显示出无穷无尽的变化趋向，许多形式在自我完善发展中还有不少创新。但从基本的原则上说，集体经济的实现形式必须以坚持和发展集体经济为根本。所以，在我国农业现代化的进程中，最根本的是必须牢记我们走的是社会主义道路，只有这样，集体经济的实现形式才不会走样，才不会背离集体经济的本质，才不会背离社会主义方向。那些打着不论"姓资"还是"姓社"旗号的理论家所推崇的各种形式，其实质都是引导人们忽略所有制实现形式对于所有制的反作用，将集体经济引向私有化的道路，这是我们应该警惕的。

四、适度规模经营与家庭经营的关系

目前，在两者关系上存在这样的认识误区，有些人将二者对立起来，

第三章　适度规模经营和集体化：农业发展的"第二个飞跃"

将家庭经营与小规模生产画等号，将集体统一经营与适度规模经营画等号。这是对二者内涵的错误认识。家庭经营作为一种经营方式，以家庭为生产经营单位，是以什么样的经营单位来从事农业生产的问题；适度规模经营涉及的则是在一定生产规模基础上将各种农业生产要素优化组合和集约经营以实现最优经营效益的问题。二者在内涵上并不对立。可以通过多种经营形式来实现以最优经营效益为目的的适度规模经营，多种经营形式当然也包括家庭经营，因此适度规模经营并不排斥家庭经营。家庭经营并不必然和小规模画等号，家庭经营可以是小规模的，也可以是大规模的，这取决于农业生产力发展水平和二三产业能够吸纳农业富余劳动力的能力等因素。家庭经营和适度规模经营可以说是我国农业发展的两个阶段，但由于规模经营的形成要受到诸多因素的制约，因此在我国将是一个缓慢的发展过程。目前，可以通过土地流转将部分耕地向一些家庭农场和种田大户集中以发挥农业的规模效益，将适度规模引入家庭经营。但是，我们要认识到，即便家庭经营与适度规模经营并不矛盾，但是以大规模地发展家庭农场、种田大户的方式来实现规模经营，尽管适应我国现阶段农业发展的需要，但并不适合我国农业发展方向和社会主义国家性质。因为，严格说来，家庭农场和种田大户还属于个体经济范畴，不是真正的集体经济，只是在家庭承包经营基础上的土地规模扩大化而已。家庭农场严格说来还属于"第一个飞跃"的范畴，是属于过渡的阶段和环节，是为实现适度规模经营和集约化经营的"第二个飞跃"做准备，本质上与邓小平主张的农业改革发展"第二个飞跃"要实现的高水平集体经济，还不是一回事。大力推广家庭农场最终会培植一大批耕地农场主，"这是发展资本主义农业现代化的思路"[①]。我国农业现代化的正确发展道路，只能是通过实行"第二个飞跃"，发展集约化的集体经济，坚持社会主义方向，防止出现私有化的偏差。

[①] 章玉丽：《我国农业改革和发展的根本方向：大力发展集体经济——访中国社会科学院马克思主义研究院研究员赵智奎》，《马克思主义研究》2016年第8期。

五、集体经济与合作经济的关系

目前，在学术界有这样一种观点，认为发展农业合作社或新型农业合作经济是我国农业制度创新的必然选择，以发展合作经济来替代集体经济的发展，其实质就是认为合作经济才是农业发展的方向，而不是集体经济。这就涉及集体经济与合作经济的关系问题。这两个概念尽管有交叉和重叠，但不能将二者简单地等同。因为，从所有制基础、成员之间的劳动与协作关系、产品分配三个方面来看，集体经济建立在生产资料集体所有制基础之上，生产资料归集体成员共同所有，集体成员之间主要以劳动联合为主，收益分配以按劳分配为主；而合作经济则可以建立在生产资料私有制基础上，既可以实行劳动联合，也可以实行资本联合，收益分配实行按劳分配与按生产要素分配相结合。集体经济更注重生产资料的共有性质，"二者的本质区别在于，是否承认私人产权"[①]。在社会主义初级阶段，集体经济与合作经济的联系，根据《中华人民共和国宪法》的规定，在无产阶级领导的国家政权管理之下，"农村中的生产、供销、信用、消费等各种形式的合作经济，是社会主义劳动群众集体所有制经济"。目前，对农村集体经济的理解比较宽泛，它包括在家庭承包经营基础上出现的专业合作社和各类专业协会等农民新型合作组织。因此，农村中的合作经济并不都是集体经济，而是发展集体经济的基础和途径，"是一种过渡性经济形态"[②]。合作经济的发展结果是集体经济，二者"不是同一发展阶段、相同性质的同一事物"[③]。有的学者认为"农村集体经济是一种合作经济"[④]，这种认识混淆了二者的内涵和包含关系。集体经济作为社会主义公有制的组成部分，是体现社会主义本质的经济内容，它有高于合作经济的社会主义性质的特殊内涵。如果把发展合作经济作为农业发展的最终选择，无疑是混

---

① 程恩富、龚云：《大力发展多样化模式的集体经济和合作经济》，《中国集体经济》2012年第31期。
② 杜润生：《中国农村制度变迁》，四川人民出版社2003年版，第22页。
③ 陈锡文：《关于家庭经营与集体经济的几个理论问题》，《党校论坛》1992年第3期。
④ 薛继亮、李录堂：《我国农村集体经济有效实现的新形式：来自陕西的经验》，《上海大学学报（社会科学版）》2011年第1期。

淆了合作经济与集体经济的关系,也降低了邓小平"第二个飞跃"的层次,歪曲了中国农业发展的社会主义性质和方向。

六、集约化与土地适度规模经营的关系

邓小平在 1992 年修改党的十四大报告的时候,提到"要走集体化集约化的道路",近些年马克思主义学者对集体化和集体经济的研究不少,但对集约化的研究则趋于冷淡。一方面是因为在 20 世纪八九十年代的时候对农业集约化的研究已经有了很多成果,很难再有新突破;另一方面是因为存在这样一种认识:集约化与土地的规模经营是矛盾的。专家学者和政府很早就认识到我国农业细碎化的弊端,提出以土地流转形成土地适度集中,产生规模效益,克服土地超小规模的不足。但是,一些人认为,当耕地规模过大的时候农业集约化就无法进行。这种认识的错误在于:首先,将土地面积的大小作为判定规模经营的唯一标准。适度规模经营的"适度"是综合考虑各种因素在内的规模经营,包括农业经营者的收益、当地的土地资源禀赋、农业劳动力转移情况、农业劳动力最大和最佳耕种面积等,当然也包括土地的耕作面积是否能够有效进行集约化生产和经营。其次,集约化生产必须要有一定的土地规模才能够产生效益,土地的适度规模是进行农业集约化的条件之一。什么是农业集约化?就是在一定的土地面积上,集中投入较多的生产资料和劳动,采用新技术措施和管理方法,进行精耕细作,增加农产品总量的一种生产经营方式。农业发展由粗放型向集约型转变,是在有机构成不断提高的条件下进行的,主要表现为农业投资的追加,农业机械化的实现,水利灌溉系统的优化,先进农业科学技术和管理方法的采用等。农业集约化要求以强大的物质技术为基础,一个国家的生产力水平和经济条件决定集约化的实现程度。我国的家庭分散经营、土地细碎化恰恰制约了农业集约化的进行,不利于集约化发展。因为集约化要求的先进农业技术、机械化和水利灌溉系统等条件如果没有土地一定程度的集中是实现不了的,在如此细碎的土地上讨论集约化是没有意义的。因此,规模经营并不等同于粗放经营,这里涉及土地"适度"的原则;相反,适度规模经营是有效解决农业粗放经营、推动集约化发展的重

要措施。所以,要正确理解集约化的含义,推动适度规模经营和集约化经营互相促进、共同发展。

七、集体经济与市场经济的关系

近些年来,在发展集体经济的问题上,存在着认识不足、重视不够的现象。"究其实质,同怎样认识集体经济在社会主义市场经济体制下的农业发展有关"[①],进一步说,这是如何认识在社会主义市场经济体制下实现农业现代化的问题。

市场经济是强者经济,市场经济遵循价值规律,实现优胜劣汰,要达到提高生产效率、优化资源配置的目的。这种作用在从事相同产业的各个市场主体之间,表现比较简捷、有效;但在不同产业的相互关系上,能否顺畅、有效地发挥作用以及如何正视这种作用的综合结果,则要慎重考虑。不同产业部门的竞争结果往往取决于不同产业部门经营主体的相对状况。有些产业的经营主体普遍较强,在市场上处于主动地位;有些产业的经营主体却普遍较弱,在市场上处于被动的地位。然而,第一,这种强弱不均的态势,同他们所从事的产业应当发展还是应当被淘汰,并不一致。第二,在市场的作用下,各产业部门向产前、产后领域延伸的实际可能性和资源转出转入的难易等,也是各不相同的。假如没有向实施平等竞争的方向发生根本变化,而径直把各产业部门的经营主体推入市场,一些处于弱势而又在国民经济中处于重要地位的产业,就可能萎缩下去,农业就是如此,它就是这种比较效益低而社会效益高的部门。

农业对人民生活和国民经济发展的意义,是不言而喻的。然而,由于人均农业资源水平很低,农业还没有摆脱传统落后的生产格局,国家还不能以充足的财力、物力来扶持农业,农业被置于经济效益相对低下的劣势地位。广泛运用和发展集体经济制度,充分发挥农民组织起来,实现自助、自强的集体经济制度功能,则是对农民付出的努力进行有效回报的一项基本制度性保证。具体地说,农村集体经济在适应社会主义市场经济新

---

① 范德官主编:《邓小平"三农"思想研究》,福建教育出版社1997年版,第93页。

形势、实现具有重大意义的战略性转变过程中应发挥的作用包括：组织起来，利用集体的力量，改善农民的市场地位，降低市场风险，减少市场交易成本；开拓新的产业领域，增加新的生产经营项目；发挥集体统筹优势，将农业向产前和产后领域延伸，提高开发效益；推动集体分工协作；发展多种形式的适度规模经营，使传统农业逐步过渡到现代农业；运用集体组织的培训功能，改善劳动者素质，提高管理水平；提高农民社会保障水平，改善农民参与市场竞争的条件。

农村集体经济同市场经济并不矛盾。一方面，市场经济条件下的集体经济具有其他性质经济形式的共性特征，其产权外部边界清晰，和其他经济形式一样按照市场规则运行，遵循价值规律进行生产、交换和分配；另一方面，集体经济有不同于其他性质经济形式的个性特征。在集体经济内部，坚持社会主义原则，坚持劳动者的平等地位，坚持以按劳分配为主体，坚持以实现共同富裕为目标，既体现了按劳分配与按生产要素分配相结合，但以按劳分配为主体；又体现了经济效率与社会化公平相结合。因此，集体经济是农业和农民在市场经济条件下保持自己、发展自己的组织手段。在中国现实的条件下，集体经济不仅是农民进入市场、提高其市场地位和优势的有效手段，而且是在新的条件下巩固工农联盟、实现农业现代化的重要组织保证。另外，农村集体经济以其自助、自强的特征，能够在广阔领域里赢得进入市场的农民的信任和支持。

八、"第二个飞跃"与"三级所有、队为基础"的集体经济的关系

建立和发展农村集体经济，是社会主义制度的本质特征和基本要求。没有社会主义农村集体经济的建立和发展，便没有完整的农村经济。但是经过20世纪50年代中期高级合作社和人民公社的挫折后，很多人对集体经济怀有不同程度的偏见，对集体经济的认识仍然停留在那个"一大二公"的阶段，担心今天提倡发展集体经济会重蹈当年的覆辙。这里，我们将建立在"三级所有、队为基础"之上的集体经济与如今要发展壮大的农村集体经济加以区别。

(一)建立的基础不同

新中国成立后,农业生产在战争的废墟上重新起步,生产力水平极为低下。这导致了当时的集体经济要依赖传统的生产方式进行生产,要在恢复农业生产的基础上逐步增加产出,来满足国家计划任务需要和农民最基本的生存需要。这样的生产力基础,束缚了集体经济的发展壮大。今天农村集体经济产生的基础,是吸纳了家庭联产承包责任制实行以来的巨大物质成果,并且伴随着科学技术的不断进步,农业生产力有了极大的发展。这样的生产力具备了规模生产的能力,可以在利用现代科学技术手段和管理方法的基础上,提高农业生产效率。农业生产目的趋于多样化刺激集体经济全面发展,拓宽了生产经营的内容和范围,为集体经济的壮大注入了生机和活力。

(二)农村经济体制不同

计划经济体制下,农村集体经济表现为行政主导下的农业计划生产和有限发展。尽管计划经济有利于统一配置生产资料,组织农民集体劳动,避免了农村产生新的阶级分化,并保证了国家低成本地获得工业和国民经济发展所需的资料和资金积累,在满足农民最基本的生活需要的前提下实现了社会的稳定。计划经济在一定程度上适应了当时的农业生产条件并促进了农业发展,但将整个农业全过程,即生产、交换、分配和消费都纳入计划的范畴,生产队和农民没有自主权,无法根据变化的条件调整生产,影响农业生产效率和效益的提高。现在,农民在生产方向、劳动方式和时间安排上获得了独立和自由,这就决定了集体经济组织的管理方式应当是民主的,包括经营上的民主决策,财务上的民主管理,分配上的民主监督,并且在管理中要根据价值规律同农民打交道。党和国家将宏观调控与市场经济相结合,用"有形"和"无形"的两只手共同调节经济,给国民经济带来了巨大的活力,也为农村集体经济的发展壮大提供了宽松的环境。

(三)政府角色不同

集体经济的发展离不开政策的支持和政府的推动,如何正确发挥政府的职能和作用至关重要。20世纪的农业合作化和人民公社时期,政府在指导思想上存在盲目、冒进的问题，对集体经济干预过多，扼杀了农民生产的积极性和农业生产的活力，致使国民经济遭受重大损失，最终阻碍和破坏了农业生产力的发展。如今，在吸取历史经验教训的基础上，政府的行为方式发生了重大变化，简政放权，从依靠行政命令指导农业生产转向遵循客观规律办事，更多的是为农业发展提供服务和良好的宏观环境，调动了集体经济的主动性和农民的自主性。

（四）对待家庭经营的态度不同

20世纪50年代的合作化和集体化是把家庭经营作为集体经济的对立物，所以集体经济的发展形式与途径是否定家庭经营，不仅把生产资料，甚至把一些生活资料也"归大堆"。今天发展集体经济不是搞一个家庭经营的对立物，并不排斥一部分人通过诚实劳动、合法经营先富起来，在保持发挥家庭经营优越性和积极性的同时，加强集体统一经营这个层次，增加可以统一支配的集体经济实力。今天发展集体经济应当走家庭分散经营和集体统一经营两个层次协调发展、积极性和优越性一起发挥的路子。

（五）发展集体经济的目的不同

20世纪50年代走集体化道路，因为错误地认为公有化程度高就是社会主义性质的体现，因此急于过渡，所有制过渡成了搞集体经济的目的，结果颠倒了因果关系，严重影响了农业生产力的发展。今天，发展集体经济的根本目的在于发展农村生产力，改善农民生活，最终实现农民的共同富裕。具体来讲，一方面是通过增强集体统一经营层次的经济实力，完善双层经营体制，为农民家庭经营提供必要的服务，提高农业生产力水平；另一方面是通过增加集体可以统一支配的财物，更好地为农民服务，提高农村的文明程度。这就要求，为发展集体经济所采取的措施必须适应生产力发展的客观要求，而不能与之相违背。

（六）发展集体经济的速度不同

我们讲发展集体经济，是逐步壮大集体经济实力。"逐步"就是实事求是、积极稳妥。发展集体经济要把方向的坚定性和进程的科学性相结合，要循序渐进，从实际出发，考虑到各地的差异、需要和可能。因此，"第二个飞跃"所要发展的农村集体经济绝不是对20世纪集体经济的复归，而是更高基础、更高程度上的农村集体经济质的飞跃。

第四节 邓小平关于农业"第二个飞跃"思想的启示

一、不同农业发展路径下的简单对照：以安徽小岗村和河南新乡市刘庄村为例

安徽省凤阳县小岗村作为"改革第一村"为大家所熟知。当年小岗村的18位农民在特殊的环境中、在巨大生存压力下所作出的本能选择，无意中创造了历史并成就了小岗村的辉煌。家庭联产承包责任制的实行激发了广大农民的生产积极性，创造了农业发展的奇迹。这些年来小岗村虽然取得了较大进步，但它的发展却不尽如人意，并不符合小岗"改革第一村"的地位和人们对小岗村的期待。"一夜跨过温饱线，三十年难进富裕门"，形成了温饱容易致富难的"小岗现象"。

河南省新乡市刘庄村，则是农村集体经济发展良好的典型代表。刘庄村占地面积1.5平方公里，现有355户1641口人，1050亩耕地。经济组织是华星集团公司，下分农业、医药、造纸、机械、淀粉、车队、商业及宾馆等7个企业。村民享有住房、医疗、用水、婚丧嫁娶用车等30多项福利。2010年，刘庄固定资产超过20亿元。村民人均可支配收入达2.6万元，退休党员和65岁以上退休村民年退休金达7200元，未成年人享有每月50元的生活补贴，每户一套建筑面积472平方米（人均120平方米）、八室四厅三卫两厨一库的精美别墅，全民免费医疗，免费12年义务教育。仅2006—2010年5年间，刘庄上缴国家税金5亿多元。2012年，全村人均可支配收入达到3.2万元。刘庄村已经走上了农业现代化、农村工业化、经济市场化、农民知识化、生活城市化、管理民主化的发展轨道。

小岗村和刘庄村都是中国农村的典型代表，它们都根据自己的实际情况作出了符合自身发展的选择，但二者如今的发展成绩却不可同日而语。相关统计数据也显示着小岗村的收入有所增长但增收空间有限，2010年，

第三章 适度规模经营和集体化：农业发展的"第二个飞跃"

小岗村全村实现固定资产投入 2.7 亿元，当刘庄村村民年均可支配收入已经达到 2.6 万元的时候，小岗村村民经过努力在比 2009 年净增 1200 元的情况下村民年收入才达到 6700 元。① 产生这种差距的原因是多方面的。第一，刘庄村的起步和发展有史来贺、史世领这样有能力、讲奉献的带头人，小岗村迄今没有从内部产生这样优秀的带头人，外派干部要么不了解小岗村现实，要么难以融入小岗村，要么以小岗村为过渡，难以安心和全心地为小岗村发展谋划和出力，沈浩同志是个难得的例外。第二，刘庄村的农民在集体的领导下被组织起来，凝聚力强，小岗村的农民缺少合作意识，尽管他们以集体行动共同打破了集体生产经营方式，也瓦解了集体，却没有多少集体主义精神，其目的是追逐个人利益。第三，刘庄村始终在不断地探索和尝试，勇于创新，小岗村眷恋过去的荣誉和光环，没有突破原有的观念模式，安于现状，沉浸于"大包干"的情结，而这种特殊情结的扭转需要在时间的洗涤中等待小岗村人的自我觉醒。第四，刘庄村的发展源自刘庄人的努力和奋斗，不等不靠，而小岗村现在的发展更多的源自外在的政府支持和资助，依赖思想严重。第五，最为重要的区别是，刘庄村坚持走集体经济的道路并取得突出成绩，彰显了这条道路的科学性和生命力，起到了示范的作用。小岗村所创造的农户家庭承包式的分散经营模式，虽然在当时的历史条件和历史阶段适应了生产力的水平和发展的需要，但其所固有的缺陷和不足必将随生产力的发展而逐渐凸显，成为生产力继续发展的制约。现在的小岗村正在转变思路，通过土地流转发展现代农业示范园、原种猪养殖基地等产业，它走的也是集体化和规模经营的路子，开始走向了邓小平所倡导的农业"第二个飞跃"。

小岗村曾经的荣誉是光环，也是包袱。对"大包干"最好的纪念是继承它敢为人先、锐意进取的精神，如果把小岗精神仅仅理解为"分"，那就曲解了它的精神实质，也就不会实现自身的真正突破。小岗村不能囿于自己划定的囚笼，要解放思想，甩掉包袱往前走。

---

① 安徽省小岗村的村民年收入数据来自萧遥的《小岗村的困惑：温饱容易致富难》，载《第一财经日报》2011 年 7 月 5 日。

二、邓小平关于农业"第二个飞跃"思想的启示

1. 中国农业改革和发展始终要坚持社会主义方向

农业现代化是四个现代化之一,邓小平多次强调四个现代化的社会主义性质,任何时候都坚持农业的社会主义方向,从未放弃或丧失这方面的警觉。他提醒人们,讲四个现代化的时候"往往容易忽略了主词:社会主义"[①],而"我们搞的四个现代化,是社会主义的四个现代化"[②],"四个现代化前面有'社会主义'四个字,叫'社会主义四个现代化'"[③]。作为坚定的共产主义者,邓小平始终坚持农业发展的社会主义方向,农村集体经济所有制是社会主义在农村的制度基础,关系社会主义在农村的巩固。即便是在倡导家庭联产承包责任制的时候,邓小平也清晰地表明发展包产到户不是为了分田单干,而是暂时将生产关系向后退,是为更好地发展集体经济做准备、打基础。

邓小平的农业集体经济思想可以概括为以下几个方面:第一,农村集体所有制属于公有制范畴,因此社会主义农业也要实行生产资料公有制,即农村集体经济所有制。1992年7月,邓小平说:"社会主义经济以公有制为主体,农业也一样,最终要以公有制为主体。"[④]第二,所有制的性质决定了生产、分配、交换的方式,农业集体经济的性质属于公有制范畴,农业集体经济活动的主体是集体,由集体对农业发展统的方面进行宏观统筹规划,即便在实行包产到户的地方,由于经济的主体还是生产队,就不会动摇集体经济。1980年,针对有人认为家庭联产承包责任制会动摇集体经济的顾虑,邓小平说,"'包产到户'是社会主义制度下责任制的一

---

① 中共中央文献研究室编:《邓小平年谱(1975—1997)》(下),中央文献出版社2004年版,第1035页。
② 《邓小平文选》第3卷,人民出版社1993年版,第357页。
③ 《邓小平文选》第3卷,人民出版社1993年版,第138页。
④ 中共中央文献研究室编:《邓小平年谱(1975—1997)》(下),中央文献出版社2004年版,第1349页。

种形式……没有违背集体所有的原则"[1]，是有利于发展社会主义经济的，因此可以肯定农业"总的方向是发展集体经济"[2]，所以担心包产到户会动摇集体经济是不必要的。第三，由生产资料集体所有制决定，在农业集体经济内部，成员共同劳动，实行民主管理。第四，集体经济的实现形式可以而且应该是多样的，具体采取什么形式要"从当地具体条件和群众意愿出发"[3]。邓小平始终认为，符合农业生产力水平、符合农业发展客观规律、具有强大生命力和优越性的农村集体经济是社会主义在农村的制度基础，是农业和农村继续发展的保证，是农民根本利益和实现共同富裕的保障，农村集体经济并不是低效和失败的。

2. 对中国农业现代化的实现"要有历史的耐心"

邓小平在提到农业"两个飞跃"的时候，提到了三个"长"：第一个"长"，是从"长"远的观点看，最终要实现高水平的集体经济；第二个"长"，是家庭联产承包责任制要坚持"长"期不变；第三个"长"，是"第二个飞跃"要很"长"时间才能够实现。这三个"长"，充分表明了在我国这样经济基础落后的国家，即便经历了40多年的农业改革和发展，农业生产力、农村经济和农民生活有了很大的提高，但要在我国实现农业现代化仍然是艰巨的、长期的任务。邓小平很早就认识到这个问题，多次表达了这样的思想："四个现代化，比较起来，更加费劲的是农业现代化。"[4]农业的基础地位始终是最重要的，同时也意味着解决农业问题是最难的。"第二个飞跃"能够实现的关键在于生产力的发展进步，生产力的发展水平制约了"第二个飞跃"发展的各项条件的成熟与完善，这些条件几乎涉及农业的各个方面，其中任何一项条件的滞后发展都会制约其他条件的发展变化。生产力的发展变迁不可能在短时间内以突变的方式推进，它的变

---

[1] 中共中央文献研究室编：《邓小平年谱（1975—1997）》（下），中央文献出版社2004年版，第764页。

[2] 《邓小平文选》第2卷，人民出版社1994年版，第315页。

[3] 中共中央文献研究室编：《邓小平年谱（1975—1997）》（上），中央文献出版社2004年版，第642页。

[4] 中共中央文献研究室编：《邓小平年谱（1975—1997）》（上），中央文献出版社2004年版，第98页。

革不以人的意志为转移，需要很长时间，需要人们实实在在、稳扎稳打的长时间的努力与积累才可能实现最后的质的飞跃。而在农业实践发展过程中会不断产生新的问题和新的困难，哪一步不谨慎，出现了失误，都会对整个国家的经济发展产生重大的影响，"农业上如果有一个曲折，三五年转不过来"①。目前我国农业正处在发展转型的关键期，面临的诸多挑战更加棘手，更加难以在短期内有效解决这些问题。农业发展的困难集中表现为"三个日益突出"，即农业资源环境制约、农业生产结构失衡、农业发展质量效益不高的问题。②因此，对待农业问题，一方面我们要坚信集体经济是农业改革和发展的方向，不能动摇，不能偏离这个方向；另一方面，我们要认识到实现农业"第二个飞跃"的艰巨性和长期性，不能犯急于求成的错误。尽管实现"第二个飞跃"是一个长期的过程，但不是无限长的过程，只有积极创造条件，才能够在将来实现集体经济的飞跃。对此，"我们要有历史的耐心"③。

3. 适时依据农业生产力的变化调整农业生产关系

马克思主义认为，生产力是生产关系形成的基础和前提，决定生产关系的性质、发展和变革。有什么样的生产力就有什么样的生产关系。作为生产方式中最活跃、最革命的因素，生产力经常处于发展和变化中。而生产关系对生产力具有巨大的反作用。当生产关系由促进生产力发展变成生产力发展的桎梏的时候，生产关系的变革对生产力的发展就具有决定性的意义。只不过，即便在这个时候，生产关系仍然是由生产力决定的。生产力变革的原因归根到底还是不论在什么情况下，生产关系反作用发挥的前提都是要适应一定的生产力状况，都是建立在生产力起决定作用的基础上，由生产力发展的内在要求决定的。生产关系超越或滞后于生产力的实际发展水平，都会对生产力产生阻碍作用。生产关系的反作用不能越出生产力发展状况所决定的范围。当生产力和生产关系的发展状况不相适应

---

① 《邓小平文选》第3卷，人民出版社1993年版，第159页。
② 韩长赋：《深入学习贯彻十八届五中全会精神 加快转变农业发展方式》，《农民日报》2015年11月13日。
③ 陈锡文：《对待中国农业现代化要有历史的耐心》，《北京日报》2014年2月24日。

时,适时调整生产关系是不以人的意志为转移的、必须进行的事情。农业作为社会经济的重要组成部分,其改革与发展也必须遵循这个基本规律。当人民公社的弊端表现为不符合农业发展实际,超越生产力水平的时候,邓小平主张将生产关系从规模过大、公有化程度过高的水平向后退,退到适应生产力的程度,以退为进。当家庭联产承包责任制刚刚彰显其优越性,带来的经济社会的进步发展还让人欢欣鼓舞的时候,邓小平根据我国农业的实践和农业发展规律前瞻性地发现了这种生产关系对农业进一步发展的制约,将其看作低水平的集体经济,提出了发展"高水平"的农村集体经济的"两个飞跃"思想,为我国农业的发展指明了方向。

4. 农村集体经济的发展是一个由低到高的曲折渐进过程

任何事物的发展从来都不可能是直线上升的,往往是几经反复的波浪式、螺旋式的前进。农村集体经济的发展也是如此。毛泽东对农业合作化和集体化的追求从方向上来说是对的,但在实践中超越生产力的公有化程度、发展速度和发展规模导致了集体经济发展的失误。这充分说明了规律不能自己说明自己,人们对规律的正确认识要经历一个过程,在认识规律和践行科学认识的过程中都有可能会犯错误,优秀的共产党人也不例外。我们对真理的认识不可能一次穷尽,要经历多次曲折反复,但每一次的经验教训都使我们更加接近真理,使我们更有信心。有的时候及时合理地退却是为了前进得更好,家庭联产承包责任制就是这样,将农业生产关系拉回到适应生产力的水平,促进了农业发展并带动了整个国家经济社会的巨大进步。推行家庭联产承包责任制,是符合当时农业生产力要求和农民意愿的正确选择,虽然其弊端与不足在其实行之初就已经客观存在,但是这些弊端和不足隐蔽在农业增产和农民增收的巨大喜悦中,随着农业经济的发展才逐渐显现。家庭联产承包责任制并不是实行家庭联产承包的目的,而是为了给"第二个飞跃"打下良好的物质基础。所以当人们误以为家庭联产承包责任制偏离了社会主义方向的时候,邓小平清醒而坚定地回答:"我们总的方向是发展集体经济。"

农业"两个飞跃"的每一步都走得不轻松。虽然"第一个飞跃"仅用了3年就在全国建立,但这是农业客观生产力和农民的生产热情在被压抑了20多年后才得到合理释放的结果。如果将过去的20多年也算进来,那么整体来看"第一个飞跃"的实现时间也不短,它所产生的"井喷式"的农业生产发展和巨大的辐射效应也就是可以理解的了。但是相较于农业的"第一个飞跃","第二个飞跃"的任务更艰巨,挑战更多,时间更漫长。之所以说是"飞跃",是因为经由量的积累最后产生了质变,"第一个飞跃"是对束缚农民生产积极性的农业基本经营体制的变革,而"第二个飞跃"则要实现农村集体经济高水平的进步与发展。任何一个事物的质的变化都要经历由低到高、由易到难、由浅到深的长期的量变的积累,质变不可能是一蹴而就的。由低水平的"第一个飞跃"发展到高水平的"第二个飞跃",是美好的前景,也是现实的选择,在这个过程中会遭遇许多意想不到的现实困难和曲折。但是,明确并坚持这个方向,积极创造条件克服困难,伟大而艰巨的"第二个飞跃"最终会实现。"客观需要的有生命力的事物,总要为自己的成长开辟道路的。"[①]农村集体经济就是这样的有强大生命力并符合农业客观规律的事物,它的发展是阶段性、渐进性、长期性与质变性的统一。

5. 坚持集体经济性质、方向的一致性与实现形式的多样性

生产资料所有制与其实现形式,二者并不是一回事。所有制制约实现形式,但实现形式也会对所有制产生反作用。而我们过去所犯的错误之一就是以单一模式来实现集体经济,背离了生产力的现实状况,制约了社会主义经济的发展。1982年12月,中央政治局讨论通过的《当前农村经济政策的若干问题》指出:"一讲合作就只能合并全部生产资料,不允许保留一定范围的家庭经营;一讲合作就只限于按劳分配,不许有股金分红;一讲合作就只限于生产合作,而把产前产后某些环节的合作排斥在外;一讲合作就只限于按地区来组织,搞所有制的逐级过渡,不允许有跨地区的、多层次的联合。"这段话总结了高级社成立以来的经验教训,同时告诉我们简单划一地推广一种模式,在我国大多数地区的农村都很难具有旺盛的生命力。

---

① 杜润生:《中国农村制度变迁》,四川人民出版社2003年版,第26页。

我国土地广阔，生产力发展不平衡，发展进程不可能是整齐划一的，所以集体经济实现形式的多样化是不可避免的，"在坚持集体化的大方向下，应该保持经济形式和管理形式的多样化"①。关于生产资料公有化的程度，组织规模的大小，劳动组织形式，分配报酬办法，可以因地制宜，按不同的生产力水平，采取不同的模式，在不同时间内、在不同的基础上向前发展。以一种模式到处强制推行，过去行不通，今后更行不通。邓小平很早就赞同集体经济要因地制宜地采用多种组织形式，"在生产关系上不能完全采取一种固定不变的形式，看用哪种形式能够调动群众的积极性就采用哪种形式"②，"在农村，还得要调整基层的生产关系，要承认多种多样的形式。照我个人的想法，可能是多种多样的形式比较好"③。1980年5月，邓小平在同胡乔木、邓力群谈话时指出，目前在农村工作的集体化组织形式和因地制宜发展生产的问题上思想不够解放。④集体经济的实现形式对集体经济具有反作用，契合集体经济本质的实现形式能够促进集体经济的发展，对集体经济的发展是至关重要的。我们要探寻更为有效的、能够体现集体经济生产资料公有制性质并能够推动集体经济发展的多种多样的实现形式。

---

① 杜润生：《中国农村制度变迁》，四川人民出版社2003年版，第8页。
② 《邓小平文选》第1卷，人民出版社1994年版，第323页。
③ 《邓小平文选》第1卷，人民出版社1994年版，第324页。
④ 中共中央文献研究室编：《邓小平年谱（1975—1997）》（上），中央文献出版社2004年版，第642页。

第四章

中国农业现代化的最终出路

从毛泽东到邓小平,乃至现在,我国几代领导人都在积极探寻农业发展的道路。不论当时农业发展所处的时代背景、面临的任务、客观条件、发展路径等有什么不同,但毫无疑问,他们都根据中国的现实国情和农业客观规律,选择集体经济作为我国农业现代化发展的最佳和最终出路。

第一节 毛泽东、邓小平农业现代化思想的内在关联

从毛泽东到邓小平,在中国农业现代化道路选择、目标设计、发展途径和战略步骤等问题上,他们的探索是承前启后、继往开来的关系。他们代表了中国农业现代化发展进程中的两个阶段,如果没有毛泽东作为中国农业现代化奠基者探索的经验和教训,就不会有邓小平后来的探索,更不会取得显著成果;而没有邓小平的继续探索,毛泽东开创的社会主义事业也不能延续并进行到底。龚育之先生认为以毛泽东与邓小平为核心的两代领导集体之间是纠正、继承和创新的关系,"前两条的组合,就是拨乱反正,后两条的组合,就是继往开来"[1],而"没有这个继承的关系,就否定和割断了历史,就会丧失我们的基本立足点,就会迷失前进的方向"[2]。任何将两者简单并列或者将二者绝对割裂开来的观点都是错误的,都无益于我们的社会主义事业。那么邓小平的农业现代化思想对毛泽东农业现代化思想的继承和发展表现在什么地方呢?

---

[1] 龚育之:《从毛泽东到邓小平》,中共党史出版社2002年版,第22页。
[2] 龚育之:《从毛泽东到邓小平》,中共党史出版社2002年版,第13页。

第四章 中国农业现代化的最终出路

一、毛泽东、邓小平农业现代化思想的内在延续

作为中国共产党和中国人民杰出的领导人，毛泽东、邓小平与占人口大多数的农民血肉相连，他们深知农业的地位，都想发展农村，富裕农民。这种内在的一致性，决定了邓小平在农业现代化思想上的发展与创新不是对毛泽东的否定，二者的农业现代化思想在本质上存在着一致性和延续性。

（一）现代化首先是农业的现代化

当近代中国的国门被西方列强打开，中国陷入了被动现代化的进程，现代化就成为中国的历史主题。当在长期的革命实践中，毛泽东认同并深化了对现代化的认识，当我们取得了新民主主义革命的成功，为中国现代化的发展奠定了政治前提的时候，我们完成了从被动现代化向主动现代化的根本转变。新中国成立之初，毛泽东关于现代化的认识更多的是和工业化联系在一起的，工业化成为现代化的重要考量，使中国由农业国变为工业国是现代化的主要任务。因此，当1954年周恩来在第一届全国人民代表大会第一次会议上所作的报告中，首次明确"四个现代化"内容的时候，工业现代化是排在第一位的。其后，在不同的场合和不同的文件表述中，尽管四个现代化的内容有所调整（比如在1957年的《关于正确处理人民内部矛盾的问题》和《在中国共产党全国宣传工作会议上的讲话》中，增加了"现代科学文化"的内容，为"四个现代化"增加了精神文明方面的内容；毛泽东在1960年读苏联《政治经济学教科书》时，增加了国防现代化的内容），但是在党和毛泽东对四个现代化的完整认识中，工业现代化的地位始终没有变。后来，经过了20世纪60年代初期的调整，"以农业为基础"的思想形成后，农业现代化就放到了工业现代化的前面。这是对我国经济发展现实作出的回应，至此，四个现代化的提法和排序基本就固定了下来。

邓小平对农业现代化也是非常重视的，农业是支撑现代化的基础，没有农业的现代化，整个国家的现代化无从谈起。当然，邓小平对农业现代化重要性的认识最初也是和工业化联系在一起的，他强调"工业越发展，

越要把农业放在第一位"①。但是，随着社会经济的发展，邓小平从农业自身的发展需要出发，充分认识到农业发展的重要性和艰巨性，认识到我国经济发展的弱点在农业，多次提到解决农业问题比解决工业问题更困难，解决农业问题最费力，"真正的问题是农业问题"②。

将农业现代化放到现代化的首位，既包含了农业第一位重要的意思，也包含了农业第一难解决的意思。这种见解体现了对国情的认识，是对农业的地位和农业发展艰巨性的正确认识，也包含了对农民的情感。无论中国的民主革命还是改革开放都走的是农村包围城市的路子，农业的发展和农民的福祉密切相关。作为国家的领导人如果不重视农业和农民问题，不仅说明他不是成熟的政治家，没有真正认识中国的国情，而且说明他缺乏朴素的农民情感。对毛泽东和邓小平而言，如果忽视农业和农民问题，就背离了他们当年革命的初衷，背离了他们的信仰。谁忽视或漠视农民的疾苦，那他就不是真正的马克思主义者。

（二）发展社会主义的农业现代化

在现代化的发展道路问题上，一直存在着两种不同的选择：一种是对发达资本主义国家的效仿和追随；另一种是摆脱对资本主义的依附，从而超越资本主义，探索新的发展道路。历史经验证明，走社会主义道路是能够真正摆脱垄断资本主义束缚的唯一选择，除此之外，别无出路。

毛泽东与邓小平在中国现代化道路的选择上高度一致，都坚定地主张走社会主义道路，这关系我国现代化的性质和方向。道路的选择是关系我国发展的最根本的问题，中国社会发展的真正出路在于社会主义与现代化的有机统一。关于现代化的社会主义方向，毛泽东与邓小平从未动摇过，也绝不容动摇。早在1937年，毛泽东在与美国新闻记者、作家尼姆·韦尔斯谈话时就指出"中国不可能成为帝国主义或者十足的资本主义国家"，"像西欧那样发展资本主义的前途是没有的"。③ 现代化并不是西方化的同义

---

① 《邓小平文选》第2卷，人民出版社1994年版，第29页。
② 中共中央文献研究室编：《邓小平年谱（1975—1997）》（下），中央文献出版社2004年版，第1191页。
③ 《毛泽东和尼姆·韦尔斯的谈话》，《毛泽东思想研究》1985年第1期。

语，尽管我们仍要从西方学习很多东西，但毛泽东向来反对全盘西化，在中国现代化建设的战略构想中，毛泽东尤其注意这一点。他关于四个现代化的构想，都是和社会主义相关联的，比如农业现代化、工业现代化与社会主义要统一。比较明显的是科学技术的现代化要求旧知识分子自觉培养无产阶级世界观，要"又红又专"；而国防现代化，则是为了保卫社会主义制度，做社会主义的坚强后盾。

1980年1月，邓小平在《目前的形势和任务》中说：我们要在社会主义制度下实现现代化。1987年，在同加蓬总统邦戈的谈话中，他回顾中国近代历史，说："这个历史告诉我们，中国走资本主义道路不行，中国除了走社会主义道路没有别的道路可走。"邓小平多次说过，我们搞的现代化是社会主义的现代化。从1985年到1987年，针对社会上出现的资产阶级自由化思潮，邓小平多次强调现代化的社会主义性质。1985年3月7日，邓小平：我们现在搞四个现代化，是搞社会主义的四个现代化，不是搞别的现代化。1985年8月28日，邓小平又说：在四个现代化前面有"社会主义"四个字，叫"社会主义四个现代化"。1986年9月2日，邓小平说：我们搞四个现代化建设，人们常常忘记是什么样的四个现代化，是社会主义的四个现代化。1986年9月28日，他说：我们搞的四个现代化有个名字，就是社会主义四个现代化。1987年2月28日，邓小平说：我们脑子里的四化是社会主义的四化。他们只讲四化，不讲社会主义。这就忘了事物的本质，也就离开了中国的发展道路。1990年4月7日，他再次提到：我们搞的现代化，是社会主义的四个现代化。

无论是毛泽东还是邓小平都认为只有社会主义才能够保证现代化目标的整体性得到实现，这种整体性包括社会的全面进步和发展，尤其是人的进步和发展。社会主义还可以保证现代化目标的迅速实现。邓小平认为，尽管我们在社会主义实践中犯过错误，但我们还是"在三十年间取得了旧中国几百年、几千年所没有取得过的进步"，那么，当我们总结经验、纠正错误后，"毫无疑问将来会比任何资本主义国家发展得都快，并且比较稳定而持久"。[①]

[①] 《邓小平文选》第2卷，人民出版社1994年版，第167页。

即使由于体制上的某些不足导致我们在社会主义现代化的建设中走过弯路，但这是为社会主义道路开辟新的生长点。因此邓小平从社会历史的总趋势出发，认为中国现代化的社会主义方向是世界现代化的方向，既要坚定对马克思主义的信心，也要冷静面对现实中的困难。他说："一些国家出现严重曲折，社会主义好像被削弱了，但人民经受锻炼，从中吸取教训，将促使社会主义向着更加健康的方向发展。"①

（三）发展中国式的农业现代化

一切国家的现代化建设，不仅有彼此相同的共性，而且有独具特色的个性。即便是在相同的社会经济制度下，由于生产力起点、科技水平、地理环境、人口状况、民族文化传统等因素的差异，在现代化建设一般规律支配下仍然呈现出多样的发展模式。"任何现代化道路和模式都不是从天上掉下来的，而是在现代化实践中摸索出来的，是借鉴已有的现代化道路和模式并结合本国的实际情况而制定出来的。"②

毛泽东坚持中国社会主义建设必须走自己的路，是基于他对国际形势、对苏联模式在中国具体运用的可行性的深层反思，是对中国国情的深刻认识。他突出强调了实事求是、独立思考对增强独立自主能力的重要性。毛泽东是一贯反对教条主义的，他认为对苏联模式进行模仿最大的缺点就是缺乏创造性，最大的弊端就是可能丧失独立自主。因此，他提倡解放思想，实事求是，自主思考，独立创造，这样才不会仰人鼻息。

中国式的现代化，必须从中国的特点出发，这是邓小平思考和实践现代化建设的逻辑起点。他把根据自己的国情进行革命和建设作为最根本的一条经验。1980年5月5日，邓小平在会见几内亚总统杜尔时说：毛主席最大的功劳就是把马克思列宁主义的普遍真理同中国革命的具体实践结合起来。邓小平反复强调"我们搞的现代化，是中国式的现代化。我们建设的社会主义，是有中国特色的社会主义"③。1979年3月30日，邓小平提到，在革命时期，毛泽东开辟的农村包围城市的道路是适合中国国情的，那么搞建设，也

---

① 《邓小平文选》第3卷，人民出版社1993年版，第383页。
② 王立胜：《中国发展大战略——从毛泽东到邓小平》，陕西人民出版社2008年版，第40页。
③ 《邓小平文选》第3卷，人民出版社1993年版，第29页。

要适合中国国情，走出一条中国式的现代化道路。邓小平多次在不同场合对来自第三世界的朋友说，中国搞社会主义，要有中国特色，那么其他国家搞社会主义可以学习中国，但也不必模仿中国，各国情况不同，政策应该有所区别。他既反对别国向中国输出现代化模式，也坚决主张中国永远不向别国输出自己的模式。世界上的所有问题不可能用一个模式来解决。邓小平向一些第三世界的国家领导介绍中国成功经验的时候，他认为，第一条经验，就是中国走了适合本国国情的具有中国特点的社会主义建设道路。

日本中国问题专家大泽升说，两个人（毛泽东和邓小平）都强调建设中国式社会主义，即"把马克思主义与中国实际相结合"。毛泽东和邓小平都没有离开社会主义和中国。[①] 美国研究毛泽东的著名专家斯图尔特·R·施拉姆说：中国今天应用的马克思主义概念，有了极大的不同，但目标总是一样的，就是使中国富强，建设一个既是社会主义又具有中国特色的新社会。[②] 从这个意义上说，有的外国学者称邓小平是"当今中国主要领导人中最毛化的一个"。国外学者对毛泽东与邓小平都坚持社会主义与中国特点相结合方面的认识无疑是科学的洞见。毛泽东与邓小平在这方面是相同的，一方面强调发展的社会主义方向；另一方面又强调发展的中国特色，把马克思主义与中国实际相结合，发展中国式的社会主义农业现代化。国情的特殊性决定了我国现代化建设具体形式的特殊性。

（四）农业现代化要走集体经济的道路

马克思主义经典作家关于小农以及小农经济必然灭亡的论断，是毛泽东、邓小平坚持农业社会主义方向，以集体土地所有制克服土地私有制缺陷的理论来源，但这更是源于中国农业发展的现实需要。

中华人民共和国成立不久，基于小规模个体小农发展的局限，个体小农经济发展缓慢对优先发展重工业战略造成阻碍，出于对农村出现的两极分化倾向的担忧，毛泽东将农民组织起来，历经轰轰烈烈的程度由低到高的合作化运动，社会主义集体经济从此在广袤的农村大地确立起来。只

[①] ［日］竹内实等：《当代中国的掌舵人——邓小平》，张惠才编译，中央文献出版社1993年版，第182页。

[②] ［美］斯图尔特·R·施拉姆：《毛泽东的思想》，中央文献出版社2005年版，第237页。

有社会主义才能救中国，确立中国农业的社会主义方向是毛泽东的巨大贡献，从此中国农村发生了历史性巨变。

20世纪70年代末，农村集体经济发展出现问题，社会上出现怀疑和否定社会主义公有制的不正确思潮。在这历史关头，邓小平旗帜鲜明地坚持了毛泽东开创的积极成果，坚持社会主义公有制，坚持农村集体经济发展方向。首先，发展农村集体经济是稳定农村和国家的关键。中国的特殊国情决定了占中国人口80%的农民和农村稳定与否是中国稳定和发展的前提。只有发展集体经济才能把农村的人财物结合成紧密而有序的整体，避免出现西方发达国家在传统农业体制解体过程中对农民的压迫；也可以避免在现代化进程中出现的自下而上的破坏，从而保证国家的稳定与统一。中国的现代化若没有社会主义农业和农村的稳定为依托，是不可想象的。其次，只有社会主义才能真正发展农业。农村集体经济已经在广大农村有几十年的历史了，社会主义在农村已经扎下了根，因此当农村改革时，农民欢呼土地使用权和经营权的重新获得，却没有再提土地所有权的要求。这从一个方面反映出在集体环境下生存已久的广大农民对集体的认可，并体现了集体经济的群众基础和存在的合理性。社会主义集体经济成为推进农村进一步发展的制度保障，任何时候丢弃这个成果，也就意味着中国农业现代化乃至整个现代化的中断，农业发展多年的成绩也将付之东流。邓小平是坚决反对这种做法的，他认为："如果丢掉这些成果，如果搞资本主义，首先发生的就是无法解决十一亿人都有饭吃的问题。没有饭吃，中国人干吗？"[①]因此，邓小平仍然坚持农业发展的社会主义前途，坚持发展农村集体经济，就是在家庭联产承包责任制进行得如火如荼的时候，邓小平仍然清醒而坚定地说："我们总的方向是发展集体经济。"只有坚持走集体经济的道路，中国才能解决"十亿人的贫困问题，十亿人的发展问题"。

二、邓小平对毛泽东农业现代化思想的发展

邓小平关于农业现代化的思想，是在坚持毛泽东农业发展积极成果的

[①]《邓小平文选》第3卷，人民出版社1993年版，第326页。

基础上起步的，但又是对毛泽东农业发展经验教训进行总结的结果。没有毛泽东在农业方面的先导，则看不到中国农业现代化探寻的源头；但是没有邓小平对农业现代化的创新性发展，则没有中国农业的巨大进步，也体现不出对毛泽东农业现代化思想的继承与发展。

（一）从农业生产关系的急于过渡到适时适度的退却

毛泽东关于农业必须走合作化和集体化的道路才可以解决农业发展问题，并最终实现农业社会主义方向和农民共同富裕的选择是对的。他"先合作化后机械化"的认识与实践也符合当时中国国情和发展经济的迫切需要。但是他教条式地理解马克思主义经典作家关于共产主义社会的描述，片面追求生产关系的变革，急于过渡生产关系，提高公有化程度，以为农业合作化可以在脱离整个国民经济发展水平的条件下率先完成，人为地塑造了通过人民公社可以很快过渡到共产主义的氛围。这样的做法超越了社会主义的阶段，违背了经济社会发展的一般规律，以主观意愿代替客观条件，最终是失败的。虽然在人民公社发展期间，针对出现的问题，对人民公社急于向全民所有制和共产主义过渡的错误进行了纠正，在1958年12月八届六中全会通过的《关于人民公社若干问题的决议》里批评了混淆全民所有制和集体所有制界限、混淆社会主义和共产主义界限的做法，重新强调人民公社是集体所有制，认为在条件不具备的时候企图进入共产主义是不切实际的空想。但是由于当时对问题的严重性估计不足，依然认为公有化程度越高越好，人民公社体制虽经1962年的再次调整，允许社员保有少量自留地和小规模家庭副业，恢复农村集市，也重提按劳分配，但是"三级所有、队为基础"作为人民公社的根本制度已经是毛泽东的底线，不能再向后退，也绝不允许向后退。所以，尽管在农业形势极为恶劣的时候，毛泽东也曾允许安徽进行"责任田"的试验，[①]但这不过是扭转局面的不得已的做法，一旦形势好转，这一触动其底线的行为被取缔也就是顺理成章的事情。因此，在整个合作化和人民公社期间，包产到户政策三起三

---

① "大跃进"造成生产力的破坏，为了应对农业的困境，1961年，安徽省在合肥市蜀山公社试行"包产到队，定产到田，责任到人"，收到成效后，决定扩大试行责任田。当安徽省委第一书记曾希圣向毛泽东汇报时，毛泽东说："你们试验嘛，搞坏了检讨就是了。"

落,就是由于毛泽东将包产到户视为瓦解集体经济的单干。

在这方面,邓小平坚持了原则坚定性与策略灵活性的高度结合,适时适度地将农业经营生产方式向后退,退到可以适应农业生产力水平和农民普遍愿望为止。邓小平明确提出,要恢复国民经济"不论工业还是农业,非退一步不能前进",退是为了前进,只有退才能前进,"退够是为了有利于调整、有利于前进"①,才能够发展得更平稳。如果不能有效地"退",不做认真调整,我们的现代化建设就不可能顺利进行,"只有某些方面退够,才能取得全局的稳定和主动,才能使整个经济转上健全发展的轨道"②。保证"退"得顺利,首先,要"说服群众,加强干部","全党应该有一个统一的主意,应该有一个主见"。其次,在农村"还得要调整基层的生产关系,要承认多种多样的形式"③,形式多样才可以适应不同地区的不同条件和特殊情况,在形式的应用上不能不顾实际搞"一刀切"。至于采用哪种形式和方法,要取决于"哪一种方法有利于恢复生产",哪一种方法能够调动农民的积极性。邓小平认为不要过于纠缠包产到户的性质,不要管是"黄猫、黑猫",对包产到户"不要一口否定,不要在否定的前提下去搞。要肯定,形式要多样"④。对分田或包产到户要进行调查研究,用调研结果来回答群众的疑问。生产经营方式"退"的原因是适应我国真实的生产力水平,生产关系"退"的目的是调动农民的积极性,发展农业生产,恢复国民经济。这样才能巩固集体经济和社会主义制度,这是根本。正因为事物的发展不会是一帆风顺的,所以"在总的前进的过程中都还需要有一段调整的时间,才能由不同程度的不平衡走向比较平衡","局部的后退是必要的","退一步才能进两步"。⑤暂时的生产经营方式向后退,是一种策略和手段,并不是"退"的最终

---

① 中共中央文献研究室编:《邓小平文集(1949—1974年)》下卷,人民出版社2014年版,第108页。
② 《邓小平文选》第2卷,人民出版社1994年版,第355页。
③ 《邓小平文选》第1卷,人民出版社1994年版,第324页。
④ 中共中央文献研究室编:《邓小平文集(1949—1974年)》下卷,人民出版社2014年版,第146页。
⑤ 《邓小平文选》第2卷,人民出版社1994年版,第161页。

目的，"退"说到底还是为了在条件具备的时候实现生产关系的突破，实现共产主义。

（二）从超高速赶超到适度发展

1. 奉行赶超战略的必然性

当处于不同历史起点的国家被卷入现代化大潮的时候，这不同的发展起点不仅决定了不同的国家发展现代化的速度和方式不同，同时也决定了后发展国家要拉近同发达国家的距离，把发达国家一二百年的渐进发展历程压缩到几十年的时间里，几乎都选择了赶超战略，具有高速发展的特征。我国理论界关于赶超战略的研究成果比较多，但不外乎两种思路：一种认为赶超战略是一种速胜论，并且把赶超战略归结为"大跃进"式的经济发展战略；另一种认为毛泽东、邓小平都奉行赶超战略，都认识到了赶超的重要意义，但是由于时代条件和认识水平的不同，在他们所处的不同历史阶段，赶超战略表现出不同的形式。所有后发展国家都面临落后的现实与先进发展要求的矛盾，那么，要解决这个矛盾，一方面要以发达国家为参照并实施对这些国家的赶超；另一方面必须利用一切可利用的条件以比发达国家更高的发展速度来推进现代化。没有结合好这两点，就不可能真正进入世界现代化进程，也不可能实现后发展优势。赶超发达资本主义国家是后发展国家在现代化发展进程中带有普遍性的现象，我国的赶超战略不仅符合现代化进程的规律，而且也具有高度的政治意义。在中国这样经济文化落后的国家进行现代化建设，如果只能在西方资本主义国家后边亦步亦趋，不能创造出比资本主义更高的发展速度，那么不仅体现不出社会主义的优越性，而且也很难改变被动挨打的局面。只有这样审视中国的现代化，才能够理解为什么毛泽东、邓小平都强调现代化发展的高速度，同时可以看出二者其实都奉行赶超战略，只不过在不同时期赶超的具体途径和方式不同而已。

我们要注意一点，"大跃进"无疑是赶超战略的一种极端形式，但是单纯地将赶超战略归结为"大跃进"并进而否定赶超战略无疑是不科学的。邓小平认为"大跃进"是"超高速"发展战略，他对这种"完全违背客观实际情况，头脑发热"的超高速发展战略的否定并不是对赶超战略的否定，而是在对这种赶超形式的反思中寻求适合中国国情国力和发展规律的赶超形式从而实现对发达国家的赶超。邓小平"三步走"战略所设定的参照目标和赶超目标是中等发达国家,这一参照目标和赶超目标的选择符合我国的实际,既是高速度的也是可以发挥自身比较优势的,从而使这样的赶超战略具有极大的现实性和可能性。因此,毛泽东和邓小平仅仅是在如何实现高速赶超上有所不同,但必须要实行赶超战略的基本思路是一致的。

2. 从超高速赶超到适度发展

在新中国成立前夕召开的七届二中全会上,毛泽东第一次阐述了中国现代化的速度问题。他在阐述中国现代化发展的各种有利条件后,得出了这样的结论:"中国经济建设的速度将不是很慢而可能是相当地快的,中国的兴盛是可以计日程功的。"① 尽管当时毛泽东还不能对中国现代化的发展速度做出准确的预测,但是他将社会主义现代化要拥有比资本主义更快的发展速度的认识表达得比较明确。新中国成立后,作为新生的社会主义国家的领导者,面临国内外的巨大压力,毛泽东始终有一种强烈的急迫感,他把发展速度作为重要的战略问题来看待,当作社会主义生死攸关的大事情,因此他在我国的社会主义建设实践中,多次阐述高速度发展的必要性和可能性。

在实施赶超战略的初始阶段,毛泽东对中国实现现代化的速度与时间的估计,其实是比较谨慎的。他甚至在新中国成立初期告诫大家,要稳步前进,针对有人认为过渡时期太长的问题,他认为这种急躁情绪容易犯"左"的错误。但是社会主义改造以大大超出毛泽东预期的速度完成,这一改造结果对毛泽东的思想产生了极为重要的影响。毛泽东对社会主义建设的速度与规模产生了新的认识,认为必须彻底改变已经落后于现实形势发展的原有的观念,以适应新形势的发展。毛泽东对高速度的反复强调,促使人们对高速度的追求愈演愈烈,终于在实践中形成了脱离客观实际的、以"大跃进"为标志和顶峰的超高速发展。整个"大跃进"就是在片面追求高速度的气氛中进行的。但是"大跃进"却并没有带来农业发展的

---

① 《毛泽东选集》第 4 卷,人民出版社 1991 年版,第 1433 页。

真正跃进，反倒成为人们刻骨铭心记忆中的"一场实实在在的大灾难"①。但是"大跃进"的失败并不意味着赶超战略的失败，而是背离客观实际的超高速发展战略的失败。当客观条件不具备的时候，是不可能仅凭朴素的感情和良好的愿望去追求超高速度的。当年形成赶超战略是因为我们的认识还不深刻，对赶超战略还缺乏严密的逻辑判断，也没有把赶超的一般规律同中国的国情结合起来。

邓小平继承了毛泽东加快发展的基本思想，但是又将其纳入切实可行的速度里，形成了他的适度发展战略。邓小平同样重视中国发展的速度问题，始终在探索一条"比较快的发展道路"②。他对"左"的、急于求成的错误的反思与纠正，并不意味着他主张经济发展的低速度，而是要在纠错中找到适合中国国情国力的高速度。他从国家的自强自立、人民的幸福、社会主义本质与优越性的体现等方面强调经济发展的高速度。他在1987年说过这样的话："要摆脱贫穷，就要找出一条比较快的发展道路。"③邓小平始终关心经济发展的速度问题，高速度地实现现代化是他探索的重大问题，这不仅是重大的经济问题，也是重大的政治问题。邓小平反复指出，中国能否顶住霸权主义强权政治的压力，"关键就看能不能争得较快的增长速度，实现我们的发展战略"④。他也指出，获取人民拥护，加强思想政治工作，提倡艰苦奋斗，当然很必要，但是最根本的"还是经济增长速度"。邓小平从社会主义本质的高度出发，尖锐地指出："贫穷不是社会主义，发展太慢也不是社会主义。否则社会主义有什么优越性呢？"⑤

邓小平对实现现代化的高速发展也是比较有信心的，他在阐述了国内外的有利条件后说："在今后的现代化建设长过程中，出现若干个发展速度比较快、效益比较好的阶段，是必要的，也是能够办到的。"⑥但是邓小平对高速度的把握始终在"度"上下功夫，避免出现两种偏向，即出现

---

① 薄一波：《若干重大决策与事件的回顾（修订本）》下卷，人民出版社1997年版，第745页。
② 《邓小平文选》第2卷，人民出版社1994年版，第312页。
③ 《邓小平文选》第3卷，人民出版社1993年版，第255页。
④ 《邓小平文选》第3卷，人民出版社1993年版，第356页。
⑤ 《邓小平文选》第3卷，人民出版社1993年版，第255页。
⑥ 《邓小平文选》第3卷，人民出版社1993年版，第377页。

经济长期停滞、发展缓慢或"欲速则不达"的局面。他说："过去耽误的时间太久了，不搞快点不行。但是怎样做到既要搞得快点，又要不重犯一九五八年的错误，这是个必须解决的问题。"①1985 年，在讨论"七五"计划时，邓小平在总结过去 7 年的经验时，第一次提到了"为我国经济发展确定一个适宜的速度"②，这是他第一次提"适宜的速度"。1989 年，他又提到了"发展要适度"③。1990 年 3 月 3 日，他在同几位中央负责同志谈话时明确提到"早一点取得适度的发展"，他使用了"适度的发展"这一概念并对适度进行了解释："什么叫适度？适度的要求就是确实保证这十年能够再翻一番。"④他在这里反复强调要实实在在实现翻两番的目标，要体现在人民生活水平上。而邓小平精心设计的"三步走"发展战略就是对适度发展战略的体现。但是所谓的"适度"也是一个动态的变化的概念，因为考量适度的各项因素都处于不断变化之中，要全面估量经济形势，并对制约经济增长的各项因素进行科学计算和分析，才会确定什么样的发展速度是适度的。因此，"适度"是个实践中的动态概念。

我们要注意，邓小平对适度发展战略的思考，是以发达国家为参照，并从未离开过赶超发达国家的追求与向往。

（三）从单一集体统一经营向统分结合的双层经营转变

新中国成立后，在经历短暂的土地私有的家庭经营后，合作化运动将农民组织进合作社。随着合作化运动的开展，农业经营方式由互助组的互助合作经营发展到初级社的合作统一经营，再发展到高级社的集体统一经营。农业集体统一经营的范围和程度不断扩大和提高，直至人民公社时期，主要生产资料基本全为集体所有，农业的生产管理、劳动调配、物资调拨、经济核算、产品分配全都由集体进行统一的计划和安排。尽管人民公社保证了"工占农利"，确保了重工业发展的资金，为广大农民提供了广覆盖、低水平的社会保障，构建了系统的基层党政体系，消解了传统村

---

① 《邓小平文选》第 2 卷，人民出版社 1994 年版，第 156 页。
② 《邓小平文选》第 3 卷，人民出版社 1993 年版，第 150 页。
③ 《邓小平文选》第 3 卷，人民出版社 1993 年版，第 288 页。
④ 《邓小平文选》第 3 卷，人民出版社 1993 年版，第 354 页。

落几千年因循的发展轨迹，保持了若干年农村的稳定环境，修建了一批农田水利设施，进行了农业机械、科技推广，并一定程度上促进了农业的发展，但人民公社高度统一经营的弊端使得以上优越性被消解掉了。人民公社时期，集体对农业生产的安排往往并不能正确反映农业生产的特点，庞大的行政管理队伍不仅增加了巨大的监督管理成本，也未能收到对农民劳动效果的合理和有效监督。国家事实上成为农业生产要素的第一决策者、支配者和受益者，集体缺乏生产经营自主权，却往往要承担自上而下的行政命令的经济后果。

作为最基本核算单位的生产队，它的经济行为可能会偏离农民个体的利益最大化，而成为单纯为完成国家计划任务、实现国家宏观利益和整体利益的贯彻者和执行者。农产品的价格和收益不能对农业生产决策和销售决策产生影响，农业收益不能和农民的个体收益产生直接关联，也不能调动农民的生产积极性。在整个人民公社时期，高度集中的集体统一经营，使得所有权、经营权、分配权高度集中在集体手里。这种情况无法调动农民的生产积极性，生产动力不足，农业缺乏活力，农业在长期的低增长中徘徊。

集体统一经营具有个体经营所不具备的优越性，但是如果集体统一经营超出其所适用的范围和条件，就不能有效体现资源配置的效率机制和劳动的激励机制，会适得其反。因此，在整个人民公社时期，当农业经济形势严峻的时候，"包产到户"尽管数次被批判和打压，但并未被彻底扼杀，反而悄悄地蓄势待发。随着农村改革形势的向好，责任制形式历经联产到劳、包产到户、包干到户，初步形成以家庭联产承包为主的统分结合的双层经营体制。家庭联产承包责任制从不合法到局部合法再到全部合法。

统分结合的双层经营体制，是在克服人民公社体制缺陷的基础上逐步确立的，并随着改革的深入不断发展。它把家庭经营引入集体经济体制，家庭既是集体所有的生产资料的经营者，又是私人所有生产资料的所有者与支配者。家庭承包经营与统一经营是双层经营体制的两个层次，二者是相互依存、相互补充、相互促进的有机整体。它比较好地处理了生产资料所有权与经营权、农民所劳与所得、封闭与开放的关系，将集体"统"的功能与家庭"分"的灵活优势结合起来,要做到"统"得适度,"分"得合理,宜"统"则"统",宜"分"则"分"。这种高度的灵活性激发了农民的生产积极性,解决了困扰我国多年的温饱问题并促进了农业的大发展。但是二者又不是简单的并列关系,是有重点的。在协调好"统"与"分"关系的基础上,稳定"分",但重点是要完善和加强"统",大力发展集体经济,加强"统"对"分"的引导和服务。双层经营体制的设计初衷和发展重点看似是对计划经济的"复归",但实质是集体经济质的飞跃,并非回到计划经济的老路。双层经营体制,既不可以"复归"计划经济,又要避免影响"分"的发展或者以"统"代"分"。在双层经营体制发展多年后,更要避免的是强"分"弱"统"甚或以"分"代"统"。要处理好"统"与"分"的平衡,使二者不断完善并协调发展。但是即便在双层经营体制发展态势良好的时候也不要忘了,大力发展集体经济尤为重要,大力发展集体经济才是重点和方向。当农业生产力水平大大提高,集体经济实力大大增强,农业向规模化、集约化发展,农业向"第二个飞跃"迈进时,双层经营体制也就完成了它的历史使命。

(四)从城乡分隔到城乡交流

城乡二元结构在中国的形成有其历史和现实的原因。所谓城乡二元结构是指一种比较稳定和明显的城乡差别格局。在近代社会,由于现代文明的介入,我国社会渐渐分化成以现代工业为基础的城市社会和以传统农业、手工业为基础的乡村社会。到了20世纪50年代,这种格局并没有根本的改变,尤其人民公社化时期,还加剧了这种城乡分离的二元结构。因为当时生产力水平低下,不仅工业和城市没有能力吸纳过多的农业剩余劳动力,就是城市自身也存在巨大的就业压力。为了降低城市保障的负担,保证优先发展重工业战略的实施,主张农村富余劳动力在农村就地发展多种产业来进行安置。从1953年到1978年这25年的时间里,通过实行严格的城乡分离的户籍管理制度、就业制度和农副产品统购统销制度,基本限制了农村人口自发流向城市,甚至一度出现了城市人口向农村转移的"逆城市化"现象,城乡壁垒形成,使我国的二元社会结构更加固化。

人民公社时期单一集体所有制限制了农村地区间农民的自由流动,除升学、入伍、计划招工等特殊情况外,农民被束缚在土地、农村和集体生产经营中。农村生产要素不仅不能够在城乡、产业间自由流动,就是在农业内部的自由流动也受到限制。至于农民小规模的家庭副业和小块的自留地生产,不过是农民的生活补贴而已,严格说来,并不是生产要素的流动。政府以计划调拨和交换的方式取代了城乡间生产要素的自由流动。这种城乡分离的二元机构既控制了社会秩序,限制农民和农业生产要素在城乡间自由流动,使农业与其他产业分割开来;又通过乡村社会支援工业和城市,造成农业和农村发展滞后,工业和城市相对发达,很大程度上影响了我国农业现代化进程。

城乡间壁垒的松动与突破始于1978年的农村经济体制改革,始于计划经济和单一公有制最薄弱的环节。由政府控制的城乡关系渐渐更多地通过市场调节,城乡分隔制度逐渐解构,城乡关系进入新的历史时期。农村经济体制改革中,主要生产资料仍归集体所有,但家庭自主经营基础上产生的私有生产资料逐渐增多,各种非农经济不断发展,多种经济成分并存发展,这种所有制结构必然要求商品经济的发展,并推动市场机制在各领域发挥作用。邓小平说,在开放的世界,想关起门搞建设是行不通的。所谓关起门,既指对国外;也指对国内,包括一个地区对另一个地区,一个部门对另一个部门。这两种情况在我国的农业发展中长期存在,因此"首先要在农村实行搞活经济和开放政策",促使城乡资源自由流动。邓小平的这种对外和对内的开放政策,不仅使我国的农业走向国际化,打破了保守封闭的状态,也为我国农业逐渐走上城乡一体的协调发展道路奠定了基础。在邓小平这一观念和政策推动下兴起的乡镇企业,其立足点在农村,但其技术、市场、思想、产业的衍生却来自城市,这就决定了它必然向农村和城市双向拓展和延伸。乡镇企业既与农业农村共存共荣,又不断向城市渗透,形成与城市产业的分工协作。这种双向拓展与延伸的结果必然会促进城乡经济的交流与相互依赖。1978年后,在经济高速增长而城乡户籍分隔制度依然存在的背景下,在乡镇企业发展的带动下,发展小城镇成为政府首选的最佳城市化政策,鼓励小城镇发展取代了城乡分隔政策。小城镇通过自身的集群效应,形成人口和要素新的聚集区,带动交通通信、教育科技、贸易金融、物流信息等方面的互通与发展，从而推动了农业现代化的发展。

三、毛泽东、邓小平对中国农业现代化的历史贡献

毫无疑问，毛泽东是中国特色农业现代化事业的奠基人，他将农民组织起来，将农业引上了社会主义的发展轨道，指明了农业发展的方向。在他作为党和国家主要领导人期间，改善农业生产条件，提升农业机械化和技术水平，发展现代农业科学教育和农用工业，建立比较完善的农业技术推广体系，注重提高农民素质，关心农民疾苦，实现了农业和农村长达20多年的稳定和发展。他有关农业现代化的思想，尽管有些还不够成熟或系统，思考不够深入，有的处于萌芽状态，有的未能付诸实施，有的没能坚持下去，但是他的探索中的真知灼见，为后来者提供了非常有价值的借鉴与启迪。

但是，现在一些人针对毛泽东领导农业发展过程中出现的失误，尤其是针对人民公社，极尽批判与毁誉之能事，试图否定毛泽东在农业建设方面的成绩，否定毛泽东探索农业发展的初衷，进而质疑其人品。而这样绝对化地看待问题的人，要么是纯粹的傻瓜，要么就是居心叵测的人。作为成熟的政治家，邓小平多次说过，对毛泽东个人及其思想的评价不是仅涉及他个人的问题，而是"同我们党、我们国家的整个历史是分不开的"[①]，"否定这样一个伟大的历史人物，意味着否定我们国家的一段重要历史。这就会造成思想混乱，导致政治的不稳定"[②]。这是大局。邓小平多次强调："毛泽东思想这个旗帜丢不得。丢掉了这个旗帜，实际上就否定了我们党的光辉历史。"[③]

尽管毛泽东对四个现代化的目标设计包括对农业现代化的认识还是初步的，而且在探索中还存在一些问题，但是他毕竟迈出了艰难但是奠基性的一步。合作化和人民公社承载着毛泽东关于中国农业现代化或激情或理

---

① 《邓小平文选》第 2 卷，人民出版社 1994 年版，第 299 页。
② 《邓小平文选》第 3 卷，人民出版社 1993 年版，第 284 页。
③ 《邓小平文选》第 2 卷，人民出版社 1994 年版，第 298 页。

性的思考，尽管它饱受争议。但是所有研究中国现代化的人都绕不开人民公社，人民公社是研究中国现代化尤其是农业现代化很好的切入点。

当人们痛惜或感慨于当年的失误进而质疑领导人的人品或初衷的时候，对当年披肝沥胆建设国家的人来说是不公平的。历史不能选择，也不能回避。即便是失误，它也是共和国成长的一部分，已经深深地刻入共和国的年轮。尽管回头看共和国身上这块有些丑陋的疤痕时，我们可能会痛心或有不甘，但让我们牢牢记住这疼痛吧。"伟大的阶级，正如伟大的民族一样，无论从哪方面学习都不如从自己所犯错误的后果中学习来得快。"[①] 如果我们只能欢呼我们的成绩，而不能接受并正视我们的失误，就不符合历史唯物主义，这是不客观、不现实的。我们回头审视当年出现的问题不能脱离当时的国际和国内的诸多因素，将错误都归于当时的主要领导人，这是不严肃的、不科学的、不客观的分析历史的方法，不利于我们揭示历史的本质和规律，不利于说明历史的客观进程，也不利于我们从错误中走出来。正视错误，才是前进的前提。邓小平曾经说过："历史上成功的经验是宝贵财富，错误的经验、失败的经验也是宝贵财富。"我们不能以绝对消极的态度看待党的失误和挫折，努力将坏事变好事，才是辩证唯物主义和历史唯物主义的科学态度。每一次探索中的失误，都是由共产党自己发现并纠正的，从而从困境中走出来。这说明共产党能够发现自己的问题、正视自己的问题并解决自己的问题，具有强大的自我净化、自我完善、自我革新、自我提高、自我修复能力。

革命年代的探索会有失败，失败的代价是要流血牺牲；和平建设年代的探索也会有失误，失误的代价是经济的巨大损失和错失发展良机，延迟人民生活水平的提高。探索有成功就有失败，我们不能要求当年的领导人永远正确，永远成功，不能过于苛责当年的建设者，不能求全责备。那段历史给我们的启示是：中国共产党及其领导者在探索中要谦虚谨慎，实事求是，调查研究，稳扎稳打，才能避免出现重大失误，才能赢得民心。

中国共产党并没有否认过毛泽东在社会主义探索中的失误，正视这

[①] 《马克思恩格斯选集》第 1 卷，人民出版社 2012 年版，第 79 页。

些失误并纠正错误才能真正举起毛泽东思想科学体系的旗帜。但是讲错误，怎么讲，什么时候讲，讲到什么程度，要讲究策略，鲁莽和勇敢是两回事。

理想化地要求领导人不犯错误，这是不切实际的。以今天的时代条件来要求当年的共产党总是作出正确的判断和选择，这也是不可能的。邓小平之所以有后来的成绩，是因为他站在巨人的肩膀上。而毛泽东开创的伟大事业正因为有邓小平这样的继任者才得以延续和发展。

有些别有用心的人批评邓小平，说他所推行的农业改革偏离了社会主义方向。这种认识是不正确的。真正的马克思主义者不是教条主义者，不唯上、不唯书、只唯实。实事求是是毛泽东和邓小平最大的共同点。邓小平就是在坚持实事求是的基础上，解放思想，才走出了农业发展的新路，开辟了农业的新天地。邓小平是毛泽东农业现代化思想本质与核心的继承者，他们都重视农业的基础地位，关心农民利益和农业发展，坚持发展社会主义的农业现代化，坚持发展中国式的农业现代化，坚持农业集体经济方向。邓小平在农业生产关系方面策略的后退，是为了适应当时现实的生产力水平和农民的意愿，以促进农业大发展，当条件具备的时候，还是要走集体经济这条路，而且除此以外别无出路。如果邓小平解决农业问题只限定在前任领导者具体结论的框子里，就会被束缚住头脑和手脚，就不是一个真正的马克思主义者应有的态度。如果那样的话，就不会出现中国农业发展的奇迹。邓小平的农业改革从未偏离社会主义方向，他提出的农业"两个飞跃"中的"第二个飞跃"就很好地回答了这种质疑，暂时的后退、所有的尝试和努力都是为了更好地发展社会主义，无限接近"合格的社会主义"。

对毛泽东、邓小平的评价，包括对其农业现代化思想的评价，不能犯历史虚无主义的错误。总结历史，绝不仅仅是为了评判个人功过，而是为了开辟未来。

第二节　集体经济是中国农业发展的出路

一、集体经济是我国农业现代化发展的必然选择

2005年5月27日，薄一波在《给中国扶贫开发协会第三届会员代表大会的信》中写道："按照邓小平同志的思想，有一点需要从认识上和理论上搞清楚，就是这种一家一户的经营，其潜力毕竟是有限的；从生产方式来说，这种生产责任制尚未从根本上摆脱传统的小农经济、小生产的生产方式。我国的农业和农村经济，如果不逐步从小生产的方式走向社会化大生产的方式，是无法实现农业和农村现代化的。"[①] 其实，他提到的是关于中国农业发展前途的问题，当家庭承包责任制的优越性即将释放完，其弊端逐渐凸显的时候，农业发展的路应该怎么走？关于这个问题，邓小平早就给了回答，即发展农村集体经济，克服家庭分散经营的不足，否则的话，"试问农村出路何在？"[②]"不向集体化集约化经济发展，农业现代化的实现是不可能的。就是过一百年二百年，最终还是要走这条路。"[③] 农村集体经济是我国农村和农村经济实现社会主义现代化的必由之路。

（一）只有发展集体经济才能解决家庭承包责任制在农业发展中逐渐暴露出来的问题

中央农村工作领导小组副组长、办公室主任陈锡文同志坦言："以家庭承包经营为基础，统分结合的双重经营体制有没有问题？有问题。由于农村人口众多，农地资源相对稀缺，这造成农户经营规模非常狭小，因此劳动生产率不高，市场和国际竞争力低下。"但是这个问题怎么解决呢？"只有通过工业化、城镇化的过程，逐步把农村劳动力转移到非农产业和城市中，使得留在农村的经营主体能够逐步扩大经营规模。所以，凡是研

[①] 薄一波：《给中国扶贫开发协会第三届会员代表大会的信》，《党的文献》2008年第2期。
[②] 中共中央文献研究室编：《邓小平年谱（1975—1997）》（下），中央文献出版社2004年版，第1096页。
[③] 中共中央文献研究室编：《邓小平年谱（1975—1997）》（下），中央文献出版社2004年版，第1350页。

究农业、农村经济的同志,大概这二十多年来,一直有一个声音,就是呼吁推动农村规模经营。"①而农业适度规模经营是发展壮大农村集体经济的内容之一。

(二)农民有发展集体经济的客观需要

农业作为特殊的产业,其生产者的收益不仅源于自己的劳动,还取决于外部环境,农业发展既受自然制约,又受外部环境制约。在开放的市场经济环境下,农业生产与农民增收不是孤立分散的个体农户能够完全自我决定的。随着生产的进一步市场化、社会化,农户对由集体统一提供社会化服务、改善公共设施和以集体统一的力量应对外部环境压力的需求愈来愈大。实行家庭联产承包责任制时,中央显然考虑到了这一点,提出调动农民个体和村社集体两个积极性,以集体统一经营层次来解决个体农户在基础性生产条件以及外部压力上的困难。从目前来看,尽管不同区域村级集体经济收入以及用于农业的支出差距较大,但是在公共财政较难辐射到的情况下,村基础设施建设、维护和公共服务等内容仍然对集体经济有较大的依赖,需要集体经济来支撑。但是我国目前农业发展中存在的许多问题,恰恰在于农村集体经济的弱化使得集体缺乏这样的经济实力来满足农民对集体提供社会化服务和统筹规划的需要。这种情况在 2006 年废除农业税后更为突出。个体农户需要独自应对外部市场和内部维持基本生产条件两方面的任务。这种情况不仅不利于农民的全面发展,还使农民在集体共同利益基础上的经济联系减弱后只关心自我发展,村集体的共同性相对缺失,集体凝聚力下降,降低了基层组织的权威性和社会主义感召力。比如,一些地方的农民尽管收入提高了,但生产生活环境却并不理想。

(三)发展农村集体经济可以克服我国农业出现的某些小农经济缺点

在马克思、恩格斯的阐述中,小农具有如下特征:"一是分散、孤立、封闭;二是占有小块土地,耕种规模狭小;三是基本自足自给,很少参

---

① 陈锡文:《农村改革的三个问题》,《第一财经日报》2010 年 5 月 31 日。

与市场交换;四是使用着传统、落后的手工工具。"[①] 由小农的特征可以推断,小农经济就是占有小块土地的所有者自给自足的经济形式。从生产资料占有关系来看,我国农村土地集体所有制使我国农民已经脱离了生产资料私有制,成为生产资料集体所有制度下的集体农民;从与外界的经济联系来看,我国农民生产的农产品已经不单纯是为了满足自身的消费需要,农民成为参与市场竞争的微观经济主体之一;从使用的生产工具来看,我国农业生产使用的机械工具已经远不是马克思、恩格斯当时所认识的落后手工工具;从财富积累的情况看,我国农民不仅解决了温饱问题,还有一定的经济剩余进行农业生产和农民家庭的发展。因此,我国的农业基本经营制度并不是马克思、恩格斯所定义的小农经济。

尽管如此,从我国目前家庭农业生产规模的狭小导致的劳动生产率低下、对现代科技手段的排斥,农业双层经营体制中"统"的层次的弱化和缺失的现状来看,家庭承包责任制下的农业经济又呈现出和传统小农经济相类似的某些特征,妨碍了农业的产业化、市场化、规模化,使集体农民再次呈现出分散的状态。而克服农业出现的小农经济缺点,扩大农业生产规模,加强农民之间以及农民与集体之间的联系,将分散的个体农民组织起来的最佳途径就是发展农村集体经济。

马克思、恩格斯关于小农经济和小生产经营方式随着社会生产力的发展必然被社会化生产所替代的分析及其关于农业历史发展趋势的论断,仍是解决当前我国农业问题的良方,仍有巨大的现实意义。有一些人认为家庭经营才适应农业生产特点和生产规律,家庭经营具有广泛的适应性和旺盛的生命力,因此认为马克思、恩格斯关于小生产经营方式灭亡的论断是错误的。我们必须承认家庭式的小农经营确实曾经在一定的历史时期发挥了巨大的作用,并且由于新情况的出现,小生产经营方式的灭亡显得有些曲折,甚至在经过某些变革后会显得更适合生产力水平(如我国推行的家庭联产承包责任制)。但是从农业发展规律和农业发展趋势来看,小农经

[①] 李昱姣:《马克思恩格斯"小农经济"理论的原始内涵——兼论小农经济和家庭生产组织形式的异同》,《郑州大学学报(哲学社会科学版)》2011年第3期。

济终究会走向它命运的终点。我们不可以犯形而上学的错误。如果这些言论是正确的,那么为什么我国农业现代化之路会如此坎坷,迄今还有众多的理论工作者和实践者仍在探寻现代化道路呢?另外,从我国当前农业发展的现实来看,相当数量的青壮年农民自发地离开家庭分散经营的细碎化的耕地,这是他们本能地寻求自身发展和家庭利益最大化的结果,这说明农业剩余劳动力转移顺应了三次产业结构调整,反映了家庭分散经营已经不能满足农民和农业继续发展的需要。这是在三次产业结构调整过程中,农业剩余劳动力向非农产业转移的必然结果,也是引导农民认识协作生产、规模经营的优越性和必要性,引导农民走向农业"第二个飞跃"的良好时机。所以不能固化家庭经营,要引导农民依靠自己的力量走向新的联合,稳健地走上集体经济之路,发展生产力,尽快实现共同富裕。

马克思、恩格斯关于小农经济必然灭亡和发展集体经济的论断是正确的,尤其是经历了苏联和我国的实践检验后。尽管集体经济的发展在两个国家都曾遭遇挫折,但其原因并不在于马克思、恩格斯的论断是错误的,恰好相反,部分原因正是由于我们违背了马克思、恩格斯一再强调的指导原则,比如不要采取暴力,农民自愿。

二、对土地私有化的驳斥

长期以来,对于中国农村土地制度的改革,存在三种不同的思路:土地国有化、土地私有化和土地集体所有制。土地国有化就是把农村土地所有权由集体所有转为国家所有,由农民租赁耕地使用。这种观点主要是针对农村集体经济发展滞后、土地产权主体不清晰等问题提出的。但是土地国有化与完善现有土地集体所有制基础上的双层经营体制相比成本太高。随着时局的发展,这种观点渐趋式微。

但是土地私有化的观点却甚嚣尘上。土地私有化主张农村土地彻底私有,包括土地所有权、转让权、处置权、收益权在内的整个土地私人所有化。不少学界精英赞同这个观点,言之凿凿,产生了比较大的社会影响,这个观点似乎成了深化农村改革理论的代表,很容易混淆视听。他们认为土地私有化会明晰产权、加速土地流转形成土地规模效益、调动农民的积极性、有利于农村富余劳动力转移、推进城市化发展、带动农民致富等。那我们来分析土地私有化到底是否具备以上这些优越性，还是仅仅是他们的痴人说梦？

（一）土地私有化不可能实现对农民的真正公平

土地私有化按其理论假设来讲会实现国家对农民以及农民之间的公平，但在实际操作中却很难真正实现这种公平。中国现有的土地基本上都已经承包到户，土地私有化是按现时的土地承包现状进行分配还是重新分配？如果按承包现状分配，拥有不同人口的农户拥有的土地会出现差异，不同的农户家庭会出现利益差别；如何对待人口的增量？如果按照新增人口重新分配，那么没有稳定性的私有化会与保护私人财产不可侵犯的《物权法》发生矛盾，会侵犯到原有人口多占有土地多的家庭的利益，也会造成农民的短期行为；如果不重新分配，会产生事实上的不公平。无论采用哪种方案，都会引起农民间的利益争斗，私有化土地引起的利益冲突不可调和。中国农村范围广大，土地面积、位置、地力差异较大，制定土地计量、评价的标准并对偌大的农村土地进行计量和评价将耗费巨大的人力、物力并旷日持久。

（二）土地私有化最终会产生土地兼并和两极分化的恶果

土地私有化者还有这样的理论假设：土地私有化—土地自由流动—土地规模经营，但事实上可能会形成这样的结果：土地私有化—土地自由流动—土地兼并。温铁军认为，那些殖民地宗主国，比如英国，以及战败之后完全撤出殖民地、再也没有条件大规模对外移出人口的东亚工业化国家，比如日本，客观上都没有条件凭借"产权私有化＋流转市场化"等制度安排来实现土地的规模经济。欧盟和日韩的农业经验也都不支持在中国流行的这个主观构建的理论逻辑。[①]实行土地私有制的国家，无论是现代化过程中将剩余人口转移到殖民地和半殖民地的老宗主国如英国，还是不具备条件转移人口的日本，客观上并没有形成农业规模经济，并且这一理论缺乏发展中国家和东亚国家的经验依据。不加分析辨别地以发达国家的经

---

① 温铁军：《我国为什么不能实行农村土地私有化》，《红旗文稿》2009年第2期。

济成就证明他们一切都是正确的,是当今中国部分犬儒学者的学术范式。中国几千年封建社会土地私有制并没有带来所谓的规模经济,而是土地的兼并,土地兼并是社会动乱的根源。分散的小农面对种种变故往往处于劣势,最有可能以低价卖掉土地,而中国目前形成的贫富差距为土地兼并准备了充足的资本和豪富阶层,最终将会导致两极分化。邓小平说过:"如果搞两极分化……就可能出乱子。"① 资本的逐利性往往使获得土地的富人不会从事比较效益低的农业,导致大量土地"非粮化"和"非农化",危害国家的粮食安全。土地私有化后如何有更好的办法来节制资本并节制土地兼并呢?"新中国实行社会主义农业集体所有制,正是企图走出历史上的土地兼并到改朝换代的怪圈"②。现有的农村土地制度并不影响土地使用权的流转,土地流转期限结束,恢复到流转前的状态,农民不会失去土地,因此"土地集体所有本身就是一个节制土地兼并的调控机制"③。当前中国农民并没有迫切的土地所有权要求,好的土地制度不一定要把所有权和使用权统一起来,农民不受土地所有者干扰,长期拥有土地使用权和流转权,就不会干扰农民的生产积极性。更何况,私有制条件下,"小农从来就没有巩固住他们的土地所有权和使用权的统一"④。近些年,农民农业生产积极性的降低并不单纯缘于土地产权模糊,原因是多方面的,其中一个最为重要的原因是在农业成本增加的情况下,农业比较效益低。因此,即使是土地私有化,在市场经济条件下追求经济利益最大化的农民并不会在农业比较效益低的情况下积极投入农业生产。调动农民积极性的关键是解决农业比较效益低的问题,而不是土地私有化。

(三)土地私有化不可能让多数农民真正走向富裕

没有政府和制度的保障,缺乏组织性的农民在土地交易中缺少定价权,甚至可能缺少自由买卖权。土地价格和土地的稀缺性、地理位置和城市化发展程度密切相关,并不是所有的土地都拥有巨大的经济收益。2015

---

① 《邓小平文选》第3卷,人民出版社1993年版,第364页。
② 刘国臻、刘东汶:《论农村土地私有化的巨大政治风险》,《政治学研究》2006年第3期。
③ 孟勤国:《揭开中国土地私有化论的面纱》,《北方法学》2010年第1期。
④ 朱纪余:《农村土地私有化质疑》,《中国农村经济》1989年第11期。

年，我国农民人均耕地面积不足1.4亩，即便农民出售私有土地，这样少的土地能卖多少钱？更不要提发财致富。土地私有化会造就大量失地的农民，失地农民向城市转移会在一定程度上推进城市化，但农村剩余劳动力的流动要和城市经济发展水平相适应，城市规模和经济发展水平才是决定农村劳动力转移的根本原因。以造就失地农民的方式推进城市化是不人道的，也是极为危险的。像中国这样的农业人口庞大的国家，即便工业化程度高，农民的就业单靠工业化和城市化也仍然是行不通的，还需要农业安置，通过改善农村环境、农村生活城市化来吸引农民。城市吸纳不了这么多的农村剩余劳动力，①会产生大量的城市贫民窟，并使土地公有制体制下隐性的农民失业转向显性，使就业矛盾激化。土地私有化也阻断了广大农民回归农村、继续以农业作为最后生活保障的路。中国有1.5亿至2.6亿外出务工农民工，加上留在农村的2亿多劳动力（中老年人特别是妇女）和3亿多基本没有劳动能力的老人和孩子，说明绝大部分农民工的"根"还是在农村，尽管兼业农户工资性收入占总收入的比重在逐渐增加。留在农村未外出打工农户的生计还是靠农业，农业为农民提供了满足其基本生存需要的生产生活资料。当前，在我国社会保障水平低、覆盖面窄、农业人多地少、农民致富困难、转移就业不利的情况下，我国没有出现大的乱子，是因为还有土地做农民最后的生活保障，土地的保障功能功不可没。现有农村集体土地所有制就成为中国的稳定器，而且需要继续发挥农村土地的蓄水池和稳定器的作用。对广大农民来说，主要的问题不是土地私有化，而是土地作为社保福利的制度保障问题。对农民而言，土地私有化的最大风险就是失去土地这个重要的社会保障手段。

（四）走土地私有化道路是开历史的倒车

尽管私有制尤其是土地私有制在人类社会不同历史阶段的前期起到了促进社会经济发展甚至是巨大发展的作用，但是在不同历史阶段的后期或晚期，私有制无一例外地成为生产力进一步发展的桎梏，严重阻碍社会经

---

① 据刘国臻、刘东汶推算，全国农民剩余劳动力总数为1.8亿人，见《论农村土地私有化的巨大政治风险》，《政治学研究》2006年第3期。

济的发展。虽然私有制在一定历史时期内还不能完全被替代,还有一定的生命力和存在的合理性,但其自身无法克服的根本性缺陷决定了私有制的最终消亡是不可避免的,私有制不会是人类社会的终极所有制形式,它会被能够消灭剥削、体现社会公平、引导人民共同富裕的更进步、更完善、更先进、更优越的公有制所取代。"企图保护小农的所有权,这不是保护他们的自由,而仅仅是保护他们被奴役的特殊形式而已;这种形式的奴役延长着他们求生不成求死不得的状况。"[1]土地私有化不是我国农村深化改革的方向,走土地私有化的道路是开历史的倒车。如果实行土地私有化,中国农村出现危机进而引发整个社会危机会挑战国家现存秩序的稳定性和合法性,也必将挑战中国共产党和政府执政的合法性!那样的话,哪里会有人民的根本利益?何来中华民族的伟大复兴?

（五）走土地私有化道路是犯颠覆性的错误

人们在分析农村土地问题的时候,往往过于关注农村集体经济的弊端,忽视了弱化农村集体的后果。今天农业存在的问题,多多少少都和农村集体经济弱化有关。在人多地少、工业化和城镇化水平较低的中国,农业合作化、集体化是农业发展的唯一出路。虽然中国过去在合作化和人民公社时期存在过急、过快以及经营管理体制不合理等严重缺陷,但那是方法和手段存在问题,合作化、集体化的大方向是对的,不能全盘否定。目前,农业存在的比较效益低、土地抛荒、流转困难、农民利益受损等问题,主要是现行土地征用补偿制度不合理、管理有缺陷、社会保障制度不健全、工业化和城镇化水平还有待提高等原因造成的,不是土地集体所有的必然结果,这些问题也不是不可解决的。尽管在社会主义初级阶段农村集体经济还比较弱小并存在许多不足,但从长远看,还是要进一步发展集体经济,而土地集体所有制则是将来发展壮大集体经济的重要制度基础。我国农村形成的集体土地所有制,是经过长期实践检验并基本上符合中国国情的。中国的农村集体土地所有制取得了举世瞩目的巨大成就,尽管这个制度还不完善,还存在一定的缺陷,但它存在的不足会在发展中不断得

---

[1] 《马克思恩格斯选集》第4卷,人民出版社2012年版,第363页。

到弥补。在农村实行农村集体土地所有，是中国特色社会主义的重要制度特征。放弃了土地集体所有制，会遭遇更大的难题。在这个问题上，我们要谨记中国社会主义的本质和要走的中国特色社会主义道路，既不能搞纯而又纯的公有制，也不能搞私有化，必须坚持社会主义基本制度的主体地位不动摇。我们"决不能在根本性问题上犯颠覆性的错误"[①]，否则将犯下无法挽回、无法弥补的错误。中国农村土地制度问题还不完善，确实需要改革，但改革应当有正确的目的和方向。不管土地私有化论者如何丑化现行的土地制度，但不可否认：我们是在现行土地制度的基础上实现了改革开放40多年的辉煌成就，我们在分析现行土地制度的时候不能不加分析地把"孩子和脏水"一起倒掉。

第三节　农村集体经济是中国农业的发展方向

一、发展壮大农村集体经济有助于中国梦的实现

尽管从中国共产党十八大以后，中国梦思想才得到进一步的解释和阐发，将其明确为中华民族的伟大复兴，其内涵包括国家富强、民族振兴、人民幸福。但从近代以来，不甘压迫的中国人民就开始了不屈不挠地探索中华民族伟大复兴之路。尤其是中国共产党建党以来，一直以实际行动为实现这一目标而奋斗。中国梦是由中国共产党率先提出来的，但是提出中国梦的目的不是为了共产党人自身的利益，而是为了国家、民族和人民，当然也包括占人口最多的农民的利益。"中国梦归根到底是人民的梦，必须紧紧依靠人民来实现，必须不断为人民造福。"[②] 广大人民包括占人口最多的农民是实现中国梦的根本依靠。只有坚持以人为本的价值取向，坚持人民的根本利益，中国梦理想才能获取最广大的力量源泉，才能奠定实现中华民族伟大复兴的坚实群众基础。

[①] 习近平：《深化改革开放　共创美好亚太——在亚太经合组织工商领导人峰会上的演讲》（2013年10月7日），《人民日报》2013年10月8日。

[②] 《中国共产党简史》，人民出版社、中共党史出版社2021年版，第387页。

中国梦之所以能够凝聚人民的智慧和力量，激励广大农民支持并践行这一理想，就在于农村集体经济发展带给农民的实际利益，在于为农民解决生产生活和发展的困难，在于农村集体经济的优越性体现出的说服力。大家有目共睹，凡是农村集体经济发展好的地方，村集体有经济实力为人民办实事，基层组织有威信，人民比较富裕，基础设施和公共服务水平好，村风正，人心齐，矛盾少，办法多，整个村子都是一派生机勃勃的景象，形成了经济、精神、生态各方面良性互动的局面。在这样的村子，人们往往具有比较高的道德素养和精神追求，由于集体经济带给农民切实的生产和生活等方面的变化，他们才从心底生发出对集体的信赖、对集体利益的维护和对集体主义理想的信奉，这样的农民才是中国梦理想的坚定拥护者和践行者。相反，农村集体经济薄弱甚至缺失的地方，诸方面工作都显得困难重重。理想追求如果没有一定的经济基础做依托就显得空泛和虚假，这种经济环境下的农民不仅对中国梦持怀疑态度甚至可能怀疑一切理想，当然更不会认为这样的理想和他们自身有任何关系。

人民是实现中国梦的主体，中国梦的实现需要每一个中国人各尽全力。只有捍卫人民的根本利益，实现社会公正、机会平等才能实现每个人的进步与发展。只有实现了国家繁荣、民族富强的社会目标，才会有个人的梦想成真。在农村，农民的个人理想是和农村集体经济发展相一致的，个人利益真正实现的前提条件是农村集体经济的发展，而农民的个人理想是构成伟大的中国梦理想的一部分。切实发展农村集体经济，才会推动广大农民将个人理想与中国梦理想相结合，为个人理想奋斗的同时也为国家和民族的理想而努力。实现中华民族伟大复兴的中国梦是一个远期目标，需要一个个阶段性目标的实现才能逐渐接近并最终实现，没有农民的积极参与，无论阶段性目标还是长远目标都不可能实现。因此，要抓住时机，调动多方资源发展集体经济，展现集体经济优越性，推动农民为实现中国梦而努力。

二、发展壮大农村集体经济有助于捍卫农民根本利益

毛泽东在1948年4月2日的《对晋绥日报编辑人员的谈话》中说道："马克思列宁主义的基本原则，就是要使群众认识自己的利益，并且团结

起来，为自己的利益而奋斗。"① 那么，农民的根本利益是什么呢？就是在坚持生产资料集体所有的基础上大力发展集体经济，避免两极分化的恶果，实现共同富裕。恩格斯在《法德农民问题》中提出："正是以个人占有为条件的个体经济，使农民走向灭亡。"② 私有制基础上的个体经济可能会使少数农民获得一定发展，但必定会伴随着严重的社会分化。面对有组织且实力雄厚的大资本的侵袭，分散孤立的农民根本无力抗衡，导致大多数农民的贫穷和发展无望。农村如果继续停留在小私有制的基础上，势必产生两极分化和资本主义生产关系。而生产资料公有制基础上的集体经济则可以避免这种情况，实现集体农民的共同发展。这是马克思主义者主张并积极实践农村集体化的重要依据。只有积极引导和组织广大农民到集体所有制经济上来，在农村集体经济建立的基础上，发展社会主义的大农业，才能将农民从落后的生产方式中解放出来。只有引导农民认识到集体协作、规模经营关乎他们的切身利益，帮助他们走上发展集体经济之路，才能真正尽快走向共同致富。要使广大农民深切认识到自己的利益所在，明确自身根本利益与集体经济及其发展程度密切相关，并自觉为实现共同富裕而团结努力，而"社会主义最大的优越性就是共同富裕，这是体现社会主义本质的一个东西"③。共同富裕问题关乎农民的根本利益。而对于两极分化的警惕，邓小平早就有预料和告诫。他在1985年就说过，社会主义的目的是实现人民富裕，不是两极分化，"如果我们的政策导致两极分化，我们就失败了"。贫穷不是社会主义，两极分化背离社会主义的本质，当然也不是社会主义。两极分化会造成人民同党离心离德，撼动社会主义的根基。目前，人们针对两极分化开出了很多"药方"，但最重要的是坚持生产资料公有制，实现共同富裕。

我国农业实行的双层经营体制是建立在生产资料集体所有基础上，不同于马克思所说的私有制基础上的个体小农经济，并且还造就了农业连年增产的好局面。但是，双层经营体制"统"的方面的弱化的确使农业生产

---

① 《毛泽东选集》第4卷，人民出版社1991年版，第1318页。
② 《马克思恩格斯选集》第4卷，人民出版社2012年版，371页。
③ 《邓小平文选》第3卷，人民出版社1993年版，第364页。

经营方式呈现出小农经济的某些特征。一家一户的分散经营方式毕竟存在小规模、低协作的弊病，对提高农业经营效益和生产力作用是有限的。所以无论是克服家庭承包制的不足，还是避免两极分化，实现共同富裕，都要坚定地发展农村集体经济。集体经济的产生一定程度上是源于人类面对共同的生存危机，不得不遵循适者生存法则而自然选择的结果。但是集体经济长久存在并成为人类社会发展的趋向，这是人类社会发展的客观规律，不是人们的行为偏好，更不是国家意识形态的强制。目前，我国农村集体经济承载了更多的社会职能，这是社会主义共同富裕、公平发展的重要体现和鲜明特色，不应成为否定社会主义集体经济的借口。

三、发展壮大农村集体经济有助于巩固农村社会主义阵地

发展壮大农村集体经济是巩固社会主义阵地的根本途径，也是农业继续改革和发展的唯一正确方向。邓小平曾经说过："一个公有制占主体，一个共同富裕，这是我们所必须坚持的社会主义的根本原则。"[①] 在农村坚持发展集体经济就是坚持社会主义公有制在农村经济中的主体地位。"社会主义经济以公有制为主体，农业也一样，最终要以公有制为主体。公有制不仅有国有企业那样的全民所有制，农村集体所有制也属于公有制范畴。"[②] 而在农村，不大力发展集体经济的结果就是既不能体现公有制的主体地位，也不能实现农民的共同富裕。社会主义国家必须始终坚持公有制在农村发展与改革中的主体地位，必须以社会主义制度为基础实现农业现代化。坚持发展农村集体经济，就是巩固社会主义制度，就是坚持农业社会主义的根本方向。邓小平说："要巩固集体经济，也就是要巩固社会主义制度，这是根本方向"[③]，"集体化也是社会主义"[④]。

在农村，公有制的主体地位体现在集体经济占主导地位。农村经济体

---

① 《邓小平文选》第 3 卷，人民出版社 1993 年版，第 111 页。
② 中共中央文献研究室编：《邓小平年谱（1975—1997）》（下），中央文献出版社 2004 年版，第 1349 页。
③ 《邓小平文选》第 1 卷，人民出版社 1994 年版，第 324 页。
④ 中共中央文献研究室编：《邓小平年谱（1975—1997）》（下），中央文献出版社 2004 年版，第 1338 页。

制改革使农民获得了对土地等集体生产资料的承包权、经营权，但这只是集体所有制实现形式的变换，不是所有制的变更，目的是在促进农村生产力更快发展的基础上更好地发展集体经济。建立并完善集体经济积累与发展机制，从而发展壮大农村集体经济，是保持农村公有制主体地位、坚持农村社会主义方向的根本途径。另外，集体统一经营权，绝不能忽视和放弃，因为统一经营权是土地集体所有权的体现，取消这一层经营，就等于取消了农村土地集体所有制。

社会主义的特点之一就是共同富裕。农村经济体制改革调动了农民的积极性，一部分农民发展多种经营，率先致富，但相当多的农民受能力与条件的局限，距富裕还有很大的距离。农民的富裕程度出现了不平衡，贫富差距拉大。我们一方面要继续鼓励农民发展多种经营争取致富，并依法保护他们的合法权益；另一方面则要以发展壮大集体经济为最根本途径，强化集体统一经营，帮助农民找好找准致富门路，帮助大多数农民加快致富步伐，走向共同富裕。

第四节　发展壮大农村集体经济的途径

一、加强农村基层党组织建设，打造农村集体经济带头人

农村基层党组织作为中国共产党庞大而严密的组织体系的末端，是党全部战斗力的基础，也是农村集体经济发展壮大最合适的引领者。加强农村基层党组织建设，对于落实党在农村的路线、方针、政策，发挥着政治引领、推动发展、服务与联系群众、协调利益、凝聚人心、促进和谐的作用，引导农民走社会主义道路，有效保证农村的稳定和发展。

农村集体经济的发展当然需要有一个政治素养高、致富能力强的好带头人，但起到这样良好作用的更应该是一个组织，一个有能力、懂奉献、办事公道、团结群众的党的基层组织来承担。有抱负的优秀带头人只有借助组织的力量才能发挥更大更好的作用，单靠个人的力量，缺乏有效调动政治资源和整合村级物质资源的合法性，即便可能会有一个好的开头，但

很难有持续健康的发展。这也是为什么我党提倡"三培养"的原因，即把致富能人培养成党员、把党员培养成致富能人、把党员致富能人培养成村干部。一方面，需要优秀的致富能人来充实党组织；另一方面，说到底这些人想要有所作为还是要在党组织中才能发挥作用，才能实现带领农民共同富裕的愿望。作为党的基层组织，成员都是从基层选取的优秀共产党员，他们掌握着农村的各种资源，也最熟悉和了解农村的情况。作为党的基层组织成员，才有动员和组织群众的合法性和号召力，才有政权赋予的权威，才能更好地开展工作。作为基层组织成员，无论是其党员的身份还是农村基层组织成员的职责，都有不可推脱的责任和使命带领农民走向富裕和发展集体经济。很多人认为集体经济发展好的村子的经验不可复制，其中一个理由就是像史来贺、吴仁宝、付华廷那样的带头人很难产生。将农村集体经济的发展寄希望于个别觉悟高的农民带头人的理性与奉献不一定可取，也不见得行得通。这种人可以作为基层组织的领导核心或成员来发挥作用，但仅仅依靠个人力量来带领群众致富很困难。河南新乡市刘庄村的史来贺21岁时当选为党支部书记，在这个岗位上一干就是51年。华西村的吴仁宝从1957年担任华墅乡第23高级社党支部书记，直至2013年去世，做了56年的党支部书记。他们都是作为党的基层组织成员才更好地发挥了作用。每一个集体经济发展良好的村子，都有一个坚强有力的基层党组织；而基层党组织软弱涣散的村子，也必定是贫穷狭隘、矛盾纠纷多、社会秩序差，集体经济的发展无从谈起。

近些年来，我国农村基层党组织的建设和发展出现了很多新问题，影响力有所减弱，威信遭遇挑战，原因当然是多方面的，但其中一个重要的原因是集体经济发展的萎缩导致对以集体经济为物质基础的基层党组织产生了巨大冲击。一方面，集体经济发展出现困境，导致农村基层党组织的工作由于缺少必要的物质保证而不能有效进行；另一方面，集体经济薄弱，基层党组织很难有所作为，农村基础设施和公共事业往往处于无人问、无钱管的状态，基层党组织的凝聚力和战斗力被削弱。所以，只有建设好农村基层党组织，发展好集体经济，带领群众共同致富，建设农村公共事业，保障村民的生产生活所需，才能提升基层党组织的影响力并体现集体经济的优越性。基层党组织的建设发展如果出现问题，必定是"基础不牢，地动山摇"。

加强农村基层党组织建设使其成为农村真正的先锋与模范，要从这几个方面着手：第一，加强基层党组织领导班子建设，打造坚强领导核心。农村各项工作是否能有效开展，关键在于是否有一个好的领导核心和一个团结奋进的基层领导班子。因此，首先要选好配强农村基层党支部书记，注重从本地能人、大学生村官、合作社带头人、返乡创业人员中，把政治素质高、群众威信好、带头致富能力强的优秀党员选拔到村党组织书记岗位上来。其次，要加强基层领导班子建设。为了不断充实农村建设的骨干力量，要结合农村建设的实际，采用多种方式进行培训，加大干部培训力度。既可以选送优秀党员到各级党校、大专院校学习系统的理论和专业知识，也可以组织他们到全国成绩显著的农村示范基地和先进党支部学习考察，也可以组织相关专家和学者到农村去有针对性地进行相关知识的普及和教育，真正把基层领导班子成员锻造成能够承担起农村建设和发展任务的骨干。第二，建设高素质的党员队伍，保持农村党员的先进性。党员是党组织的细胞，党组织作用的发挥直接取决于党员素质和能力的高低。目前，农村党员的自身建设存在很多问题，农村精英外流使农村党组织的后备力量严重不足，导致农村党员的整体素质下降。农村的党员干部无论是党性观念还是能力状况，甚至包括年龄结构、文化水平等均不能够适应新时期农村发展的要求，影响农村基层党组织作用的充分发挥。为了保持农村党员的先进性，我们要做好两方面的工作。一方面，要加大思想教育，明晰其党员职责，增强其党员意识和责任意识。加强党规党章、法律法规的学习，严格党内纪律，严格要求自己。定期开展党组织生活，及时了解党员思想动向。另一方面，要加强组织建设，针对农村党组织成员年龄结构、文化结构、性别结构不平衡的问题，基层党组织要及时作出调整，注重吸收符合党员标准的青年、妇女，并对他们进行农业科学技术知识的教育和培训，提升他们的文化水平。第三，创新党组织设置，扩大覆盖面和影响力。农村基层党组织的设置长期以来是以地域为依据，一村一支部，但这种单一模式已经不适应当前农村社会的变化。要创新党组织设置，必须打破过去以地域为依据设置党组织的模式,从行业、产业、党员兴趣、地域相近性、经济互补性、组织活动方便性等方面来设置党组织,这样既可以保证党的正常组织生活,又可以打破地域、行业和产业的界限进行交流沟通,从而促进产业发展,同时也能够使党组织在这些新兴行业的领导得到加强。新的党组织设置可以包括村村联建、村企联建、村居联建、行业联建、务工聚居地建设等多种模式。第四,改进基层党组织的工作方式。当前农村形势发生了很大的变化,农民的需求也发生了相应变化,民主参与意识增强,精神文化和社会化服务的需求不断增多。这些变化需要农村基层党组织改变过去那种强制命令的行政化领导方式,准确把握农村工作的新特点,及时调整工作思路,改进思维方式和工作方式,以农民增收和生活条件的改善为工作重点,引导和帮助农民学科技、调结构、兴产业,提升文化素养,养成文明生活方式。避免由于基层党组织工作方式的僵硬保守,将自身置于社会矛盾的焦点中,影响党群关系、干群关系,导致基层党组织影响的弱化。第五,适时进行基层党组织的功能转换。当前基层党组织的问题之一,是没有随着社会转型及时调整过去计划经济体制下形成的以动员与组织为核心的传统功能,新形势下,基层党组织的传统功能萎缩,新功能空心化。基层党组织要保持先进性和增强代表性,继续取得群众拥护的优势,就必须及时进行自身功能的调整,将传统功能充实为以社会关怀和利益协调为主的新功能,将完成任务与优化服务相结合,将民主法治、说服教育与行政手段相统一,增强基层党组织的引领功能。

二、培育新型职业农民,培养现代农业的主导力量

如果说,加强基层党组织建设是锻造带领农村集体经济发展的得力领导集体,那么,培育新型职业农民,则是塑造高素质的农业从业人员,夯实农村集体经济发展的基础力量。整体而言,我国农民的素质已经不能够适应发展现代农业的需要,的确需要培育高素质的职业农民,我国的农业发展面临的诸多问题其主要原因就在于人员总体素质不高。农业存在从业人员老龄化问题,农业生产后备力量匮乏;从业人员素质整体较低,并在产业和区域上呈现明显的差异;农民具有的专业技能和经营管理能力已经

不适应发展需求。这些问题都使得新型职业农民的培育愈发紧迫。如果没有农民这个群体整体素质的提高，他们会囿于自身的局限，不能对自身的命运进行思索，不能自己寻求改变生活状态的办法，即便有好的政策和好的带头人，带动这样素质的农民走向富裕将异常艰难而漫长。因此，无论是从保障农产品有效供给、确保国家粮食安全还是从农业转型升级、发展现代农业、培育农业后续力量等方面来考虑，培育新型职业农民都是符合农业发展需求和农民利益的，是实现农业现代化和发展集体经济的必然选择。

2012年的中央一号文件第一次提到了大力培育新型职业农民的问题，此后党的文件多次提到了这一问题，形成了发展新型职业农民的政策环境。农民的职业化是国家工业化、城市化发展到较高阶段的产物，同时也是农业内部分工分业、农民自身分化的必然结果。所谓新型职业农民，从职业来看，专职从事农业生产经营将其与兼业农民相区别；从素质来看，有文化、懂技术、会经营的高素质将其与传统农民相区分；从收入情况来看，不仅比传统农民和兼业农民高，甚至可能高于城市居民，至少不低于城市居民；从社会地位来看，将从"身份"地位转向职业地位，获得与其他职业一样的尊重；从与市场和商业的结合程度来看，具有敏锐的适应现代农业产业化、商品化、市场化、规模化的头脑；从社会责任感来看，具有对生态、环境、社会、后继者负责任的社会责任感，坚持农业的可持续发展。因此，概括起来，新型职业农民的基本特征就是全职务农，高素质，高收入，较高的社会地位，较高的市场敏感性，高度的社会责任感。

我国新型职业农民的发展对象主要包括：农业企业主、农业社会化服务组织带头人、合作社负责人等农业发展带头人；农民植保员、水利员、防疫员、农机手、信息员、沼气工等农村技能服务型人才；种养大户、农机大户、农村经纪人、家庭农场主、贩销大户等农村生产经营型人才。

目前，我国新型职业农民的培养存在诸多问题，比如总体投入不足、覆盖面小、层次偏低、培训能力不足、培训内容针对性不够、培训方式未能结合农民习惯、培训计划未能结合地方实际等，一方面导致不能大规模地培养职业农民,另一方面培养的结果也不尽如人意。

　　培育新型职业农民要从以下几个方面进行:第一,明确政府的责任,完善相关法律。新型职业农民的培养需要长期大量的投入和艰辛的努力,短期效益不明显,因而很少有相关企业愿意涉足这一领域。但新型职业农民的培养又是关系农业可持续发展大局的事情,因此政府要在此项工作中承担主导责任,将职业农民培育纳入国家教育培训发展规划,基本形成职业农民教育培训体系,支持和引导相关企业和个人投入这项工作。政府要加大投入,对承担培训的相关企业和个人进行补贴,改善培训基地条件,扩展培训层次和规模,提升培训效果。政府可以借鉴西方国家通过立法来保证农民培训的人财物的做法,出台相应的法律法规,明确新型职业农民培养的重要性、机构设置、培养程序、经费保障、培养单位以及培训对象的责任和义务、培养结果的考核等,使培养制度化、法制化。第二,加强农村基础设施建设,提高公共服务水平。由于我国城乡在基础设施和公共服务水平方面存在较大差距,缩小这两个方面的差距,才可能实现城乡劳动力的优化配置,同时也为农业和农村发展保留一大批高素质劳动力。因此,要在农村的道路规划、公共交通、供水供电、互联网设置、人居环境、医疗卫生、教育文化、社会保障等方面做好规划,向城市学习和看齐。第三,结合农民需要,提高培训的针对性和实效性。新型职业农民的培训计划和培训内容要因地制宜地结合当地的地理环境和经济发展优势,坚持产业需求导向,培养农民掌握相关实用技术;紧跟农业发展需要,不断更新培训内容,有针对性地满足不同农民多样化的生产需要和发展实际;结合农业生产和农民生活,灵活安排培训时间、培训地点和培训方式,可以安排在农闲季节。既可以课堂授课,又可以深入农村、深入田间地头,坚持理论教学与实践教学相结合,知识学习与技能训练相结合。针对不同地域、不同产业、不同农民选取不同的培训模式和培训内容。第四,制定培训新型职业农民的优惠政策和配套扶植措施。因为新型职业农民培养投入多、时间长、见效慢,在培训初期往往会面临资金短缺的状况,国家要对相关部门给予必要的资金照顾。政府要健全新型职业农民扶持制度,向符合条件的新型职业农民进行多方面的政策倾斜。可以由农业部门会同金融、保险、财政、社保等部门对参加培训、取得资格证书的新型职业农民在信贷支持、税费减免、农业补贴、土地流转、风险保障、劳动服务等方面给予"独享性"、综合式的配套扶植。争取解决好青年农民尤其是农业院校毕业生和返乡农民工的后顾之忧，在户籍、社保等方面给予同城镇人口相同的待遇，并鼓励相关产业和研究部门为新型职业农民提供定向技术支持和服务。争取吸引农村人才的回流。第五，扩大培养的对象，多层次、多渠道普及新型职业农民的培养。如果将新型职业农民的培养局限在占农民比例并不高的农业发展带头人、技术服务型人才和生产经营性人才，就不能达到提高农民整体素质的目的，尽管这些人是农民中比较优秀的、有代表性的人才，是新型职业农民培养的主要对象。因此，我们要扩大培养对象，将农村青年、返乡农民工、农技推广人员、农村大中专毕业生和退役军人等纳入职业农民培养的队伍。尝试扩大免费培训的范围，降低农民培训成本，提升培训质量和规模。

三、发掘潜力，促进村级集体经济的起步

农村经济体制改革以来，由于错误的认识，集体资产几乎被瓜分殆尽，村集体积累比较少。但这并不是说，农村集体经济的发展就没有可凭借的条件和优势，关键是要发挥主观能动性，挖掘当地潜力，因地制宜地制定符合当地实际情况的发展规划，这样就可以推动集体经济的重新起步。

首先，开发利用各种资源优势，培育集体经济的增长点。资源就是财富，资源优势可以转化为经济优势。一些村集体可以利用土地流转的机会，在农民自愿的基础上将土地统一经营管理，实行适度规模集中，或者将土地承包给有能力的承包大户，或者联合龙头企业、合作社，实现土地适度规模经营，提高农业生产率。还有一些村子采取多种形式，对村子的资源、区位、环境、历史文化优势进行开发利用，因地制宜地形成多元发展的集体增收机制，走出各具特色、持续稳定的发展之路。比如辽宁省朝阳市建平县城郊小平房村，铁矿石储藏丰富。1993年，在其他村热衷于分光卖净集体资产的时候，小平房村委会反其道而行之，将已承包给私人

但经营不善的矿点集中起来，建起了村属铁选厂。正是由于他们发现并有效地利用了这一资源优势，才使集体经济得以发展壮大。2008年底，村集体经济总收入达到3280万元，实现净收入2180万元，农民人均纯收入达到8200元。① 又比如天津蓟县毛家峪村，充分发挥自身优势，实现了集体经济的腾飞。毛家峪村2000年的时候还处于小农经济的状态，村集体积累为零，人均纯收入不到2000元，而短短8年后，毛家峪村的经济就实现了质的飞跃。李锁担任村党支部书记后，与支部成员认真分析毛家峪的资源优势：千亩果树，万亩林场，形成于中上元古界的奇石林，在不足200人的小村庄有8位超过百岁的老人。于是，毛家峪决定发展以长寿为特色的休闲旅游。2002年，即投入建设家庭旅馆的当年，毛家峪村人均收入就达到4000元，比之前翻了一番，走上了快速发展的轨道。因毛泽东《才溪乡调查》而闻名的福建省龙岩市上杭县的才溪乡，是当年的中央苏区模范乡。才溪乡借助历史文化名村的优势，大力发展红色旅游，建设了毛泽东才溪乡调查纪念馆。以红色旅游宣传才溪，将红色文化旅游与发展建筑企业、绿色脐橙生产、传统才溪船灯等多方面结合，多渠道发展才溪集体经济。下乡村作为才溪镇的第二大行政村，2007年村集体收入20多万元，农民人均纯收入达到了4985元。② 临近城市的农村，可以依托优越的地理位置发展服务产业，发展公路经济、运输销售，开发建设城市发展所需的仓储基地、市场、商贸房，以非农建设用地为股份入股相关企业，以村民进入企业工作为条件，既可以招商引资又可以安排就业。但我们要注意，无论以何种方式开发利用资源，都不能进行"竭泽而渔"式的开发利用，要在村级集体经济可持续的、自我发展的良性轨道上进行，才能真正实现集体经济的有效积累和良性循环，真正为集体经济的发展奠定扎实的物质基础。

盘活集体现有存量资产。村集体要开拓视野、转换思路，充分开发和

---

① 于晓丽：《因地制宜 发挥优势 发展壮大集体经济——建平县小平房村集体经济崛起给予我们的启示》，《农村经济》2009年第11期。
② 王景新：《村域集体经济：历史变迁与现实发展》，中国社会科学出版社2013年版，第234页。

利用包括土地在内的所有资产和资源，增加公共积累，壮大集体经济实力。第一，村集体可以将原来效益比较低的"四荒地"、现有闲置废弃地进行承包、出租，坚持谁开发谁受益，并给予一定的政策支持，保证集体经常性收入。以出售、出租、承包、合资、合作等形式将集体原有低效益企业进行改制，对村有非农建设用地和集体房舍实行有偿使用，进一步提高资产利用率，实现集体资产保值增值，保证集体收入稳定增长。对村集体资产进行核查、清理，做到心中有数。清理整顿村集体的各种不合理承包形式，解决低产包、低标包、垄断包等问题，防止集体资财流失。第二，村集体要加强自身管理，建立健全、严格的财务管理、审查、监督制度，使财务管理制度化、规范化。规范财务程序，完善财务纪律，定期公开财务收支、集体分配情况，做到财务透明、村务公开、民主理财。既要开源，还要节流。要发扬勤俭创业的精神，做好增收节支工作，严格控制各类管理费和招待费。第三，村集体要拓展思路，尝试在整合自身资源的基础上进行合理投资，兴办实业，搞农副产品加工、运输、销售，延长农业产业链，购置企业股份、产权，购买一定房产、水源的产权、使用权等，实现土地、资金、劳动力诸要素的优化组合，并与其他经济体资源共享、优势互补，实现集体资产的保值增值。

借助外力，壮大集体经济实力。市场经济条件下，农村集体经济也是市场经济的重要组成部分，是重要的市场主体之一。农村集体经济可以借助招商引资、资本运作、股权运作等方式，发挥比较优势，实现集体资产的增值和集体经济的重大发展。上海金山区金山卫镇农建村2006年招进实业型企业12户，完成产值10936万元，实现税收332万元。[①] 黑龙江省齐齐哈尔市兴十四村的华冠科技股票2002年9月16日在上海成功上市，成为黑龙江省第一家在农业板块上市的股票。股票当年发行4000万股，募集社会资金1.38亿元。华冠科技股票上市后，兴十四富华集团成功进入资本市场，也把兴十四人带入了一个崭新的发展天地。2005年，天津蓟县毛家峪村与天津永泰红磡集团合作，利用土地等资源入股，成立"毛

---

① 《充分发挥区域优势 发展村级集体经济》，《上海农村经济》2007年第10期。

家峪旅游开发有限公司",先后投资 5 亿多元,进行了新村五亩之宅、山地体育运动公园高尔夫球场和生态塘污水处理场等项目建设。集体资产参与组建股份公司,实现投资多元化,对于实现毛家峪村旅游产业的跳跃式发展,对于毛家峪村级集体经济的发展起到了关键作用。

四、发展农村二三产业,推进农村工业化

从我国广大农村发展的现实状况来看,突破原有的单一农业产业结构,将发展方向转向或延伸至二三产业的村子,集体经济实力比较雄厚;而集体经济实力比较薄弱的村子,往往还局限于单一农业产业,二三产业不发达。这就是所谓的"无工不富,无商不活"。农村二三产业的发展,对发展壮大农村集体经济具有重要意义。农村二三产业的发展,可以为农村富余劳动力的转移提供出路,增加农民收入,降低城市增容的负担,也减少其他社会问题;可以推进土地流转,在土地适度规模经营基础上提高农业生产率,发展现代农业;可以使农村二三产业收益更多保留在农村,造福当地农村和农民。

当前,对农村发展二三产业,尤其是对农村工业化有许多诟病,理由是:农村工业发展对环境的破坏;农村工业在资金、技术、规模、员工素质等方面缺少竞争力,效益比较低;农村工业布局分散,导致相关成本较城市企业高很多;产业结构不合理,不仅与城市工业结构高度雷同,其自身结构也严重雷同;农村工业原有的廉价劳动力的优势也因为劳动力流动规模加大、供给数量减少、价格提高而丧失。

那么能不能因为农村工业发展存在这些弊端,就不发展农村工业了呢?企业对环境的破坏不是只有农村才有,也不是只有在农村才更严重;至于农村企业竞争优势弱的问题,我们要公正、客观地来看。任何企业的发展都要经历由小到大、由弱到强的过程,不能因为在其发展中存在问题就剥夺农村发展工业的机会和权利。所有的问题都要在发展中解决,也最终都会在发展中解决。农村工业的发展也必然要经历一个艰难的发展过程。相反,在农村大力发展二三产业,推进农村工业化,却有许多城市不具备的条件和优势:充足廉价的劳动力;接近农产品产地,运输成本低;

农村市场广大；乡镇企业的快速发展，为农村工业化奠定的物质和经验基础等。更何况，城、乡工业的概念从来都是一个动态的、相对的概念。伴随着城市化进程的加快，国民经济的发展，农村工业将发展成相对独立、具有较强实力的体系，在城乡一体化发展中与城市工业融合，城乡工业的差距基本消失，完成农村工业向城市工业的转化，也可以说是完成农村工业化。

事实上，尽管农村工业还不尽如人意，但它们在我国的经济中发挥着不可忽视的重要作用。毛泽东在 20 世纪 50 年代就开始了农村工业化的思考与实践。他提出的农村实现工业化的方向是正确的，并且也取得了突出的成绩，为改革开放后农村工业化奠定了初步的基础，培养了人才，提供了借鉴、参考。"到 1976 年社队企业发展到 111 万个，工业产值达到了 243.5 亿元"[①]。"1978 年，在当时的社队企业中就业的劳动力人数为 2827 万，1985 年一下子增加到 6979 万。"[②] 尽管钟宁桦先生并不赞同发展农村工业，但其提供的数据却从另一个方面说明了乡镇企业发展的成绩与重要性：1998—2008 年，尽管乡镇企业平均利润率在 4%—6% 这个较低的水平摆动，但其总产值保持匀速上升，乡镇企业就业人数 2008 年达到 1.54 亿，占乡村就业人员比重的 32.7%。[③] 农村工业化作为国家工业化在农村的继续，是中国实现工业化的重要标志。

当然，在发展农村工业的时候必须清醒地借鉴对它的一些正确批评，避免他们所批评或担忧的情况在发展农村工业的过程中重复出现，并最终威胁农业和农村的发展，危害集体经济的壮大，危害党的威信和农民的切身利益。因此，在农村发展工业要谨慎。

在发展的起步阶段，农村工业由于接近产地，其优势可能体现在与农、林、牧、渔相关的加工业、运输业、轻工业等劳动密集型的产业上，在通过农副业发展获得第一桶金后，再将农村工业发展中心向其他方面

---

① 王颖：《毛泽东对中国农村工业化道路的探索》，《毛泽东思想研究》2012 年第 2 期。
② 蔡昉、王德文、都阳：《中国农村改革与变迁——30 年历程和经验分析》，格致出版社、上海人民出版社 2008 年版，第 55 页。
③ 钟宁桦：《农村工业化还能走多远？》，《经济研究》2011 年第 1 期。

倾斜，获得更大的进展。以河南新乡七里营刘庄村为例。在20世纪50年代，刘庄村以改善农业生产条件为突破口，平整土地，搞农业技术攻关，取得了农业的大发展。进入60年代以后，刘庄村由农业转向工副业，发展奶牛饲养业、粮油深加工业，建起畜牧场、机械厂、奶粉厂、食品厂、造纸厂等，走上了农村工业化的道路。1985年，刘庄村在之前发展集体经济经验积累的基础上，大胆发展农民感到陌生而不敢轻易涉足的高新技术生物产业，兴建华星药厂，使刘庄村的经济实现了新的更大的飞跃。从我国多数农村发展集体经济的路径来看，几乎都是循着先农业、后副业、再工业的路子。但是我们要知道，农村工业化不仅是在农村兴办各类加工制造业等非农产业，这是在农村工业起步阶段兴办的产业，农村工业化的实质是指"通过工业化的生产方式（包括技术、生产组织、经营方式、工具装备，管理制度等）来改造包括传统农业在内的农村产业和经济结构，促使农村经济系统向现代化转型，最终达到城乡经济一体化上的国民经济一元化目标"[①]。从这个层次理解农村工业化，农村工业化的发展将是任重而道远的。

  目前来看，推动农村工业化发展的举措有这样几点：第一，改变农村工业布局分散的弊端，农村工业化与城镇化协调发展，通过城镇化发展的集中和聚集效应消除或弱化城乡隔离导致的物质基础薄弱的缺陷，实现城乡工业的融合以至实现一体化。第二，推动城市工业向农村转移或扩散。目前来看，基本靠农民自发推动的农村工业化明显存在内在动力不足的缺陷，需要城市工业这个外力的推动。适当将部分城市工业向农村转移，利用农村劳动力价格低廉的优势，提高城市发展的比较利益，也可以带动整个农村工业水平的提高。各级政府要充分认识这一举措的价值和意义，积极配合，出台各种优惠政策，引导相关城市工业向农村转移或扩散。第三，城乡工业分工协作。城市工业的扩散和带动作用是改革开放后的农村工业得以兴起的重要原因。但从总体上说，城市产业结构和农村生产活动

---

① 郑志耿：《农村工业化新论——发展中大国的农业改造和充分就业关系研究》，《浙江大学学报（人文社会科学版）》2000年第5期。

仍缺乏有机的联系。城乡工业可以实行承包式的分工协作，城市工业负责技术开发和关键性生产，农村工业进行一般性生产和零部件加工，城市工业对农村工业提供设备支持、技术指导、管理监督，形成充分利用双方优势的高效生产体系。农村工业可以在这种"以大带小"的模式中不断成长。

五、破除城乡二元结构，构建城乡一体化格局

作为社会效益高而经济效益较低的产业，农业受市场和自然双重因素影响，因此仅靠农业和农民无法快速积累资金，难以完成加快推进农业现代化的目的；并且城乡之间在经济发展、资源要素流动、居民收入增长、基础设施和公共服务水平、社会事业发展等方面存在的不平衡已经构成了制约城乡尤其是农村发展的巨大障碍。因此2012年11月，党的十八大指出"城乡发展一体化是解决'三农'问题的根本途径"，要"形成以工促农、以城带乡、工农互惠、城乡一体的新型工农、城乡关系"。尽管提的是城乡一体化，但目前更为迫切和更为艰巨的任务是农村要向城市看齐，更多的是城市和工业带动农村和农业，使农村和农业具备与城市和工业一样的发展空间、资源和机会，使农民共享现代化成果。城乡一体化要实现提高农村经济发展效率、实现农村可持续发展、提高农村基础设施和公共服务水平、扩大农民参与程度等，但是不能将农村和城市隔离开，让它们分别在各自的领域寻找出路，更不能仅仅局限在农村和农业的范围来考虑解决农村和农业的问题。统筹城乡发展的深层含义，就是要把城市和农村的经济发展中存在的问题及其因果关系作为一个互相影响的整体来考虑，综合起来统一想办法。况且，从城市的长远发展考虑，也必须切实解决农村问题，把农村作为城市化建设的重点，因为城市化出现的许多问题，根子其实是在农村，农村发展的滞后牵制了城市的发展。

目前，城乡一体化发展面临着诸多制约因素，比如农村工业基础薄弱、农业现代化技术水平较低、文化教育落后、城镇化水平低等，但改革开放尤其是党的十六大以来，我们党从制度体制和政策措施等方面提出了一系列逐步递进和愈加完善的举措，着力破除城乡二元结构，逐步克服城乡一体化的困难。党的十六大首次提出城乡统筹发展战略；党的十六

届三中全会提出全面建设小康社会的"五个统筹",将统筹城乡发展放在"五个统筹"的第一位;党的十六届四中全会提出"两个趋向"[①];党的十六届五中全会提出社会主义新农村建设;党的十七大提出要形成城乡一体化新格局;党的十七届三中全会进一步提出要建立城乡一体化新格局的制度;2009年,中央经济工作会议和中央农村工作会议提出要逐步突破户籍制度对城乡居民的限制;党的十八大报告明确提出工业反哺农业、城市支持农村和多予少取放活方针,提出城乡一体化是解决"三农"问题的根本途径。这些举措都是破除城乡二元结构、形成城乡一体化的重要措施,会对构建城乡一体化新格局起到重大的积极作用。

加快推进城乡一体化是加快推进国家整体现代化的必由之路,要从我国具体国情出发,从各地具体实际出发,走具有中国特色的城乡一体化之路。第一,统筹城乡资源优化配置,促使资源向农村合理流动。要加快推进城乡一体化,必须坚持城乡一体化的正确导向,改变过去各种资源向城市倾斜的政策和做法,把城乡一体化的重点放在农村。通过改革户籍制度、完善信贷体制、整合科技资源和产业资本、推进农村信息化建设等,促使劳动力、资金、信息、科技等资源向农村合理流动,推动社会公共资源、城市公共设施、公共服务向农村倾斜和覆盖,构建从非农产业和城市向农业和农村资源合理流动的机制和平台。第二,工业化、城镇化、农业现代化三者协调推进、和谐互动。工业化和城镇化的发展一方面会有效带动农业进步,但另一方面又会增加对农产品的需求,消耗一定的农业资源。农业现代化作为工业化和城镇化的基础,在推进工业化、城镇化的同时,必须坚持以农业为基础,统筹推进农业现代化,避免造成农业兼业化或农业边缘化。任何时候都不能忽视、放松农业现代化建设,要加强农田水利基础设施建设,建立多元农业科研投入体系,促使科研投入稳定增长,构建新型农业社会化服务体系,加强农业公共服务能力建设,多方努力,推动农业现代化的建设。第三,推进生态和谐,保护农村资源和生态

---

① 即在工业化初始阶段,农业支持工业,为工业提供积累是带有普遍性的趋向;但在工业化达到相当程度以后,工业反哺农业、城市支持农村,实现工业与农业、城市与农村协调发展,也是带有普遍性的趋向。《胡锦涛文选》第2卷,人民出版社2016年版,第247页。

环境。我们在发展城乡经济社会一体化的同时，也要注意避免对土地资源的浪费和生态环境的破坏，加大污染防治力度，不能让农村和农业在城乡一体化的过程中成为被侵害利益者，影响农村和农业的可持续发展，违背城乡一体化发展农业、富裕农民、繁荣农村的初衷。没有足够的农村资源和良好的生态环境作保障，城乡一体化不过就是虚幻的水中花、镜中月。因此，要建立最严格的土地利用和保护制度，实施科学的土地利用规划，建立合理的城乡产业布局，全面提高城乡整体环境质量，不能走以牺牲农业资源和环境为代价的畸形发展的城乡一体化之路。第四，统筹兼顾城乡差异，有步骤地推进城乡一体化。要正确理解城乡一体化，城乡一体化并不等于城乡一齐化、一样化，不能忽视城乡差异，必须坚持从城乡实际出发，因地制宜，不搞"一刀切"。不能不顾实际地搞强制性的齐头并进式的均衡发展，要让农业和农村与工业和城市在保留各自功能和优势差别的基础上，分层推进，分步实施，互相吸纳对方先进和健康的因素，各自得到良好的发展。第五，统筹规划，把城乡基础设施建设和公共服务作为重点发展领域。加大对城乡交通、水利、电网、通信网络等基础设施建设的投入，实现各类经济要素和城乡关联渠道的顺畅流通；推进农村区域规划，合理调整和优化村落布局；建立公正合理的社会事业管理制度，形成政府主导，社会、市场等多方参与，既竞争又协同地提供公共产品和公共服务的局面；加大财政对农村社会事业的投入，提高财政对农村公共事业的保障水平，落实财政新增公共事业经费主要用于农村的规定，促进教育、医疗、卫生、文化等资源在城乡之间的合理配置。第六，深化农村改革。加快农村土地制度改革，保障农民土地承包权益，健全土地流转制度，推行土地入股、安排就业等有效的安置方式，解决好失地农民的生产和生活问题，促进土地规模经营。加快征地制度改革，严格规范土地利用规划和用途管制，健全补偿机制，确保被征地农民的权益不受侵害。着力解决好农村剩余劳动力有效流转的系列问题。逐步放宽户籍限制，将新生代农民工作为优先落户对象，改善其居住条件，解决好他们户籍改变后的就业、工资、住房、医疗等问题，尤其是建立适合农民工特点的社会保障体系。保护农民工权益，逐步解决城乡居民在劳动报酬、子女就学、住房医疗等方面的不平等问题。

但是我们要注意，不能抽象理解城乡一体化，避免城市资本借口城乡一体化对农民权益的过度侵蚀。无论是城乡二元结构的废除，还是城乡一体化的理想状态，都是和高度发达的生产力水平相一致的，在我国目前城市化发展不足、农村比较落后的现状下，城乡一体化发展的每一步都异常艰难，都需要具备一定的前提条件。因此，城乡一体化发展的每一步都要谨慎和客观，切忌不顾实际、急于求成，更不能让农村在事实上成为错误执行城乡一体化政策的牺牲品。

六、探索农村集体经济的有效实现形式，激发集体经济活力

尽管集体经济具有促使个体充分发展以及作为集体成员在互利共生中获得共同发展的无可比拟的条件和优越性，但是集体经济必须借助一系列的资本组织方式、生产经营体制、分配制度等来实现。即便集体经济具有高于个体经济的价值，但集体经济的价值如果没有相应合适的、契合其本质的形式来有效实现，集体经济的优越性就不可能永恒存在，即便有外力的干预也难以改变其被其他形式替代的趋势。因此，集体经济以什么样的方式来实现，关系集体经济的存亡，是至关重要的问题。

农村集体经济的有效实现形式，是指能够有效调动农村集体经济组织成员积极性、有效保护集体经济组织成员合法权益、有效增加集体经济发展能力和市场竞争能力、有效提升集体经济成员收入水平的一系列制度安排。所谓有效，就是达到或实现预期目的而产生的成效和效果。理论上讲，所有制的实现形式本身不具有制度属性，它是方法和手段，不是目的。所以同一种所有制在不同的历史阶段、不同的条件下可以采用多种不同的实现形式，而不同的所有制也可以采用同一种实现形式。一方面，我们要看到集体经济实现形式受集体经济作为一种公有制经济制度属性的制约，我们探寻的是集体经济的实现形式，而不是其他的实现形式；但另一方面，我们也要看到集体经济实现形式对集体经济的反作用，契合集体经济实质的实现形式会促进集体经济的发展，反之就会阻碍集体经济的发展。因为制约集体经济发展的主客观条件是不断变化的，那么集体经济的

实现形式必然呈现多层次多形式多类型的格局,而且还必然会随着经济的发展呈现出无穷无尽的变化趋向。一方面,我们不能脱离客观实际,人为设定一种形式,将其上升到"道路""方向"的层面,造成思维的僵化和形式的固化,影响集体经济本质的体现;另一方面,无论集体经济的实现形式如何多样化,关键要有效,不能脱离坚持和发展集体经济这个最根本的目的。

集体经济的有效实现形式不会自发出现,需要人们在实践中不断地探索。不同的实现形式其有效性不同,同一种实现形式在不同的条件下其有效性也不同,不同的资源禀赋条件要求因地制宜地采取不同的实现形式。什么形式合适,取决于相应的主客观条件,而不是个人的主观意志。而且一种实现形式的有效性是否可以延续,不仅取决于其能否适应当时、当地的主客观条件,而且还取决于其是否能够随实践的变化而不断调适和完善。因此,集体经济的有效实现形式是不断探索、丰富和发展的动态变化过程。经过实践检验证明确有成效的实现形式可以被制度化、规范化,具有普及价值和意义,而更多的实现形式是处于有待检验和证明的探索之中。处于探索之中,成效还有待实践检验和证明的实现形式,被允许探索的前提是集体成员的自主意愿。

经过40多年的改革开放,农村集体经济的实现形式一直处在不断的探索、不断的完善、不断的淘汰和创新过程中,从"两田制"、"反租倒包"、"四荒"地拍卖、租赁经营、委托经营、托管经营、公司(企业)加农户、村企合一、园区带动、项目联动,到专业技术协会、社区合作组织、专业合作社、股份合作制、土地股份合作社、合作社+公司、合作社+投资参股或开发等多种形式。从目前来看,社区合作组织、土地股份合作社、专业合作社是集体经济实现形式中的三种基本类型。各种新集体经济实现形式往往打破了过去囿于地域建立农村集体经济的模式,形成了以市场机制为导向,超越地域、超越产业、超越行业、超越城乡的实现形式。即便是地域性的社区合作社,也在内部资源整合基础上实现了与外部资产和劳动的规模联合和深度融合。这些新的实现形式突破对集体经济的认识局限,带来了农村市场化、农民组织化、收入多元化、经营规模化等变化，丰富了农村集体经济内涵，改变了农村经济发展方式，优化了城乡资源配置，实现了农业增效农民增收，促使"农村集体经济由封闭走向开放，从而有可能克服规模小、技术低等普遍性问题，使农村集体经济展现发展活力"。农村集体经济实现形式的创新给集体经济发展带来的新变化，表明集体经济并不是毫无价值，也并不是走投无路，关键是要探寻到合适的实现形式。

对于种类繁多的集体经济实现形式，要根据经济社会发展的整体实效和长远发展，综合比较，总结各自优劣得失，从中择取最适合当地实际并为农民群众广泛认同的实现形式，加以提倡和引导。不存在哪种集体经济实现形式绝对优胜于另一种形式，只取决于哪一种形式更适合于当地实际、更符合农民的利益与意愿、能够带来最佳的经济收益。多年的实践证明，积极组织乡村资源、进行集体经济实现形式的探索和创新的村子，发展得就快一些、富一些，乡村就有活力，各项工作开展也顺利一些，基层党组织也比较有凝聚力和威信。相反，固守单一经济模式、不思变通的村子发展则处于困境，乡村整体建设和各项工作难度就比较大。

七、加强集体主义思想教育，破除对集体经济的怀疑和偏见

在农村的经济体制改革中，农业生产实现了劳动者和生产资料的直接结合，但单个家庭的分散生产导致小农生产方式回归，小农意识也有所反弹。过分强调农户的个体经营而忽视集体统一经营，农民自主意识虽然大大增强，但个人主义思想抬头，农民更关心自我发展，村集体的共同性相对缺失，集体主义思想受到严重冲击，致使农村思想涣散，人际关系出现诸多矛盾，宗族、宗教势力抬头，干扰农村的精神文明建设，构成农村中不安定的因素。农民的收入尽管逐年增加，但生产和生活环境却不尽理想。

实现可持续的农民增收和普遍的农民富裕必须依靠集体。以发展市场经济、重视个人权利或集体经济弱化为借口，过于重视个体和强调个人利益、忽视集体的最终结果往往是由于无法保障集体利益，从而个人利益也无从谈起。人们往往忽略了这种简单的逻辑关系。因此有必要对农民进行引导，进行集体主义思想教育，用先进思想占领农村阵地，这是发展集体

经济、提升农民个人道德素养、有效保障农民个人利益、构建和谐农村的需要，也符合邓小平关于农业"两个飞跃"思想的必然要求和精神导向。

我国广大农村存在的集体经济是对农民进行集体主义思想教育的经济基础。尽管从目前来看，不少地方集体经济仍比较薄弱，但总体上它还是发挥作用的，并将呈现发展壮大的态势且发挥更大的作用。集体经济与集体主义观念是相互影响、相互作用的。集体经济不发展，集体主义观念就是无源之水；集体经济是集体主义产生的基础，集体经济贫困，集体主义精神就薄弱或缺失，集体主义思想教育则没有说服力。农民的集体主义意识不可能自发产生，要和相应的集体经济活动相适应，只有通过大力发展壮大集体经济，切实解决和农民生产生活息息相关的问题，集体主义思想才能有效培植。当然，这并不是说对农民的集体主义思想教育只有在集体经济大发展的时候才进行，而是集体经济发展良好的时候能够为农民解决更多的问题，从而更好地体现集体经济的优越性。但是我们对农民的集体主义思想教育不能在集体经济薄弱的时候不做，也不能等到农业集体化、集约化都完成后再进行，任何时候都要重视对农民的集体主义思想教育，因为集体主义思想教育也是生产力，是发展生产力的精神动力，是成本最低、效益最高的生产力，会对集体经济的发展产生积极作用，是有益于巩固现有经济基础并向农业"第二个飞跃"迈进的思想保证。

今天的集体主义不是要错误地抑制农民个人正当利益和以所谓的"大公无私"来曲解集体主义。农村的集体主义道德内涵随着农业农村的深刻变革在不断发生变化，不断增加新元素，呈现新的、动态的变革过程。农村客观经济形势发生变化，农民的思想教育也要跟上，否则容易加剧农村的思想涣散。农业的真正发展和农民经济条件的改善需要集体主义精神的引领、整合和凝聚作用。因为"物质贫乏不是社会主义，精神空虚也不是社会主义"。要带领农民在新的联合与协作中突破一家一户的狭隘界限，实现超越自我的集体主义价值观念，在集体中进一步提升集体主义精神。

结束语

中国的农业现代化走什么样的路，实际上决定了中国现代化的方向，这不仅是重大的经济问题，还是重大的政治问题。

毛泽东、邓小平所追求的中国特色社会主义农业现代化建设事业，在中国这样一个农业人口众多、农业基础薄弱的国家进行，其涉及面之广、关联之复杂，使得我国农业现代化的探索与推进面临着其他国家所没有的超乎想象的困难。

毛泽东作为中国农业现代化的奠基者，他将农民组织起来，将农业经济引向集体化，确立了农村集体经济的发展方向，初步彰显了社会主义制度在农业现代化发展中的积极作用；推动农业基础设施建设，注重提高农民科技素质，改善农业生产条件。由于在农业现代化探索中集体所有制实现形式出现了诸多问题，但即便是在备受诟病的人民公社存续期间，由于农业基础设施改良、农民教育水平提高、农村医疗保障的初步普及、农村基层党政权力系统的构建等为后来的农业变革打下了基础，使得家庭联产承包责任制与人民公社之间存在着内在的承接关系。家庭联产承包责任制的出现克服了人民公社的弊端，激发了农业的大发展，但其固有的局限在造就了农业多年的发展后进一步凸显，成为农业继续发展的障碍。

邓小平关于农业的"两个飞跃"思想，既是对世界农业发展形势的回应，也是对中国农业出现新问题的回答。他一方面坚持了毛泽东所开创的农村集体经济发展方向，另一方面又创造性地将农业的阶段性发展与终极目标发展结合起来。实现农业"第二个飞跃"是一个长期的过程，但也要发挥积极性为"第二个飞跃"的实现创造条件。邓小平与毛泽东农业现代化思想的一致性主要体现在对农村集体经济的坚持。即便在家庭联产承包责任制如火如荼进行的时候，邓小平仍然清醒而坚定地说，农业"总的方向是发展集体经济",家庭承包经营并未改变中国农业的发展方向。当中国农业的继续发展出现瓶颈的时候,集体经济成为解决该问题的答案。集体经济是中国农业的出路,也是中国农业的发展方向,尽管目前农村集体经济发展还存在一些问题,实力普遍并不是很强,但集体经济作为符合农业发展规律的事物是有强大生命力和远大发展前景的。土地私有化则是一条邪路,绝不能走。农村集体经济暂时的弱化符合事物发展波浪式前进的规律,不应该成为怀疑甚至削弱农村集体经济的理由。发展壮大集体经济有助于中国梦的实现,有助于捍卫农民的根本利益,有助于巩固农村社会主义阵地。要探索多种途径来共同推动农村集体经济的发展。

主要参考文献

1.《毛泽东思想年编（1921—1975）》，中央文献出版社 2011 年版。
2.《毛泽东文集》（1—8 卷），人民出版社 1993—1999 年版。
3.《毛泽东选集》（1—4 卷），人民出版社 1991 年版。
4.《毛泽东书信选集》，中央文献出版社 2003 年版。
5.《毛泽东农村调查文集》，人民出版社 1982 年版。
6.《毛泽东年谱（1893—1949）》（修订本）（上中下卷），人民出版社、中央文献出版社 2013 年版。
7.《毛泽东年谱（1949—1976）》（1—6 卷），中央文献出版社 2013 年版。
8.《毛泽东早期文稿》，湖南出版社 1990 年版。
9.《邓小平文选》（1—3 卷），人民出版社 1993—1994 年版。
10.《邓小平文集（1949—1974 年）》（上中下卷），人民出版社 2014 年版。
11.《邓小平年谱（1975—1997）》（上下），中央文献出版社 2004 年版。
12.《周恩来选集》（上下），人民出版社 1980、1984 年版。
13.《刘少奇选集》（上），人民出版社 1981 年版。
14.《陈云文选》（1—3 卷），人民出版社 1995 年版。
15. 谭首彰：《毛泽东与中国农业现代化》，湖南大学出版社 2009 年版。
16. 中共中央文献研究室、国务院发展研究中心编：《新时期农业和农村工作重要文献选编》，中央文献出版社 1992 年版。
17. 国家统计局农村社会经济调查总队编：《新中国五十年农业统计资料》，中国统计出版社 2000 年版。

18. 苏星：《我国农业的社会主义改造》，人民出版社 1980 年版。

19. 杜润生：《当代中国的农业合作制》（上下），当代中国出版社 2002 年版。

20. 杜润生：《中国农村制度变迁》，四川人民出版社 2003 年版。

21. 杜润生主编：《中国的土地改革》，当代中国出版社 1996 年版。

22.《杜润生自述：中国农村体制变革重大决策纪实》，人民出版社 2005 年版。

23. 吴家丕：《中国农民与农业现代化》，中原农民出版社 1990 年版。

24. 张乐天：《告别理想：人民公社制度研究》，上海人民出版社 2005 年版。

25. 高化民：《农业合作化运动始末》，中国青年出版社 1999 年版。

26. 林蕴晖、顾训中：《人民公社狂想曲》，河南人民出版社 1995 年版。

27. 罗平汉：《农村人民公社史》，福建人民出版社 2003 年版。

28. 高王凌：《人民公社时期中国农民反行为调查》，中共党史出版社 2006 年版。

29. 薄一波：《若干重大决策与事件的回顾》（上下），中共中央党校出版社 1993 年版。

30. 杜鹰、白南生等：《走出乡村——中国农村劳动力流动实证研究》，经济科学出版社 1997 年版。

31. 温铁军：《中国农村基本经济制度研究》，中国经济出版社 2000 年版。

32. 温铁军：《"三农"问题与制度变迁》，中国经济出版社 2009 年版。

33. 赵智奎主编：《改革开放 30 年思想史》（上下卷），人民出版社 2008 年版。

34. 赵智奎：《邓小平社会发展战略》，云南人民出版社 1996 年版。

35. 赵智奎：《邓小平理论的范畴体系》，河南人民出版社 2001 年版。

36. 赵智奎：《邓小平理论前沿问题研究》，青岛出版社 2004 年版。

37. 程恩富主编：《马克思主义经济思想史（中国卷）》，东方出版中心 2006 年版。

38. 程恩富主编：《马克思主义经济思想史（经典作家卷）》，东方出版中心 2006 年版。

39. 吴敏先主编：《中国共产党与中国农民》，东北师范大学出版社 2000 年版。

40. 王立诚：《中国农业合作简史》，中国农业出版社 2009 年版。

41. 何显明：《超越与回归：毛泽东的心路历程》，学林出版社 2002 年版。

42. 胡绳主编：《中国共产党的七十年》，中共党史出版社 1991 年版。

43. 徐勇主编：《土地股份合作与集体经济有效实现形式》，中国社会科学出版社 2015 年版。

44. 陈大斌：《从合作化到公社化：中国农村的集体化时代》，新华出版社 2011 年版。

45. 安贞元：《人民公社化运动研究》，中央文献出版社 2003 年版。

46. 费孝通：《江村农民生活及其变迁》，敦煌文艺出版社 1997 年版。

47. 顾龙生：《毛泽东经济年谱》，中共中央党校出版社 1993 年版。

48. 顾龙生主编：《中国共产党经济思想发展史》，山西经济出版社 1996 年版。

49. 郑以灵：《毛泽东农民观透视》，厦门大学出版社 1999 年版。

50. 张文儒主编：《毛泽东与中国现代化》，当代中国出版社 1993 年版。

后 记

很久以来,我都一直渴望能够写这个致谢,这意味着我沉闷而烦冗的博士论文终于接近尾声,我也即将告别我的博士学习生涯,可以对我这几年的生活和心境进行总结。

当学习出现困扰、进展缓慢的时候,当被迫离开儿子、他哭得撕心裂肺的时候,我对自己选择读博也曾产生过怀疑,怀疑以自己这样的愚钝之资是否适合或者是否有资格进行这样的学习。但是即将完成学业的时候,我很庆幸我作了当初的选择,也很庆幸我坚持了下来。

我用尽了一生的运气才能够站到这个地方,才能够来到中国社会科学院这个殿堂级的地方读书,有幸在此受到一批在各个领域出类拔萃的老师的教诲。这些老师学术精湛,品格高尚,让我相信在现在这样一个物欲横流、信仰迷失的社会真的有这样一批心怀国家的共产主义学者在践行他们的理想。他们的研究无关功利,出发点都是国家与人民的需要。我永远也不会忘记李慎明老师在课堂上流露的那种忧患意识,侯慧勤老师的神采飞扬,赵曜老师的语重心长。我很珍惜在这里学习的机会。

我的导师赵智奎先生无疑是众多学者中的一个个性鲜明的人。他是一个襟怀坦荡的人,从不掩饰自己的真正想法。他对学生的提携与爱护不遗余力,这些都掩藏在对学生的严格要求中,希望学生有所成就。当他觉得学生的弦绷得很紧、压力很大的时候,会适时地进行鼓励,适当地放松一些要求。这是一个永远饱含激情、似乎不知疲倦的人,严谨治学,斗志昂扬。和赵老师第一次深入交谈,他就火眼金睛地看出了我的安于现状,说我"目标追求不高,历史使命感不强"。让我心生惭愧。赵老师多次说,不要把读博士仅仅看作为了拿一个学位,这也是在完善自己的人生。他鼓励我要带着责任感和使命感来写论文,要对现实问题有所启示。最开始和赵老师谈话总是很小心，既怕暴露自己学术上的浅薄，也怕暴露自己人格上的卑微，但后来接触时间长了，就像一个晚辈总希望得到长者的鼓励与欣赏一样，怕的是赵老师失望。如果哪一次赵老师有只言片语的夸奖，就足以让我兴奋好几天。使我最受触动的一次，是和赵老师聊天的时候，赵老师说：我们这些人，可能就是哪一天在电脑跟前（工作），人就没了。我当时真的很难过，也深受感染。他是用生命在做学问的人，在做别人不想做、不能做、不坚持做的事情。而中国的精神信仰、文化传承就是因为有这样一批学者殚精竭虑的努力才得以延续。感谢赵老师不辞辛劳地教导并包容我这个愚钝的学生。如果说我在读博期间有什么收获或成绩，这毫无疑问得益于赵老师的教诲。赵老师的言传身教让我知晓了一个真正的马克思主义学者所具有的胸怀和志向，并影响了我对学术、生活的态度：有一说一，观点鲜明，不要怕锋芒毕露，不要被裹挟前进，实事求是，客观公正。这是赵老师教我的。人格上的一定提升也许是我读博期间最大的收获。能够做赵老师的学生，是一件很幸运的事情。感谢赵老师在我论文上倾注的心力，学生尽力不让老师失望。

愿赵老师身体健康，学术生命长青。

感谢所有在我学习期间帮助我、关心我，在我低迷彷徨时给予我鼓励的家人、同事、朋友和同学。在这里，我以无比真诚的心感谢一切需要感谢的人。谢谢你们！

这一段历程即将结束，新的征程就要开始。今后的路还很长。但毫无疑问，这段学习历程在我身上打下了深深的烙印，对我的影响将伴随终生。

章玉丽